Vriendinnenvrouwen

Joanna Werners

Vriendinnenvrouwen

F U R I E

Van Joanna Werners is eerder verschenen bij uitgeverij
FURIE
in 1989 Droomhuid
in 1990 Zuigend moeras

Feministische Uitgeverij VITA/Imprint FURIE, Amsterdam 1994
© Joanna Werners, 1994
© Vormgeving: De Werksalon, Thelma J. Vanoordt, Amsterdam
Zetwerk: Stand By, Nieuwegein
Drukwerk: Krips Repro b.v., Meppel

CIP-GEGEVENS, KONINKLIJKE BIBLIOTHEEK, DEN HAAG

Werners,

Vriendinnenvrouwen : Joanna Werners:
Amsterdam. – FURIE.
ISBN 90-71035-61-1
NUGI 300
Trefw.: roman, oorspronkelijk

Dankwoord

Dank aan de oude dame die mij op de titel bracht.
Dank aan J. die mij aanmoedigde dit boek te schrijven.
Dank aan Irma en dank aan Willem die mij zoveel werk uit handen namen, zodat ik kon doorschrijven.
Voor C. wie de godinnen moeten bewaren.
Voor G. die het gordijn van eeuwige pijn deed openschuiven.
Voor de vrouwen die zich nog in een onverwoeste tuin bevinden.

VERSTOPT VERDRIET

ik voel de dag
steeds dichterbij
het is jouw hartslag
steeds meer nabij
ik voel de nacht
de vlekken in de deken
die jouw brieven zijn

ik houd mijn angsten vast
want o, wat wil ik jouw
broosheid niet tarten

verstopt verdriet een oude pijn
adem mij uit of in of uit
adem mij
in de dag in de nacht
ik adem jou
en houd mijn angsten vast
want o, ik wil jouw
broosheid niet tarten

jouw brieven ze zijn aan mij
jouw handen hebben ze geschreven
jouw hartslag en jouw oude pijn
ik houd ze alle
met mijn angsten vast
ik houd ze alle
met mijn angsten vast

Deel 1

De nomade

Warmte heeft tijd nodig. Wortels die zich prettig voelen, zetten zich. Bomen worden omgehakt, takken verdwijnen in de open haard. Soms worden bomen geveld en de stammen tot bielsen gezaagd. Dan raast er een trein overheen. Wanneer hij het station nadert worden stippen langzaam groter. Ze worden mensenhoofden.

Op een verjaardag van een gemeenschappelijke kennis raakten Wanda en Fauzia met elkaar in gesprek. Wanda vertelde dat ze door een toevallige samenloop van omstandigheden al weer anderhalf jaar in Nederland woonde.

'Tegenwerking in Suriname en een vriend die aan mijn hoofd zeurde in Holland. Dat heerschap bestaat niet eens meer voor me.'

Wanda ging verzitten.

'Luister, die kerels zijn nep. Ik moet ze niet meer.'

'Hoe bedoel je,' vroeg Fauzia.

'Moet ik je dat uitleggen?,' zei Wanda.

Fauzia lachte.

'Je hoeft mij niets uit te leggen,' zei ze.

Ze aten een taartpunt die werd uitgedeeld. Fauzia observeerde Wanda onopvallend.

'Heb je zin om mee te gaan naar een bijeenkomst van zwarte vrouwen?' En meteen er achteraan: 'Je zei dat je bent uitgekeken op mannen.'

'Het lijkt me leuk. Vraag het me straks nog een keer. Ik ben een nomade. Ik heb geen rust in mijn leven. Als ik ergens een tijdje ben, wil ik weg. Naar een ander land. Andere mensen ontmoeten.'

'Ik woon al zolang in Nederland. Soms fantaseer ik hoe het zou zijn om weer in Suriname te wonen. Dan word ik lichtelijk euforisch, maar het zachtste geluid brengt me in de werkelijkheid terug. Toch houd ik het in mijn achterhoofd om terug te gaan.'

Wanda nam een slok van haar orgeade en ze vroeg: 'Ga je alleen, of met iemand?'

Fauzia lachte hard. Ze nam ook een slok uit haar glas.

'Als alles zo blijft, ga ik met mijn partner.'

'Jullie moeten mensen hebben die dingen voor jullie gaan kunnen regelen, anders wordt het moeilijk hoor. En je moet een beetje handig zijn. Is die man van je handig?'

Fauzia nam weer een slok uit haar glas.

'Ik heb geen man. Ik heb een vrouw. Ik ben homoseksueel. Ik dacht dat je het begrepen had, toen ik het over die vrouwengroep had.'

'Nee, ik had die link niet gelegd. Maar het is niet erg. Ik ben liever onder vrouwen. Ze begrijpen me tenminste.'

'Neem mijn telefoonnummer. Bel me over een paar dagen. We kunnen samen gaan. Je gaat je goed voelen daar. Die vrouwen gaan je power geven. Ze zijn flink. Ze zijn niet bang van mannen. Het is jammer dat ze maar twee of drie keer per jaar bij elkaar komen. Ze praten daar over van alles. Je moet meegaan, ja. Het werkt net als een accu. Ik kan me echt opladen daar.'

Weer lachte Fauzia luid.

'Gaat je vrouw het niet erg vinden, als ik meega?,' vroeg Wanda.

'Doe niet zo gek hoor. Dat ding is voor ons allemaal. Mijn vrouwtje gaat trouwens niet mee. Ze houdt niet van dit soort dingen. Ze hoort het van mij. Dat vindt ze voldoende.'

'Dan is het goed. Ik ga je bellen. Ik kan je geen telefoonnummer geven, want ik woon op een geheim adres. Ik zei je toch, dat ik een nomade ben. Ik heb geen huis, geen kamer, niets. Ik zwerf.'

Fauzia moest steeds om Wanda lachen. Ze zei: 'Als je zwerft, dan ben je een luxe zwerfster.'

'Vind je,' zei Wanda, en ze schudde met haar schouders.

'Ik heb jullie veel te vertellen. Veel. Ik wilde allang zwarte vrouwen ontmoeten. Zij alleen gaan mij begrijpen.'

'Dan moet je komen.'

Fauzia schreef haar telefoonnummer op een velletje papier. Ze gaf het aan Wanda. Wanda reageerde verrast.

'Je woont in Amsterdam. We kunnen inderdaad samen reizen. Of, ga je met de auto?'

'Ik heb geen rijbewijs. Ik reis met de trein.'

Fauzia wreef aan haar kin en ze vroeg: 'Dus je logeert voorlopig in Amsterdam, no?'

'Ja, voorlopig. Totdat ik iets anders vind. Maar voorlopig blijf ik daar. Zeker een maand.'

'Oké, dan gaan we er samen naartoe. Ik kan Zylena bellen om ons op te halen bij het station. Dan hoeven we niet te gaan zoeken waar het is.'

'Wie is Zylena?'

'O, ze woont in Den Haag. Daar wordt die avond gehouden. Ze heeft een auto en ze heeft me al een keer bij het station opgehaald.'

'Wat voor een vrouw is zij? Heeft ze ook een vriendin?'

'Dat moet je aan haar vragen. Ze is een spontane meid. En ze weet een heleboel.'

'Dan moet ik haar ontmoeten. Ik wil intellectuele vrouwen ontmoeten. Heeft ze gestudeerd?'

'Wat heb jij gestudeerd, dat je intellectuele vrouwen wilt ontmoeten?'

'Wat ik heb gestudeerd, is niet belangrijk. Dat ik heb gestudeerd wel. Maar niemand gelooft me. Als ik over mijn studie vertel, lachen ze me uit. Dat was in Suriname zo, dat is hier ook zo. Ik ben niet van plan lang in Nederland te blijven wonen. Niemand neemt me serieus.'

'Ik wel, anders sprak ik niet met je. En dan had ik je mijn telefoonnummer niet gegeven.'

'Je hebt gelijk.'

Wanda legde haar ene been over het andere, naar Fauzia toe.

'Ik ga je wat zeggen. Ik ben afgestudeerd. Niet in Nederland. Ook niet in Suriname. Toen ik in Suriname terugkwam, kreeg ik een goede baan. Ik ging lesgeven. Ik werkte nog geen maand, of die mannen begonnen me te onderdrukken. Op een ochtend moest ik op de kamer van een van die zakken komen. Hij had zijn been op zijn bureau gelegd en hij zei: "Als je de studenten op mijn instituut nog meer nonsens vertelt over dat communisme van je, dan reken ik met een uzi met je af." Toen ben ik naar Nederland gekomen. Ik voelde me achtervolgd door die klootzak. Hij had zoveel macht binnen de universiteit. Ik vertelde het aan een vrouwelijke collega. Ze vond dat ik overdreef, dat die man zijn dag niet had. Toen heb ik haar gezegd, dat als ze op een dag hoorde dat ik afwezig was, ik het land uit was. Ik heb mijn zaken geregeld en ik ben naar mijn vriend in Nederland gekomen. Maar hij bestaat niet meer voor me. Eigenlijk wil ik naar Afrika. Ik voel dat ik daar thuis hoor.'

'Daarom voel je je een nomade, no?'

'Ik weet het niet. In ieder geval ben ik naar Holland gekomen. Ik heb spijt. Elke dag word ik vernederd. Dit land is het land van racisme. Ik begrijp niet, hoe jullie hier zolang kunnen wonen zonder gek te worden.'

'Je vrienden kies je zelf, Wanda. Jij bepaalt met wie je omgaat.'

'Iedereen in dit land is opgefokt. De heleboel is hier opgefokt. Hollanders zijn racisten en Surinamers zijn Hollanders geworden.'

'Als jij je zo opstelt, ga je met niemand bevriend raken. Zoals je praat, vertrouw je niemand. Ik heb allerlei soorten vrienden.

Surinaams, Hollands, Marokkaans, Indisch. In Suriname zijn er ook racisten. Ze zitten over de hele wereld, meisje. Dan ga je nergens kunnen wonen.'

'Dat hoeft ook niet. Afrika, daar hoor ik thuis. Ik denk dat ik mij alleen in Afrika prettig zal voelen.'

'Wat voor binding hebben Surinamers nog met Afrika. Sommige van onze voorouders komen daar vandaan. Meer is het niet.'

'Je moet lezen. Dan zal je zien, hoeveel overeenkomsten Afro-Surinamers en Afrikanen hebben.'

'Interessant om er meer over te horen. Is het een idee om het aan te zwengelen op die bijeenkomst? Als je er genoeg van afweet, kun je een spreekbeurt houden.'

'Ik ga geen enkele spreekbeurt houden. Ik ga die vrouwen vertellen, hoe ik ben vernederd in dit land.'

'In Suriname ook, zei je.'

'Dat was niet zo erg als hier. Daar had ik tenminste nog een baantje. Hier heb ik niets. Ik krijg niet eens de kans om iemand te zijn.'

'En als je de kans krijgt, loop je bij de mensen weg. Nomaden houden niet van structuur. Ze zijn altijd onderweg. Kijk, ik zeg niet dat Nederland een heilig land is, maar ik red mij hier. Als ik in de krant lees, dat iemand een overval heeft gepleegd, of zo, en zijn uiterlijke kenmerken en zijn land van herkomst worden expliciet genoemd, dan kan ik mij ergeren, ja. Onder de Hollanders zijn ook heel wat criminelen, en als in Suriname een Guyaans iemand halfdood heeft geslagen, dan lees je dat ook dubbeldik in de krant. En dan hoor je de mensen op straat ook zeggen, dat ze uit moeten kijken voor Guyanezen.'

'Sinds er zoveel Guyanezen naar Paramaribo en Haïtianen naar Nickerie zijn gegaan, is het onveiliger geworden. Dat is een gegeven. En dat geldt niet voor Surinamers die naar Nederland komen.'

'Ik heb er geen studie van gemaakt. Ik weet wel dat wanneer je ergens gaat wonen, land, stad of dorp, dat je er zelf voor moet zorgen dat je het naar je zin hebt. Dan speelt je kleur geen rol. Je houding wel.'

'Je moet veel leren, Fauzia. Je weet niets van de wereld. Denk je echt dat je in Zuid-Afrika kan wonen waar jij wil? Je komt echt niet in een blanke wijk terecht. Je haar kan glad zijn en je huid voor Surinaamse begrippen wit, maar je bent zwart. Maak je geen illusie.'

'In Zuid-Afrika heerst Apartheid. Dat weet de hele wereld. Dat kun je niet vergelijken met wat er in Suriname of hier in Nederland gebeurt. Je moet reëel blijven.'

'Ik zal al die zwarte vrouwen hun geschiedenis bijbrengen. Wanneer is die avond precies?'

'Je hebt mijn telefoonnummer. Volgens mij over twee weken. Ik moet die datum opzoeken. Je gaat me toch bellen.'

Wanda was gezwicht voor het enthousiasme van Fauzia. Toen ze vroeg in de avond naar haar logeeradres terugkeerde, hoopte ze zichzelf te kunnen sterken bij deze vrouwen. Ze verheugde zich op de ontmoeting. Ze zou hen heel wat kunnen vertellen over Afrika, over haar studie. Ze zou zich in de groep hechten als een wortel die wordt bekroond met een stam en een bladerdak. Ze zou zich bevestigd weten, zoals een stip bij sneltreinvaart verandert in een mens met een briljant verstand. Ze zou al die vrouwen naar haar verstand zetten. Ze zou de vrouwen vormen, zoals het de vertolkers van Lenin,

Marx en Engels was gelukt haar te vormen naar het beeld van hun wereld. Ze had er niet aan toe gegeven, maar Fauzia had gelijk dat ze er zelf voor moest zorgen dat ze het naar de zin zou hebben. In haar verbeelding gaf ze een tijdschrift uit. Dit werk zou haar zo in beslag nemen, dat ze wellicht van haar nomadenbestaan af zou komen. Ze begon zich geestelijk voor te bereiden.

Het duurde drie dagen, voordat Wanda naar de telefooncel ging om Fauzia te bellen.

'Hi Fauzia, ik heb naar dit gesprek uitgekeken. Ik heb zin om naar die vrouwenbijeenkomst te gaan. Dat stomme werk dat ik heb aangenomen. Het is onder mijn niveau. Ik had het niet moeten doen.'

'Waar werk je?,' vroeg Fauzia.

'Op Schiphol. Als uitzendkracht. Ik maak vliegtuigen schoon. Midden in de nacht nota bene. Het ergste is dat ik niet met die vrouwen kan praten.'

'Hoezo? Zijn het Turkse vrouwen?'

'Nee, Ghanezen, Surinamers, en de rest is ongeschoold. Elke dag ga ik met hoofdpijn naar huis. Ik houd dit geen vijf dagen vol. En dan willen ze dat ik de volgende week 's middags begin en om vijf uur 's ochtends stop. Ik ga dat werk laten. Als ik dit werk doe, word ik gek. Er is een witte voorvrouw daar die voor chef speelt. Ze doet, alsof ze geschoold is. Ze kan die vrouwen niet eens in het Engels aanspreken. Ze commandeert alsof ze de hoogste baas van Transavia is. Als ik daar blijf werken, trap ik haar in elkaar.'

'Zoek werk dat beter bij je past. Ga naar een ander uitzendbureau.'

Fauzia had geen zin in het geklaag van Wanda.

'Als ik het goed begrijp, bel je om te zeggen of je wel of niet meegaat. Volgens mij ga je mee.'

'Natuurlijk ga ik mee. Dit is de kans om mensen van mijn niveau te ontmoeten. Eindelijk kom ik op mijn plek terecht. Wanneer is die avond precies? Ik kan bijna niet wachten. Eindelijk, eindelijk kan ik over onze geschiedenis praten. Met mensen die wat te bieden hebben. Eindelijk ga ik aan mijn trekken komen.'

'Verwacht niet teveel. Straks valt het tegen. Net als het werk dat je nu doet. Dan geef je mij er later de schuld van. Je moet er blanco naar toe gaan. Kan het alleen maar meevallen. Heb je je spreekbeurt al voorbereid? Je zou ons vertellen over de Afrikaanse geschiedenis.'

'Ik heb geen tijd gehad om mij voor te bereiden. Als ik thuiskom van het werk, ben ik doodmoe. Ik kan zowat niet op mijn benen staan. Je krijgt daar geen tijd om te zitten. Alles moet snel en die witte vrouw zit ons op te jagen. Ze moet zelf een doek pakken en gaan poetsen. Lui varken dat ze is. Wij doen het vuile werk en zij gaat met haar vinger langs de stoelleuningen.'

Fauzia had geen zin om hierop in te gaan.

'Wat zullen we afspreken, Wanda. Dat we elkaar op het Centraal Station ontmoeten? Het is zaterdag over een week. Hoe laat spreken we af? Vier uur, half vijf?'

'Waarom zo vroeg? Dan moet ik gaan regelen, dat ik eerder begin. Laat maar, het lukt wel. Vier uur is goed. Maar, wat moeten we zo vroeg daar gaan doen? Het is pas 's avonds.'

'Sorry. Ik had het je meteen moeten zeggen. Ik heb Zylena gebeld. Weet je wel, die met die auto. Ze vroeg of we een hapje bij haar eten, voordat we erheen gaan. Ik heb alvast ja gezegd, want ze kookt lekker. En veel. Spaar je maag voor die dag.'

'Het wordt steeds spannender. Ik ben nieuwsgierig naar die vrouwen.'

'Gewoon vrouwen bij elkaar. Zwarte vrouwen die elkaars

verhaal aanhoren en die elkaar helpen, alleen als het nodig is. Het is geen hechte club of zo. Daarom is het zo leuk. Vind ik. Er is solidariteit. Dat is genoeg. Er zijn steeds nieuwe gezichten. Je hoort wat die vrouwen hebben meegemaakt, of er een leuk feest ergens is. De laatste keer toen ik daar was, had Samira net haar Praktijkdiploma Boekhouden gehaald. Iedereen klapte voor haar. Het was een paar minuten feest. Nu ga jij mee. Je kunt je hart uitstorten. Ze gaan aan je lippen hangen.'

'Stop, stop, stop. Het duurt nog zo lang. We zien elkaar zaterdag om vier uur op het station. Bij de ingang naar de metro. A bun?'

'Oké. Afgesproken.'

Die zaterdagmiddag ontmoetten Wanda en Fauzia elkaar op het afgesproken tijdstip bij de ingang naar de metro. Fauzia stak haar hand uit en ze zei: 'Keurig op tijd. Heb je je moeten haasten?'

'Nee hoor. Ik heb een vrije dag vandaag. En morgen ook. Ik heb besloten niet meer te gaan. Dit is geen werk voor mij. Je wordt in dit land alleen maar vernederd. Afijn, laat dat ding. Heb ik vanavond iets extra te vertellen aan die vrouwen. Ik ga ze waarschuwen, dat ze niet zomaar voor de witten moeten werken.'

'Je hebt dat baantje zelf aangenomen. Ik denk niet dat je iemand hoeft te waarschuwen. Jij had ook voorvrouw kunnen worden, want zo werkt het in die bedrijfstak. Je begint bij het laagste, toiletten en zo. Daarna klim je op. Je moet echt niet denken, dat jouw chef in een keer die baan heeft gekregen. Het vuile werk zal zij ook hebben gedaan. En nu ze chef is, voelt ze zich heel wat. Dat zie je vaker.'

'Ja, maar die vrouw discrimineert. Ze ziet ons als slavinnen.'

'Als er witte vrouwen in jullie ploeg hadden gezeten, had ze haar houding heus niet veranderd. Ze is veel te gelukkig dat ze het zover heeft geschopt. Wacht maar, totdat jij een leidinggevende functie krijgt.'

'Toch ga ik die vrouwen zeggen dat ze moeten oppassen voor die ptata's.'

'Ik denk dat de meeste vrouwen wat langer in Nederland wonen en dat ze niet op jouw advies zitten te wachten. Zullen we naar het perron gaan, voordat we de trein missen?'

'Ja, laten we dat doen.'

De trein zou binnen twee minuten het station binnenrijden.

'Hé, jij ook hier,' klonk de stem van Sylvana.

'Tan, ben jij het. Moet jij deze trein hebben?,' vroeg Fauzia.

'Ik ga naar Den Haag. Net zoiets als waar wij elkaar in Gouda hebben ontmoet.'

'Leuk. Wij gaan daar ook naartoe. Bij Jessye thuis is het toch? Ik heb het van Zylena gehoord. Ze heeft me speciaal gebeld.'

'Jessye heeft mij zelf opgebeld. Ze grapte nog dat ik op tijd moest komen.'

'Hallo. U gaat er ook naartoe,' vroeg Sylvana aan Wanda.

'Ja. Ik ga kijken wat het is. Fauzia heeft me meegesleept.'

'Sorry. Ik had jullie aan elkaar moeten voorstellen. Dit is Wanda. Onze nomade.'

'Nomade. Wat grappig. Ben je pas in Holland, dat ze je zo noemt,' wilde Sylvana weten.

'Ze noemt zichzelf zo. Ze heeft ons veel te vertellen. Ah, de trein komt eraan.'

'Ook toevallig, hè, dat wij elkaar hier tegen het lijf lopen. Waar willen jullie zitten. Roken, niet roken?'

'Niet roken. Ik heb een beetje last van astma,' zei Wanda.

De trein stopte en Fauzia, Sylvana en Wanda stapten in.

'Mag ik bij het raam zitten? De trein rijdt zo,' en Wanda wees in de rijrichting.

'Natuurlijk. Het maakt mij niet uit aan welke kant ik zit,' zei Sylvana en ze schoof naar links.

'Dus jullie gaan je kiek nemen vanavond. De vorige keer was het wel plezierig. Samira met haar diploma, de boekbespreking van die hele dikke vrouw. En al die hapjes. Het leek wel een feest. Volgens mij kunnen we meer bereiken, als er thema-avonden worden georganiseerd. Dit is te losjes. Die vrouwen praten teveel over zichzelf. Er moet van tevoren een agenda worden gemaakt. Bijvoorbeeld vanavond. Een agenda voor de volgende keer,' zei Sylvana.

'Zoiets zal niet lukken. Het is te vrijblijvend om met iets als een agenda te werken. We mogen al blij zijn, wanneer een van de vrouwen haar huis ter beschikking stelt en van alles in huis haalt. Het is geen verjaardag. En omdat er iedere keer nieuwe gezichten zullen zijn, moeten zij telkens geïntroduceerd worden.

Je hebt zelf meegemaakt wat er de vorige keer gebeurde. Bouchra met al haar emoties over haar vader die haar in stukken wilde hakken. De politie moest erbij komen. Ik snap niet dat die moeder achter die vader staat. Dat kind heeft zitten huilen. We hebben alles over haar familie gehoord. Niemand kon haar helpen. Ze zeiden dat ze moest kappen met haar familie. Mooie boel. Wie vangt haar op, als ze zo'n beslissing neemt? Niemand van ons.'

'Nou, kijk. Dat bedoel ik. Als zoiets zich voordoet, dan spreek je met zijn allen af dat hulpverlening de volgende keer op de agenda staat. Dan ben je concreet bezig.'

'Hulpverlening. Zomaar. Er moet wat zinnigs over worden gezegd. Iemand moet het gedegen voorbereiden. Je moet adressen van instanties verzamelen. Het is veel werk. We gillen allemaal dat we het te druk hebben. Niemand wil dat voorwerk doen.'

Wanda zat rustig te luisteren naar het gesprek tussen Fauzia en Sylvana.

'Jij. Jij bent nieuw. Jij hebt vast tijd over. Wanda was de naam, hè. Leuk. Mag ik jij zeggen? Kom je ook uit Suriname?,' en Sylvana wees op zichzelf en naar Fauzia.

'Ja. Uit Suriname. Ik ben er al een poosje weg. Ik ben meer een zwerfster. Wat Fauzia al zei. Ik ben een nomade. Op mij moeten jullie niet rekenen. Ik blijf nooit lang op een plaats, tenzij ik me daar echt lekker voel.'

'Je weet niet wie of wat je vanavond ontmoet. Straks blijf je nog aan iemand hangen,' zei Sylvana.

'Plaag haar niet,' zei Fauzia.

'Ik heb geen huis. Geen huisraad. Niets. Ik heb alleen mijn briljante verstand. Niemand gelooft me. Daarom kan ik niet lang op een plaats blijven. Ik moet steeds op de vlucht. Er is van alles met me gebeurd,' zei Wanda en ze schudde met haar schouders.

'Ga je daarom naar die avond? Om hulp te zoeken? Of ga je puur voor de vrouwen?,' vroeg Sylvana.

'Ik weet niet, waarvoor ik ga,' zei Wanda, terwijl ze voor zichzelf wist, dat ze haar totale verleden wilde uitstorten.

'Het is allemaal toeval. Allemaal toeval. Ik kom Fauzia tegen op een simpele verjaardag. We raken aan de praat, ze geeft mij haar telefoonnummer om over die bijeenkomst van vanavond te bellen. Aan de telefoon vertelt ze, dat we eerst bij Zylena gaan eten. Dat is nog niet gebeurd en ik heb al met jou kennisgemaakt. It's too much for me, en de avond moet nog beginnen. Ik heb zolang geen echte mensen ontmoet. Ik moet Fauzia dankbaar zijn. Mijn leven gaat vanaf vandaag weer ergens op lijken.'

'Spannend. Spannend,' zei Sylvana en ze knikte naar Fauzia.

'Ja. Het belooft wat. Deze meid vult de hele avond,' en Fauzia tikte met haar hand op Wanda's been.

'Het stelt niks voor. Stronterij is het. Meer niet,' en Wanda draaide met haar ogen.

'Wat doe je met je ogen. Doe niet zo eng, hoor,' zei Fauzia.

'Je gaat bang van me worden, no. Zo hoort het ook,' zei Wanda en ze lachte geforceerd.

'Hoe lang woon je al in Holland?,' wilde Sylvana weten.

'Anderhalf jaar te lang.'

Wanda keek strak voor zich uit.

'Waarom te lang? Ik woon hier al meer dan dertig jaar. Nederland is heerlijk. Amsterdam heeft alles,' zei Sylvana met glinsterende ogen.

'Stront hebben jullie,' zei Wanda en ze draaide met haar hoofd om naar buiten te kijken.

'Amsterdam heeft alles. De gemoedelijke sfeer, als je uit de trein stapt. En niemand die je kent. Heerlijk. Die anonimiteit. Je kunt in die stad gek zijn zonder dat iemand het weet. Je kunt in de gracht springen en daar drie dagen blijven liggen. Je kunt je bedrinken, zonder dat iemand weet wie je werkelijk bent. Amsterdam is mijn stad,' jubelde Sylvana.

'Je bent een Hollander geworden. Daarom zie je niet wat ze met onze mensen doen. Ik heb gestudeerd. Ik kan niet eens een behoorlijke baan vinden. Omdat ik zwart ben. Omdat ik zwart ben, kan ik het vuile werk doen. Ze kunnen dat geld in hun reet steken. Ik heb ze niet nodig.'

Wanda keek woedend, terwijl ze zo sprak.

'Ach meisje, alles went. Ik heb ook mijn frustraties. Met mijn opleiding had ik een hogere functie kunnen hebben. Die krijg ik niet. Dat is het systeem. Ik weet trouwens niet of ik die ambities heb om bijvoorbeeld leiding te geven. Dan zou ik het voor de poen doen. Ik heb een maagzweer gehad, ergernis aan een collega, en thuis zat het ook niet echt lekker.

Toen ben ik drie maandjes de ziektewet ingerold. Maar niemand krijgt mij klein. Ben je mal. Ik ben gaan solliciteren. Ik ben die baan gaan halen. Simpel werk. Dat wist ik. Gewoon poep en plas opruimen, stinkende oude vrouwen wassen, bedden verschonen. Ik was bezig en ik had te eten zonder mijn hand op te houden. Ik kon met sociologie niet aan de bak komen, dus ik ben weer gaan studeren. Ik ga iedereen verrassen. Nog een klein half jaar en ik ben econometrist. Dan kan niemand meer om mij heen. Je moet het leven zelf draaglijk maken. Dus meisje, zet je schouders eronder en stippel je eigen route uit. Wie gaat zijn tijd verdoen om constant op het gedrag van Hollanders te letten? Ze lachen je uit waar je bij staat, en er verandert niets. Praat lekker met iedereen en kies dan je vrienden. Maar zeg niet bij voorbaat dat het een Hollander is, en dus foute boel. Het zijn witte vrouwen die mij op kracht hebben gezet, toen ik het niet meer zag zitten.'

'Ik heb je toch gezegd, Wanda. Jij bepaalt wie je vrienden zijn. Als jij je wantrouwend opstelt, wie het ook is, die ander voelt het.'

Fauzia keek Wanda aan, maar Wanda bleef uit het raam kijken.

'We hebben gemakkelijk praten. We wonen hier al zolang. Wij kennen deze samenleving.'

'Je moet er moeite voor doen. Vanavond wordt het volgens mij spannend. Ik heb Zylena gebeld of we met haar mee kunnen rijden. Ze vroeg of we bij haar eerst wat kwamen eten. Ga mee, we kunnen met ons drieën in haar auto.'

'Ze rekent niet op mij. Straks heeft ze niet genoeg.'

'Ik ken haar een beetje. Ik denk dat ze het leuk vindt, als je meegaat.'

'Jouw risico.'

'Ik zal haar zeggen dat ik je heb meegenomen. A Bun?'

'Het is jouw zaak, als ik een flater sla, Fauzia.'
'Doe niet zo raar.'
'Nou. Goed.'
De trein stopte.
'Wanda, ga je mee? We zijn er.'
'Ik ga niet blijven zitten, als jullie uitstappen. Ik ben niet achterlijk.'
'Je moet niet zo reageren. Je gaat met iedereen ruzie krijgen, als je zo doet.'
'Zo ben ik.'
'Kom dames,' riep Sylvana. 'Moeten we de tram of de bus nemen?'
'De bus,' zei Fauzia.

Het was een broeierige en bewolkte herfstmiddag. Wanda, Fauzia en Sylvana zaten ruim een kwartier in de bus. Gedachten cirkelden om hen heen. Wanda zou de vrouwen laten sidderen. Ze zou hen laten weten wat mensen haar hadden aangedaan. Ze wist dat ze de luisteraars op haar hand zou krijgen en dat ze medelijden zou oproepen. Zo was het haar de vorige keren ook gelukt. Ze verzon leugens, ze draaide informatie om en ze deed voorkomen dat wat zij in woede had gezegd, uitspraken van anderen waren. Ze kon goed acteren en zodoende schoof ze haar eigen pijnen af op mens en maatschappij. Deze avond was haar kans om ieders aandacht naar zich toe te trekken. En de vrouwen te gebruiken waar ze kon.

Fauzia had geen verwachtingen van de avond. Ze verheugde zich op het weerzien met oude kennissen. Ze lachte graag en dat wilde ze nu ook. Met Jessye en Zylena belde ze wel eens. Ze wisten van elkaar wat hen bezighield, hun interesses. Ze belden elkaar op wanneer er ergens een goede film draaide, een favoriete schrijfster Nederland bezocht. Ook wanneer ze verdrietig waren, wisten ze elkaar te vinden. Dan trommelde de een de ander op en gingen ze langs. Dat gold voor de meeste vrouwen die eerder op zo'n praatavond waren geweest.

Sylvana hield zich wat afzijdig. Ze wilde de ontwikkelingen tussen de vrouwen volgen, maar zich inmengen in hun vreugde en verdriet deed ze liever niet. Ze wilde zelfs haar naam en adres niet in het schrift opschrijven, dat was bedoeld om de bereikbaarheid voor elkaar te vergroten. Het schrift lag op zo'n avond op een tafeltje en iedereen was vrij om de naam en het adres van een ander over te nemen in de privé-adressenlijst. Haar studie en haar vriendin namen haar in beslag. Bovendien verzorgde zij haar zieke vader thuis en had ze de baan in het verzorgingstehuis. De vrouwen bewonderden haar om haar energie. Niemand nam het haar kwalijk, dat ze niet naar een van hen belde. Jessye had een zwak voor Sylvana en zo kwam Sylvana toch van alles aan de weet. Behalve dat Sylvana zich niet wilde inlaten in het geluk en het verdriet van de meeste andere vrouwen, zei ze dat haar familie voor een deel Joods was, en dat ze al genoeg had gehoord over de gevolgen die bepaalde registers voor sommige bevolkingsgroepen konden hebben.

Fauzia belde bij Zylena aan.

'Hoi, hoi. We zijn er, Zylena.'

'Ik zie het. Kom binnen. Hé Sylvana, ben je ook opgetrommeld?'

Fauzia haastte zich te zeggen, dat zij Sylvana had overgehaald.

'Die meid stond op het perron op dezelfde trein te wachten. Ze zei dat ze naar de praatavond bij Jessye ging. Toen heb ik haar gezegd dat wij ook gingen. Ik heb haar uitgenodigd om mee te gaan naar jouw huis. Je vindt het niet erg, toch?'

'Ben je gek. Kom binnen.'

'Asjeblieft,' en Fauzia gaf een bos bloemen aan Zylena. 'En dit is nou Wanda. De nomade waarover ik je aan de telefoon heb verteld.'

'Loop door, no,' zei Fauzia tegen Wanda.

'Ik kijk even naar de buurt,' zei Wanda.

'Je mag buiten blijven staan, als je dat leuk vindt. Maar, het is binnen een stuk koeler. Wij hebben elkaar onlangs ontmoet op een zomerfestival,' en Zylena keek naar Sylvana.

'We hebben het niet over deze avond gehad. Waarom eigenlijk niet?,' vroeg Sylvana.

'Omdat jij de vorige keer zei dat het niet was, waar je naar zocht. De verrassing is dus des te groter dat je er wel bent. Laten we naar binnen gaan. Wanda, of moet ik nomade zeggen, zal ik jouw jasje aannemen?,' vroeg Zylena.

'Liever niet. Dank je. Ik heb het bijna altijd koud,' zei Wanda.

'Hoe ga je doen in de winter? Dit is pas het begin van de herfst. Het is juist zo benauwd de laatste dagen,' zei Zylena.

'Toch houd ik hem liever bij me,' zei Wanda.

'Goed. Gaan jullie zitten. Leuk dat jullie er zijn.'

Wanda, Fauzia en Sylvana gingen aan de eettafel zitten. Zylena bleef staan.

'Wat gaan de dames drinken? Fauzia, is jouw recept nog steeds tomatensap, of mag het een wijntje zijn?'

'Ik ga zondigen. Doe mij maar een glaasje wijn. Ik word dronken nog voordat ik die mooie vrouwen heb gezien.'

Fauzia en Zylena lachten ondeugend.

'En Sylvana? Op het zomerfestival dronk je citroensap. Hoe zit het nu?'

'Ik ben er zo zuur van geworden. Geef mij maar een colatje.'

'En onze nieuwe gast. Eigenlijk had ik jou als eerste wat moeten aanbieden. Sorry. Wat mag het zijn? Iets met prik,

een sapje, een pilsje of ook een wijntje? Heeft Fauzia nog iemand om mee dronken te worden.'
'Wat drink jij zelf?,' vroeg Wanda.
'Een wit wijntje. Altijd lekker.'
'Geef mij dat ook,' zei Wanda.
Fauzia en Sylvana knipoogden naar elkaar.

Voordat de vier vrouwen aan tafel gingen, babbelden ze wat. Fauzia had een drukke baan als systeemanaliste, waarin ze steeds vaker moest overwerken. Ze kwam er nauwelijks nog aan toe elke week bij haar moeder te gaan eten. Sylvana had geprobeerd om in Suriname stage te gaan lopen. Ze kreeg geen reactie op haar brief aan de Staatsolie en ze had geen zin om er achteraan te gaan. Achteraf was ze blij dat het niet was gelukt. Het ging slecht met haar vader. Volgens de artsen zou hij binnen twaalf maanden overlijden. Zelf geloofde zij dat hij zou blijven leven totdat zij was afgestudeerd. De man had een heldere geest en ooit had hij tegen zijn kinderen gezegd, dat hij pas zou rusten wanneer zij iets hadden bereikt. Het feit dat haar vader dood zou gaan, gaf Sylvana de extra kracht om haar studie spoedig af te ronden.

Zylena werkte regelmatig thuis aan opdrachten die ze via de universiteit kreeg. In de ogen van andere vrouwen had zij een luxe baan. Zelf vond ze het nogal eenzaam om thuis te werken. Bovendien moest ze gedisciplineerder zijn dan wanneer ze binnen de universiteit een kamer zou hebben. Haar gescheiden ouders waren gezond en ze woonden beiden ver uit de buurt. Zylena voelde zich niet geroepen om al te vaak bij hen langs te gaan.

Had ze haar ouders nodig, dan liet ze de telefoon rinkelen.

Wanda zei niets. Ze keek strak naar de muur, alsof ze druiven zag huilen.

'Heb jij niets te vertellen?,' vroeg Zylena en ze keek Wanda aan.

'O, o,' reageerde Wanda geschrokken.
'Wat is er?,' vroeg ze.
'Heb jij nog iets te vertellen?,' herhaalde Sylvana voor Zylena.
'Wat doe jij in het dagelijks leven?,' vroeg Zylena.
'Niets. Op dit moment niets,' zei Wanda.
'Zonde,' zei Zylena.
'Nou?! Zonde?! Niets doen kan heerlijk zijn. Op zijn tijd,' reageerde Sylvana.
'Vertel ze, no. Hier kun je het kwijt. Niemand zal je uitlachen,' moedigde Fauzia aan.
'Je maakt ons nieuwsgierig,' zei Sylvana.
Zylena liep naar de aanrecht om de moten zalm met slaolie in te smeren. Haar oren bleven gespitst. Sylvana keek afwachtend naar Wanda, die was opgestaan en even door de kamer liep.
'Je kan het doen,' sprak Fauzia bemoedigend in de onverwachte stilte die viel rond de geur van gegrilde zalmmoten besprenkeld met citroensap.
'Het is een lang verhaal, man. Shit. Ik heb dus geen werk. Toen ik hier naar binnen stapte, dacht ik, een rijke buurt, niets voor mij. Een zwarte vrouw woont in een rijke buurt.'
'Het is een gewone buurt. De huizen zijn van Rustig Wonen.'
Sylvana en Fauzia lachten.
'Het ziet er chic uit. Ik ben ook afgestudeerd en ik heb nog nooit een behoorlijke baan gehad in dit land.'
'Heb je vaak gesolliciteerd?'
'Om moe van te worden. Mi kon weri. Ze kunnen hun baantjes houden.'
'Je moet het blijven proberen. Ik heb alleen HAVO en ik heb toch ook een baan gevonden. Pas later heb ik cursussen gevolgd. Toen vond ik een leukere baan,' zei Fauzia.

'Weet je hoe frustrerend het is. Je schrijft honderden brieven en die ene keer dat ze je uitnodigen, vragen ze of je de brief zonder hulp hebt geschreven. No man, 't is gène.'

'Je hebt gelijk om niet meer te solliciteren,' zei Sylvana.

'Een fucking baantje voor fucking geld. Ik wil die vernedering niet meer.'

'Wat wil je precies? Wil je terug naar Suriname?'

'Ik hoef niet per se naar Suriname. Als ik maar weg kan uit dit racistische land.'

'Er is meer aan de hand,' zei Fauzia.

'Vertel ze, no. Bij deze vrouwen zit je goed.'

Eerst vertelde ze moeizaam, maar toen ze eenmaal op gang was gekomen, leek Wanda een wervelwind. Haar woorden sleepten de vrouwen mee naar de vuilnisbelt die haar leven leek te zijn. Achtervolgd door jeugdtrauma's, als oudste uit een gezin met veel kinderen, lichamelijk en geestelijk mishandeld, en tenslotte de vernederingen van de samenleving. Wanda nam nauwelijks tijd om adem te halen. In elke zin gebruikte ze minstens eenmaal het woord 'fucking'. Fauzia en Sylvana zaten stil te luisteren. Zylena stond nog steeds in de keuken bij het gasfornuis.

'Het is teveel, teveel om in één keer te vertellen. Ik ben gekomen om ontspanning te zoeken en nu zit ik jullie over mijn fucking verleden te vertellen. Ik heb honger man, kunnen we niet gaan eten.'

'Vertel, vertel. Je zit vol. Als dingen je dwars zitten, is het goed om erover te praten,' zei Sylvana.

'Dan ben je het even kwijt,' zei Zylena.

'Ga door met je verhaal,' zei Fauzia.

'Mijn papieren worden in dit land niet gewaardeerd. Mijn diploma wordt hier niet erkend. En die ptata's weten niets. Ik ben naar dit land gekomen om verder te studeren. En ze zeggen dat ik opnieuw moet beginnen.'

'Je jokt!,' zei Sylvana vol verbazing.
'En je bent afgestudeerd?!'
Sylvana ging rechtop zitten.
'Al drie jaar. Daarom, ik zeg je. Dit land zit vol fucking racisten. Ik heb niet in het zaligmakende Holland gestudeerd, dus mijn papieren kan ik in mijn reet steken.'
'Hè, hè, rustig. Doe niet zo opgewonden.'
'No, no, no, no, ik zou ook balen man. Hoe lang heb je gestudeerd?,' vroeg Sylvana.
'Vijf jaar. Vijf fucking jaren stellen geen moer voor in dit land. Ik wil weg. Ik wil weg uit dit fucking land.'
'Heb je wel de juiste mensen ontmoet die je zouden kunnen helpen. In dit land moet je kruiwagens hebben.'
'Wat bij ons corruptie heet, noemen ze hier lobbyen. Laten ze alles in hun fucking ass stoppen.'
'Heb je in de Verenigde Staten gestudeerd?'
'Nee, het maakt ook geen moer uit.'
'Waarom zeg je bij alles fucking?'
'Omdat het zo is. Laten we gaan eten, man.'
'Remember. Je moet de juiste mensen leren kennen. Wil je nog verder studeren?'
'Vraag haar geen onzin. Waar denk je aan?'
'Jij ook al? Rustig aan in deze tent. Ik wil geen gevloek in dit huis.'
'Kom niet met kapsones, Zylena. Jou gaat alles voor de wind. Jij hebt volgens mij nog nooit een sollicitatiebrief geschreven. Kom op met je relaties. Wie ken je. Wie wil je voor haar bellen?'
'Ik wil niemand bellen. Ik heb hoogstens wat namen en telefoonnummers. Die kan ik haar geven. Ze moet eerst zelf gaan hosselen. Als het niet lukt, kunnen wij altijd nog zien of en hoe wij haar kunnen helpen.'
'Ik heb geen zin om het gat van de witman te likken. Ik ben moe.'

Zylena vond het taalgebruik van Wanda vreemd. Terwijl ze de gegrilde zalmmoten met ovenwarme aardappelbolletjes, peultjes en kruidenboter op tafel zette, keek ze bedenkelijk naar Wanda.

Tijdens het eten vertelde Wanda dat ze al met verschillende universiteiten contact had gehad. Steeds kreeg ze te horen dat ze geen andere keus had dan de studie opnieuw aan te vangen en dat ze promotieonderzoek kon vergeten, omdat er geen beurzen beschikbaar werden gesteld voor 'zulk onnozel onderzoek,' waarmee werd bedoeld maatschappelijk niet relevant. Eén universiteit wilde Wanda een kans geven. Niet om in aanmerking te komen voor een werkbeurs, maar om via een mondeling tentamen te bewijzen, dat ze een aantal vrijstellingen verdiende. De heren examinatoren legden haar enkele grafieken voor en zij stelden Wanda vragen, die zij volgens haar onderling zelf niet begrepen. Tenslotte werd ze doorgezaagd op bedrijfshuishoudkundige vraagstukken van nationaal niveau. Een gemene valkuil, vond ze, want de heren wisten vooraf, dat zij veel van internationale betrekkingen afwist en nauwelijks wat van de binnenlandse politieke vraagstukken. Na dit kruisverhoor zonk de moed Wanda in de schoenen. Ze had het gesprek als vernederend ervaren. De mannen hadden geprobeerd haar belachelijk te maken en te beledigen. Ze raakten haar in haar ziel. Wanda dacht dat ze de heren docenten zou mogen uitleggen waarop zij van plan was te promoveren: de politiek-economische rol van vrouwen bij de waterput. Niets was minder waar en voor haar een totale afgang. Het verhaal van Wanda vulde het tafelgesprek. Sylvana raakte onder de indruk van Wanda's verhaal en bij wijze van uitzondering gaf ze Wanda haar geheim telefoonnummer.

'Zie je, zo ben ik ook weer,' en ze beet op haar lippen.

'Ik ga weer helemaal de oude worden,' riep Wanda.

'Zullen we de tafel afruimen, en gaan?,' vroeg Zylena.
Ze spraken af dat Wanda hen zo gauw mogelijk op de hoogte zou stellen van het resultaat van haar contacten. Haastig pakten ze hun jassen en gingen naar de praatavond.

De straat waar de bijeenkomst werd gehouden, stond vol met oude wrakken en fietsen die het stelen niet meer waard waren.
Het regende hard en er stond een behoorlijke wind. De vrouwen renden naar het portiek en belden aan. Met de lift gingen ze naar de zevende etage en toen ze binnenkwamen, werden ze begroet door een groep van zeker vijftien vrouwen. Zij waren nog bezig met een rondje zich voor te stellen.
Fauzia, Sylvana en Zylena hielden het kort.
'Hallo allemaal. Ik ben Fauzia. Ik hoef me niet voor te stellen, toch.' En Fauzia ging zitten.
'Ik ben er ook. Goed, hè. Ik kon het niet laten. Voor wie mij niet kent, mijn naam is Sylvana.' En ze plofte op een stoel.
'Ik ben Zylena. Voor wie er de vorige keer niet bij was.' En ze ging op de armleuning van de stoel van Sylvana zitten.
'Ik zal mij zelf aan jullie voorstellen, als Fauzia het niet doet,' zei Wanda.
'Tan, sorry, meisje. Die wijn werkt, geloof ik. Lieve meiden, dit is Wanda, onze nomade. Dan kun je nu gaan zitten, Wanda. Ze heeft ons veel te vertellen.'
Fauzia schoof iets op, zodat Wanda naast haar kon zitten.
Amber leidde de avond. Ze heette Wanda welkom.
'Fijn dat je in ons midden bent. Het is een teken dat wij moeten blijven bestaan. We zijn voor de derde keer bij elkaar en de groep is gegroeid. De telefoon werkt.' Amber lachte. 'Als wij zo doorgroeien, moeten we een pand gaan zoeken om onze activiteiten voort te zetten,' zei ze. Ze wreef in haar handen.

'Jij hebt de eer, Wanda. Introduceer jezelf maar.' Amber ging zitten.

Wanda ging rechtop zitten , met haar handen op haar dijen.

'Ik ga jullie iets vertellen.'

Wanda haalde diep adem.

'Ik ben hier naartoe gekomen om jullie te laten weten wat ik in mijn jonge leven heb meegemaakt. Het is geen leuk verhaal, maar Fauzia heeft me gezegd, dat ik hier op solidariteit kan rekenen.'

Wanda keek even rond.

'Ik woon anderhalf jaar in Nederland. Ik ben naar dit land gekomen om verder te studeren. Ik wil promoveren. Op een onderwerp over vrouwen in Afrika. Jullie weten natuurlijk dat wij de geschiedenis hebben gemaakt, maar dat de witmannen alles van ons gestolen hebben. Ik wil het een en ander aantonen met wetenschappelijk onderzoek. In Suriname geloofde men niet in mij. In Nederland nog minder. Iedereen heeft mij tot nu toe uitgelachen.

Jullie luisteren en dat geeft me moed. Ik heb hard gestudeerd. Vijf jaar lang. In het Engels en in het Spaans. Maar niemand wil mijn papieren erkennen. Ik heb tot diep in de nacht zitten blokken. Bij slecht licht. En met honger in mijn maag. Uren heb ik in de bibliotheek doorgebracht. Jullie zijn getuigen van wat er met mij gebeurt. Ik word in dit land vernederd. Als het zo doorgaat, word ik gek. Al anderhalf jaar woon ik hier. En ik heb niets. Niets. Behalve mijn briljante verstand. Het doet mij pijn om te zien, hoe mijn zwarte zusters verwesterd zijn en alles van die Hollanders zonder kritiek overnemen.'

Wanda keek in de richting van Sylvana en Fauzia. Het was stil in de kamer. De vrouwen leken onder de indruk.

'Het is een kwestie van tijd. Maar als jullie ervoor openstaan, zal ik jullie je geschiedenis bijbrengen. En nog veel meer. We zullen afrekenen met de geschiedvervalsers. Ik denk dat ik het voorlopig hierbij laat,' zei Wanda.

'Dat is nogal wat. Mogen we weten waar je hebt gestudeerd? Ik heb wel een vermoeden,' zei Amber.

'Nee. Liever niet. Voor deze keer wil ik het zo laten. Ik ben blij dat jullie weten wat ik in mijn mars heb. En dat jullie weten dat ik jullie kan uitleggen hoe het komt dat jullie je zo laten onderdrukken door de witmannen.' Wanda keek ernstig.

'Dus jullie weten waarom ik hier zit. Ik moest jullie deze fucking geschiedenis vertellen. Ik heb erge dingen meegemaakt. Het slechtste werk heb ik gedaan. Maar voorlopig weten jullie genoeg. Jullie kunnen me uitlachen, als jullie willen.'

'Niemand die hier zit zal je uitlachen. Het is moedig dat je ons dit hebt verteld. We respecteren het dat je niet meer van jezelf wilt blootgeven. We gaan pauze houden,' en Amber keek naar Jessye.

'Ja. Het is wat,' zei Jessye, terwijl ze opstond en naar Sylvana keek.

Het verhaal van Wanda kwam als een soort diepe dorst in de woestijn. De vrouwen gingen wat verzitten, stonden op, liepen door de kamer. Sommigen maakten een opmerking tegen elkaar.

Jessye draaide aan haar vlechten en ze zei: 'Wat gaan de dames drinken? Het eerste drankje schenk ik in en daarna gaan jullie zelf halen.'

Jessye keek quasi verlegen. Ze liep naar de keuken. Sylvana en Netty stonden op om haar te gaan helpen. Jessye had in grote emaille blikken ijs gemaakt. Sylvana hield het blik onder de warme kraan, zodat het ijs losliet. Met een priem prikte ze het hele blok in kleinere stukken. Netty deed de kleinere blokken in een theedoek en sloeg ze met een opscheplepel tot ijsblokjes.

Jessye ging onopvallend naast Sylvana staan en ze vroeg: 'Wie is die vrouw eigenlijk?'

'Vraag het aan Fauzia. Zij heeft het met Zylena geregeld,' zei Sylvana.

'Deze is niet gemakkelijk. Ze gaat voor problemen zorgen,' fluisterde Jessye.

'Ze is een beetje over haar toeren, denk ik. Ze is pas in Holland,' zei Sylvana.

'Anderhalf jaar noem ik niet pas,' zei Jessye.

'Laat het aan Amber over. Zij kan haar wel aan,' zei Sylvana.

'Nou ja. Ik heb geen opleiding gehad, maar wat gaat ze mij over Afrika vertellen. Ik woon hier rustig. Ik val niemand lastig. Ze moet niet denken dat ze mijn hoofd gaat komen vertroebelen,' en Jessye maakte een tyuri.

'Het zal zo'n vaart niet lopen. Misschien zie je haar na vanavond nooit meer. Je weet het niet met dit soort gasten. Ze schijnt aardig wat rond gezworven te hebben. Zo zit ze hier, zo zit ze daar. Laten we naar binnen gaan. Netty is al met die glazen weg,' en Sylvana trok Jessye aan haar arm mee naar de woonkamer.

Op een dienblad deelde Netty gemberstroop en markoesasap uit. Een schaal met Engelse bol en maïzenakoekjes ging rond. Toen Amber vond dat de pauze lang genoeg had geduurd, riep ze: 'Dames, we zijn gekomen om te praten en niet om te kauwen. Wil iedereen gaan zitten. Anders komen jullie niet aan je trekken. Ik moet streng zijn,' en ze bewoog haar bril.

Mimi nam het woord.

Ze zei dat ze bewust voor het lesbisch moederschap had gekozen.

Ze zat met een aantal vragen, waarvan ze zich voor de zwangerschap geen rekenschap had gegeven. Haar witte vriendin met wie zij gedurende drie jaar de komst van hun kind had voorbereid, was vlak na de geboorte van hun zoon met de Noorderzon vertrokken. Toch eiste de vriendin een bezoekersregeling en wenste ze alimentatie te geven. Hun zoon die met behulp van kunstmatige inseminatie was gemaakt, had donkerblond haar en blauwe ogen. Ook dat gaf de zwarte vrouw hoofdbrekens. Mensen keken er steeds van op dat zij de moeder was. Thuis maakten zij en haar vriendin er ruzie over. De confrontatie met de buitenwereld deed haar besluiten haar zoon zo zwart mogelijk op te voeden. Tegelijkertijd was ze bang dat haar zoon later in een identiteitscrisis zou geraken. Huilend vertelde ze dat het hartverscheurend pijn deed dat haar vriendin haar had verlaten, en dat ze eerst van plan was een zwarte huisvriend te vragen zijn zaad af te staan voor haar baby. Haar vriendin kon haar overtuigen dat een onbekende donor de veiligste weg was, juist omdat ze geen contact wensten met de vader. Zenuwachtig had ze geroepen dat zwarte mannen te trots zijn om hun zaad zomaar af te staan en dat er dus alleen maar wit zaad viel te kopen. "En als jij mij verlaat. Wat dan", had Mimi geroepen. Haar vriendin had haar in de armen gesloten als een wingerd op eenzame hoogte. En toen het briefje met het nieuws van de geslaagde vlokkentest hun ogen had bereikt, had haar vriendin rozen gekocht, een geschenk voor nieuw leven. Cynisch had ze naar de betekenis van de doornen gevraagd. Ze hadden bescheiden gelachen en in het middaggras van hun zomer de aarde belaagd. Maar de ruzies liepen op. De vriendin voelde zich buitenspel gezet, wanneer men aan Mimi vroeg of de vader een blanke was. Geen van beiden had in zulke situaties de moed om tegen vreemden te zeggen dat het kind twee moeders had en geen vader. De irritaties liepen hoog op, en de relatie die hecht leek, viel om als een zieke iep.

Mimi vroeg zich af, hoe ze verder moest in haar eentje, terwijl alles rond twee werkende vrouwen was gepland. Geen van de vrouwen had ervaring met deze Westerse manier van kinderen nemen. Van de vrouwen die kinderen hadden, waren de meesten getrouwd geweest of zij hadden een jarenlange relatie met een man gehad.

Simone, die definitief voor vrouwen had gekozen, sprak bemoedigend: 'Meisje, wees blij dat je je kind hebt. Het is ons gelukt, het gaat jou ook lukken. Reken op niemand, al zegt ze dat ze verschrikkelijk van je houdt. In deze moeilijke tijd moet je alleen van jou uitgaan. Jij moet handelen, jij moet beslissingen nemen. Niet die ander. Want als die ander weg is, krijg jij spijt dat je niet hebt gedaan wat je wilde doen en dan geef je haar ook nog de schuld. En dat is niet waar.

Je hebt toch je eigen hoofd om je dingen te doen.'

'Ja. Dat is waar, maar ik kom er niet uit. Daarom vertel ik het aan jullie. Ik wil gewoon een advies,' zei Mimi.

Herta zei: 'Wij hebben allebei kinderen,' en ze keek naar haar vriendin. W'e pina pina. We proberen het zo goed mogelijk te doen, maar we hebben duidelijke afspraken.

Die kinderen mogen ons niet uitspelen. Als ik nee zeg en ze gaan naar haar – knikkend in de richting van haar vriendin – om hetzelfde te vragen, dan is er oorlog. Ze weten dat we dat niet pikken. Als je geen regels hebt, meisje, doen ze met je wat ze willen. Vooral hier in Holland. Ze zien op de televisie dat alles mag, dus dan proberen ze het. Die programma's bederven die kinderen. We hebben ze gezegd: "Televisie is televisie, thuis is thuis".'

'Ze dweilen de vloer met je aan, als je ze niet strak aanpakt.

Wij zijn dat soort malligheid niet gewend toch,' zei Sherida, de vriendin van Herta.

'Je kunt ze ook niet te strak houden. Dan ontstaan er conflicten, want in dat wereldje buiten mag alles. Kijk hoe ze op school zijn. Die antwoorden die de kinderen van tegenwoordig geven.

Wij zouden allang een klap op onze smoel hebben gekregen. We moesten niet durven,' zei Sylvana.

'Dat is het toch. We leren ze thuis regels. Ze zien die nonsens op de televisie, op school hebben ze het hoogste woord en er wordt niet ingegrepen. In deze moderne maatschappij mag alles,' zuchtte Mildred, die de hele avond als een muisje had gezeten. Ze kwam opeens los:

'Soms vraag je je af wat je hier nog doet met opgroeiende kinderen. Als ik aan die dingen denk, dan wil ik terug.'

'Waarom ga je dan niet?'

'Het is een hele stap. Ik ben hier gekomen voor een papiertje. Die kinderen zijn hier geboren. Hun vader is een stuk onbenul. Ik heb hem de deur uitgezet. Ik heb alles op alles gezet om een baantje te vinden. Nu heb ik een baan. Ik weet niet wat ik ga krijgen, als ik daar ben. Die kinderen doen het redelijk op school. Ze zijn wel brutaal, maar ze leren met gods wil. Als ik terugga, gaan ze mijn kinderen vrijpostig vinden. Of, ze gaan zeggen dat ze een 'air' hebben, omdat ze uit Holland komen.'

Rinia viel in.

'Het zijn moeilijke dingen. Ik heb het geprobeerd. Ik ben teruggegaan. Dat verwende kind van me zette me te schande. Het lustte dit niet en dat niet. Dan was het bang voor alle ongedierte.'

'Is je eigen schuld. Kookte je Hollands voor dat kind? Had je hem niet verteld dat Suriname spinnen heeft. En een heleboel muskieten,' zei Fauzia.

'Luister, hij was dat eten van de crèche gewend. Hij lustte dat eten van mij niet. En waarom zou ik dat kind bang maken voor spinnen en weet ik veel, als hij de rest van zijn leven hier blijft wonen.'

De vrouwen keken elkaar aan en lachten.

'Nu zit jij met de vrucht van je opvoeding,' zei Zylena nuchter.

'En met al dat lekkere Surinaamse eten. Vrouw, nodig ons uit hoor, als je wat over hebt,' lachte Fauzia.

'Het is een stille wenk, no, Fauz? Ik heb gekookt hoor. Heb je het niet geroken, toen je binnenkwam,' zei Jessye.

'No man. Ik heb jou geroken toen ik binnenkwam. So tasty,' en Fauzia ging met haar tong over haar lippen.

'Maak me niet verlegen, meisje. Amber, zeg ze dat het pauze is. Fauzia heeft honger,' zei Jessye.

'Fauzia kan geen honger hebben. We hebben heerlijk gegeten bij Zylena,' zei Wanda.

'Dus, wacht even. Jij kan ook complimenten maken,' zei Jessye.

'Dames. Het is tijd om de benen te strekken en in de keuken te gaan kijken wat Jessye voor lekkers heeft gekookt,' zei Amber.

'Wachten jullie even. De grootste verrassing van mijn zoontje moest nog komen. Voor zijn negende verjaardag heeft hij mij gevraagd om pom te maken. Ik dacht dat ik flauw viel. Op school, op school hoor, had hij van zijn Hollandse juf gehoord, dat pom heerlijk is en dat je een sufferd bent, als je het niet lust. Kunnen jullie je voorstellen, dat hij het van haar wel aanneemt?'

'Hij heeft je gefopt,' zei Zylena.

'Ik zou naar de keuken gaan, als ik jullie was, voordat jullie maag wordt gefopt,' zei Jessye.

Gelach en gepraat vulden de kamer.

'Heb je nieuwe hoop om te remigreren?,' vroeg Mildred aan Rinia.

'Ik blijf niet aan de gang. We zullen het hier moeten redden.

Ik ga zelfs niet meer met hem op vakantie naar Suriname. Hij gaat er maar voor werken, wanneer hij er aan toe is. Negen uur vliegen. Weet je wat dat kost. Wel no,' en Rinia opende haar ogen wijd.

Op de tafel in de keuken stonden schalen met geroosterde kip, gebakken groente, gebraden varkenspootjes, een emmer met zuurgoed en een grote schaal rijst. Sterke drank en fris stonden op een apart tafeltje. Caraïbische klanken vulden de kamer, samen met de stemmen van de vrouwen die voortgolfden. De avond leek in een feestje te veranderen. In een hoek bij het raam stond Mimi met Mildred te praten. Simone plaagde Samira en Myrna, die als tortelduifjes op de bank hadden gezeten. Simone zei:

'Jullie zijn alleen voor dat eten gekomen, no.'

Samira en Myrna keken haar aan en zeiden niets.

Wanda, Fauzia en Zylena zaten bij elkaar op zomerstoeltjes.

'Hoe vind je het?,' vroeg Fauzia aan Wanda.

'Gezellig,' zei Wanda.

'Is het wat jij je ervan had voorgesteld?,' wilde Zylena weten.

'Een beetje. Mijn geschiedenis is lang. Ik heb die vrouwen meer te vertellen. Ik bewaar het voor een andere keer, want ik denk niet dat ze na het eten nog zin hebben om te luisteren. Nee, laat me het niet doen,' zei Wanda.

'Je kunt ons altijd bellen,' zei Zylena.

'Ik ben veel weg. Als je mij niet te pakken kunt krijgen, moet je het op een zaterdag proberen. Zo tegen elf uur. Dan ruim ik het huis op. Als je het bandje krijgt, spreek het in, dan neem ik op. Ik heb niet altijd zin in de telefoon,' zei Fauzia.

Zylena riep naar Jessye dat ze vaker mocht koken. Zo heerlijk vond ze het. Ze zei: 'Dit soort porties moet je op het Bijlmerveld gaan verkopen. Je gaat verdienen, man.'

'Je denkt dat ik gek ben, no. Om me uit te sloven en helemaal naar Amsterdam te rijden voor een kleine hossel. Ik houd van geld, maar niet op deze manier, vrouw.'

Jessye ging door met kluiven.

'Zylena, geef je me straks een slinger naar het station?,' riep Sylvana.

'Ay, a bun', riep Zylena.

'Ga je ons ook een lift geven?,' vroeg Fauzia, terwijl ze naar Wanda wees. 'We moeten alle drie dezelfde trein halen.'

'Natuurlijk geef ik jullie een lift. Houden jullie de tijd in de gaten in verband met de laatste trein. Anders moeten jullie op de nachttrein wachten,' zei Zylena.

'Geef me je bord,' zei Wanda tegen Zylena, 'Fauzia, je kan me dat van jou ook geven. Dan breng ik alles in een keer naar de keuken'.

Jessye en Sylvana zaten aan de eettafel.

'Ze valt mee, geloof ik,' zei Jessye.

'Wie bedoel je?,' vroeg Sylvana.

'Wanda natuurlijk,' zei Jessye.

'Die vrouw houdt je bezig, no?,' vroeg Sylvana.

'Niet direct. Is ze van de club? Ze wijkt niet van Fauzia en Zylena,' merkte Jessye op.

'Zij hebben toch geregeld dat ze hier zit. De rest kent ze niet. Ga jij zomaar met iedereen praten, als je ergens vreemd bent?,' vroeg Sylvana.

'Dat niet. Maar ik vertrouw het niet. Volgens mij wil ze een van ze vangen.' Jessye lachte.

'Als jij haar wil, dan moet je contact met haar zoeken. Ga bij ze zitten,' zei Sylvana.

'No man. Ze is te opgefokt. Ik ben niet in tel. Ik heb niet gestudeerd. Je hebt gehoord hoe ze opschepte. Ze heeft een briljant verstand, zegt ze. Sinds wanneer zegt iemand dat van zichzelf. En dan kent ze ons niet eens. Nee, baya, ze is mijn type niet.'

Jessye en Sylvana giechelden.

Bijna alle borden stonden vuil op tafel. Wanda stapelde ze zoveel mogelijk en bracht ze naar de keuken.

'Bedankt, Wanda. Jouw moeder heeft je leren werken, no,' riep Jessye.

Er kwam een geforceerd lachje op het gezicht van Wanda.

'Wil iedereen in de kamer gaan zitten,' riep Amber.

De vrouwen bewogen zich pratend naar hun plaatsen.

'Ik denk dat ik namens iedereen mag zeggen, dat het eten heerlijk was. Jessye, je kookt als de beste. Maar, het heeft consequenties. Kijk op de klok. Het is middernacht geweest. En niet iedereen is met de auto. We moeten noodgedwongen stoppen. De meeste vragen zijn niet beantwoord. Misschien is het een reden temeer, om niet zolang te wachten voor de volgende bijeenkomst. Wat denk jij ervan, Wanda?,' vroeg Amber.

'Prima,' zei Wanda.

'Bij deze sluit ik de avond. Als jullie andere vrouwen spreken, vertel ze dat we bestaan. Je weet maar nooit. Mag ik voorstellen, dat een paar mensen Jessye helpen met afwassen?,' zei Amber.

'Ik wil nog wat zeggen. Bouchra was er vanavond niet. Niemand heeft naar haar gevraagd. We moeten met themaavonden werken, anders schiet het niet op. Met losse flodders komen we er niet. Dan knappen mensen af en bloeden we dood. Op deze manier hoeft het van mij niet. Het is niet leuk dat ik het zo zeg, maar zo zit het,' zei Sylvana.

'Bouchra is aan het verhuizen. Ze is ondergedoken. Ze heeft het gevoel dat haar vader een zoekactie is begonnen. Ze is bang de straat op te gaan. Anders was ze zeker gekomen. Ik had het aan het begin van de avond moeten zeggen,' zei Samira. 'Maar ik vergat het.'

'Dat komt ervan, als je verliefd bent,' zei Sylvana.

'Wie neemt de volgende keer het initiatief om elkaar te bellen? En bij wie thuis komen we bij elkaar?,' vroeg Amber.

Niemand reageerde.

'Het mag bij mij thuis,' zei ze.

'Oké, dan stemmen wij af, Amber, wanneer ik kan beginnen met bellen,' zei Rinia.

'Goed. Wie de trein moet halen, moet nu weg,' riep Amber.

'Ik moet ook gaan. Ik geef die anderen een lift,' zei Zylena tegen Amber.

'Bij mij thuis doe je de hele afwas,' grapte Amber naar Zylena.

'Geen punt,' zei Zylena.

'Ik help haar wel,' riep Wanda, die haar jas de hele avond had aangehouden en al in de deuropening stond.

'Sylvana, neem afscheid van Jessye, no. We moeten weg,' zei Fauzia, die haar jas had gepakt.

'Rustig. Rustig. Voordat jullie beneden zijn, zit ik in de auto. Let maar op,' en Sylvana knipoogde naar Zylena.

Het was nauwelijks vijf minuten rijden naar het station.

'En, hoe vond je de avond, Wanda?,' vroeg Zylena.

'Niet zo geweldig. Ik had iets anders verwacht,' zei Wanda.

'Voor intellectuele bijeenkomsten moet je op andere plaatsen zijn,' mengde Fauzia zich ertussen.

'Ach, wat. Er zijn genoeg intelligente vrouwen. Maar dit ding mist een goede organisatie,' zei Sylvana.

'Misschien gebeurt er iets met jouw advies,' zei Wanda.

'Waarom heb jij niet voorgesteld een agenda te maken en die avond bij jouw thuis te organiseren. Dan hoeven we ook niet zo ver te reizen. Amber woont in Rotterdam. Moeten we nog verder,' zei Fauzia tegen Sylvana.

'Ik heb mijn zieke vader. En ik denk niet dat mijn moppie het leuk vindt,' zei Sylvana.

'Is dat je vriendin?,' vroeg Wanda.

'Ja. Maureen is mijn vriendin. We rollen al jaren.' Sylvana lachte.

'Houd haar goed vast, vrouwtje,' zei Fauzia.

'Jullie zijn ook een poos bij elkaar, hè,' zei Sylvana.

'Met vallen en opstaan, ja,' zei Fauzia.

'Het is overal hetzelfde. We kunnen niet zonder, maar ook niet met elkaar,' zei Sylvana.

Zylena stopte voor het station.

'Dames, alstublieft,' zei ze.

'Jullie halen het net. Fauzia, ik hoor van je. Sylvana, we lopen elkaar wel weer tegen het lijf, hè. Wanda, laat van je horen.'

Fauzia, Wanda en Sylvana groetten Zylena en ze liepen snel het stationsgebouw binnen.

Precies een week later ging bij Zylena de telefoon. Het was Wanda. Haar stem klonk blij.

'Hi, misi Zylena. Ik had je eerder gebeld. Gelukkig heb ik je nu te pakken. Hoe gaat het met je?'

'Wat een verrassing dat je zo gauw belt. Ben je verder gekomen met die telefoonnummers?'

'Nauwelijks. Eerlijk gezegd, helemaal niet. Het is zo ingewikkeld, Zylena. Hoe moet ik mensen dingen duidelijk maken. Het is zo vermoeiend, weet je.'

'Je moet geduld hebben. Je kunt niet verwachten, dat alles op stel en sprong in orde komt.'

'Dat snap ik. Maar mensen begrijpen me niet. Ik ben echt blij, dat ik jou en Fauzia heb ontmoet.'

'Je mag Sylvana ook bellen. Ik ken haar een beetje. Je boft dat ze jou haar telefoonnummer heeft gegeven. Wees er zuinig op.'

'Ik ga weer van mezelf houden, Zylena.'
'Dat klinkt goed. Wanneer laat je je vrolijke kant hier zien?'
'Ik ga eerst twee weken met vakantie. Zodra ik terug ben, bel ik je op. A bun?'
'Ja. Dat lijkt me leuk. Zullen we alvast een voorlopige afspraak maken. Ik heb een tamelijk drukke agenda.'
'Ik heb niets bij me.'
'Vrijdag dertien november. Lijkt dat je wat?'
'No man. Niet op vrijdag de dertiende.'
'Je bent bijgelovig, no.'
'Je lacht om me.'
'Moet ik huilen soms.'
'Wel, ik kom vrijdag de dertiende.'
'Bel anders even op na je vakantie.'
'A bun. Ik moet ophangen. Ik sta in een telefooncel. Mijn kleingeld is op.'
'Een prettige vakantie, hè. Dag.'
'Daag.'

Even voor Wanda's terugkeer naar Nederland, ontving Zylena een kaartje uit Finland. In hele kleine letters had Wanda het vol gekrabbeld. Op de kaart stond: de vakantie is een fiasco geworden. Het was de bedoeling te gaan uitrusten, maar wat ik in die korte tijd heb meegemaakt, is meer dan een groot college aan de instelling van het leven. Ik heb op straat in de kou geslapen. Ik heb je veel te vertellen. Reden temeer om direct bij je langs te komen. Ik bel.

Zylena vroeg zich af hoe één persoon zoveel ongeluk naar zich toe kon trekken.

Op de dag van haar aankomst belde Wanda naar Zylena. Haar stem klonk weer gejaagd.

'Hi, Zylena, met Wanda. Misère op ellende. Maar ik kom morgen, dan hoor je wat me is overkomen.'
'Ik heb je kaartje ontvangen. Hoe laat vertrek je ongeveer? Ik zou je van het station halen, weet je nog.'
'Ik neem de trein van tien uur zesenvijftig.'
'Dat is uitstekend. Ik zal er staan.'
'Tot morgen dan. Daag.'
'Doe rustig aan, hè. Dag.'
De volgende dag was het vrijdag. Op donderdagavond schreef Zylena enkele regels in dichtvorm in haar dagboek, niet wetend dat ze vele maanden later diezelfde regels bij herhaling hardop zou uitspreken:
Niemand
dan ikzelf
kan mij breken.

De trein was het station nog niet binnengereden, toen Zylena er aankwam. Ze stond wat om zich heen te kijken. Twee jongens van een jaar of veertien drukten hun peuken uit in het reistijdenschema dat eigenlijk achter glas schuilt, maar waar een flink stuk uit lag. De jongens kwamen naast Zylena staan en begonnen schaapachtig te lachen. Het wachten op Wanda duurde Zylena te lang. Eindelijk kwam de trein eraan. Wanda stapte uit de laatste wagon. Zylena liep naar haar toe. Ze omhelsden elkaar.
Wanda maakte een verwarde indruk, toen ze Zylena een bosje bloemen gaf.
'Gaat het wel goed met je?'
'Nee, natuurlijk niet. Je hebt mijn kaart toch gekregen?'
'Als je naar mij toe kwam, zou je je vrolijke kant laten zien.'
'Ik heb geen vrolijke kant.'
'Dan moeten we daar wat aan doen.'
Ze liepen naar de auto. De ogen van Zylena dwaalden

langs de kleding van Wanda. Het was alsof Wanda in haast wat kleding bij elkaar had geplukt. De kleuren vloekten.

'Kom, stap in. Je moet maar meteen een hete douche nemen. Je ziet er afgeknoedeld uit.'

'Ik ben niets. Helemaal niets. Bijna was ik niet naar Nederland teruggekeerd. Ze hebben me vernederd in Finland.'

'Wie?'

'De douane. Ze stelden me een hoop shit vragen. Ik gaf geen antwoord. Ik heb een Nederlands paspoort en ik mag gaan en staan waar ik wil. Ik laat me niet tegenhouden. Ze hebben me in de cel gegooid. Ik moest me uitkleden. Een vrouw kwam me fouilleren. Ik werkte niet mee. Ze vond niets op mijn lichaam. Ik moest me weer aankleden. Ze bracht me naar een kamertje. Een kerel draaide mijn paspoort tussen zijn vingers. Ik wilde op hem spugen. Als je zag, hoe hij naar mij keek.'

Zylena zat in de geparkeerde auto te luisteren.

'Waarom rijd je niet? Ik heb hoofdpijn.'

'Ik luister naar je.'

'Je kan rijden. Rijd.'

'Ja.'

Zylena twijfelde aan de waarheid die Wanda haar wilde doen geloven. Ze vroeg zich af of Wanda misschien een vals paspoort had. Ze durfde het niet te vragen. Ze startte de motor en reed naar huis.

'Asjeblieft,' en Zylena hield de deur voor Wanda open. Wanda liep naar binnen.

'Geef je jas maar.'

'Ik hang hem zelf op.'

'Goed.'

Zylena deed de deur naar de living open.

'Heb je een vaas voor me? Ik wil de bloemen voor je schikken.'

'Lief van je,' en Zylena haalde een vaas voor Wanda.

Terwijl Wanda de bloemen in de vaas zette, kwam een huisgenoot van Zylena bij de aanrecht staan.

'Tan. Je hebt een kat. Ik heb hem de vorige keer niet gezien.'

'Toen had je het te druk met vertellen.'

'Jaag dat beest weg, no.'

'Waarom? Hij houdt van bloemen. En van mensen. Nietwaar, Calypso?'

Calypso strekte zijn lange lijf en liep langs Wanda's been.

'Jaag hem weg, Zylena.'

'Waarom? Hij wil je kopjes geven.'

Zylena knielde naast Wanda.

'Kom Calypso. Ze is moe. Ze heeft hoofdpijn.'

Calypso ging op zijn zij liggen.

'Haal hem weg. Ik ben bang van katten.'

'Oei.'

Zylena aaide Calypso.

'Wat voor nonsens is dat met je? Stuur hem weg.'

'Waar naartoe? Hij woont hier. Jij bent de gast.'

'Ga je me eruit zetten?'

'Doe niet zo mal. Je zit niet in Finland. Je kwam toch logeren?'

'In Finland ging ik ook logeren. Je hebt gelezen wat er is gebeurd.'

'Je hebt op straat geslapen. Moet ik dat echt geloven?'

Wanda keek beledigd.

'Die vriendin had me uitgenodigd. Ze heeft me helemaal naar Finland laten vliegen om me te zeggen, dat ze gaat scheiden.'

'Heel vervelend.'

'En alsof dat niet genoeg was. In het weekend kwam die kerel van haar thuis. Hij heeft ons alle drie eruit gezet. Gelukkig had zij wat geld. We hebben een paar dagen in een pension geslapen. Zij ging met haar dochtertje naar kennissen toe en ik kon barsten. Ze heeft me in de kou laten stikken.'

'Waarom ben je niet meteen naar Nederland teruggegaan?'

'Het kon niet.'

'Hoezo?'

'Vraag me geen moeilijke dingen. Het kon niet. Toen heb ik op straat geslapen. In de kou.'

Zylena geloofde Wanda niet.

'Dat je niet bent doodgevroren. Je bent zo'n koukleum.'

'Verveel me niet. Stuur die kat weg.'

Wanda stond met de vaas met bloemen in haar handen.

'Kom, Calypso. Zullen we een dansje maken?'

'Je lijkt wel gek.'

'Houd je vast. Ik heb drie katten. Alle drie mannen. Calypso is de brutaalste. Met de anderen maak je nog wel kennis. 's Morgens liggen ze voor de slaapkamerdeur te snorren. Ik kan mij nooit verslapen.'

'Je laat je op de kop zitten door katten.'

'De enigen die mij kunnen onderdrukken. Ze winnen het altijd van me. Hè, Calypso.'

'Het zijn geen mensen. Voor het eerst in mijn leven zie ik dat een blakaman zo idioot praat over beesten. Jij noemt je zwart.

Ik schaam me voor je. Je bent diep gezonken. Echt. Alleen in dit land heb ik zoveel onzin gezien. Hoe lang woon je hier eigenlijk al. Je bent toch niet hier geboren. Nee, je bent niet in dit land geboren.'

Wanda keek heel boos.

'Ben je uitgeriedeld? Ik houd van beesten, mag ik?!'

'Ik vind het vreemd, laten we zeggen, dat ik het gestoord vind.'

'Dat mag, maar laat mij mijn huisdieren. Mensen als jij die zo gillen, hebben straks een complete dierentuin met schildpadden, papegaaien, leguanen en zo.'

Wanda maakte een tyuri.

'Zal ik koffie zetten?'

'Ik drink geen koffie. Ik krijg er hartkloppingen van.'

'Lust je thee? Of heb je liever fris?'

'Als je sap hebt, is dat goed.'

'Ik zal Calypso eerst naar boven brengen. Anders sta je de hele avond bij die vaas. Calypso, ga mee.'

Op tafel stond een schaal met koekjes en nougat. Wanda had honger. Ze at het snoepgoed achter elkaar op, totdat de schaal leeg was.

'Ik denk dat ik het eten maar eens ga opwarmen, want zo te zien heb je trek,' zei Zylena.

'Nee, deze koekjes vind ik lekker. Ze halen het niet bij onze Surinaamse ambachtelijke pindakoekjes, maar ze kunnen passeren,' zei Wanda.

'Wil je douchen voordat we aan tafel gaan?'

'Nee. Mijn hoofdpijn is gezakt. Het eten ruikt lekker.'

Ze aten geparfumeerde rijst met fijn gesneden kousebandjes, gestoofde garnalen met rode ui en paprika, afgemaakt met groene pepers en cognac. Er stond een fles droge witte wijn op tafel.

Zylena vertelde over haar boeiende, maar soms frustrerende baan, waarin ze voortdurend opbotste tegen wat ze wetenschappelijke verneukerij noemde. Niet zelden werd ze in haar werk aangevallen op de stellingen die ze had uitgewerkt vanuit een niet-westerse optiek. Ze woonde weliswaar langer in Nederland dan in Suriname, maar juist daardoor had ze extra belangstelling voor wat zich op het Zuidamerikaanse continent en in Afrika afspeelde. Ze had met behulp van de literatuur haar eigen theorieën en filosofieën opgebouwd en onderbouwd. En wanneer collega's haar in het nauw wilden drijven, kwam ze door de goede voorbereiding juist met een scherper betoog.

Wanda luisterde geboeid naar Zylena.

'Ik hoop dat het mij lukt ook zo ver te komen.'

'Je moet doorzetten.'

'Ja. Maar ik moet nog heel wat regelen. Ik moet mijn leven opnieuw gaan ordenen. Er is zoveel dat ik niet verwerkt heb.'

'Je trekt het ongeluk naar je toe, no?'

'Dan heb ik je nog niet alles verteld. Ik heb twee relaties gehad die zijn mislukt. En niet zomaar mislukt.'

'Heel vervelend. Toch moet je vooruit kijken. Nieuwe plannen maken.'

'Die plannen hebben mij naar Nederland gebracht. Ik ontmoette een kerel op een congres in Jamaica. Hij sprak Engels met een Europees accent. Het was een Surinamer die als zevenjarig jongetje met zijn ouders naar Nederland was verhuisd. We trokken met elkaar op. Het klikte. We spraken af om te corresponderen. Hij wilde dat ik naar Nederland kwam. Ik twijfelde. Ik had net die baan in Suriname. Toen dat rund op de universiteit me bedreigde, besloot ik de oversteek te maken.'

'Nu ben je in Nederland en alles zit tegen.'

Wanda en Zylena aten op hun gemak. Zylena schonk Wanda een tweede glaasje wijn in.

'Toen ik kennis met hem maakte, had hij alles. Hij had een goede baan, een eigen huis. En hij was galant, een echte heer. Hij zei dat hij vrijgezel was.'

'En toen je eenmaal bij hem woonde? Had hij niets dan een vrouw waarmee hij was getrouwd? Al jaren?'

'Je moet me serieus nemen, anders vertel ik je geen moer meer.'

'Een beetje extra jus mag toch wel. De wereld is niet aan

het vergaan. Nee. Vertel me.'
'Neem me serieus hoor!'
'Ik doe niet anders.'
'Hij was geestelijk en lichamelijk aantrekkelijk. Hij gedroeg zich niet als een macho, hij maakte geen seksistische opmerkingen. En hij kwam verdomme uit mijn eigen land.'
'Dus je dacht dat je een geweldige beet aan je haak had.'
'Hij had me geschreven, dat hij nieuwe meubels had gekocht, een badkamer had ontworpen met veel spiegels erin. Ik dacht toen bij mezelf dat ik dat zeker kon gaan schoonmaken, maar verderop in die brief stond dat hij eens per week een hulpje had. Ik hoefde me nergens zorgen om te maken.'
Wanda keek Zylena aan.
'Die kerel deugt niet, man. Vuil dweilwater is beter. Je zou hem zo in het riool van een slachterij willen gooien. Wegspoelen die troep.'
Weer keek Wanda van haar bord op, naar Zylena.
'Mannen, nooit meer.'
'Je hebt me nog steeds niet verteld wat er gebeurde. Waarom ben je zo op Shining Shoe afgeknapt.'
'Hij had nog chinees bloed ook. Shining Shoe. Wel, ik heb dat hele huis met hem geshined. Die kerel heeft me bedrogen. Hij had allerlei baantjes. Geen eigen huis. Hij was een soort eeuwige student en zoals ik hem heb meegemaakt, zag het er niet naar uit dat hij van plan was af te studeren. Maar dat was niet het ergste hoor. Toen ik eenmaal in dat huis was, dacht ik dat ik gek zou worden.'
Geëmotioneerd vertelde Wanda dat ze in dit land dat voor haar vreemd was, hoewel ze er eerder korte tijd had gewoond, geen kant uit kon toen het drama begon. Haar vriend wilde helemaal niet trouwen. Hij zag in haar een huisvrouw die deed wat van haar werd verlangd. En hij zei haar dat ze geluk had dat ze nog wat hersens had in tegenstelling tot de vrou-

wen die hij eerder had gehad. Ze moest blij zijn dat hij met haar wilde trouwen, want zo geweldig zag ze er niet uit. Hij kon zo een jonge meid krijgen.

Hij hoefde maar naar het Kwakoefestival in de Bijlmer. En omdat ze toch wat hersenen had, ze had ten slotte gestudeerd, hoefde zij geen moeite te doen om er nog wat bij te leren. Hij verbood haar naar de bibliotheek te gaan. Hij leerde haar cocktails maken. Hij las haar voor wat ze moest mengen.

Zo maakte Wanda kennis met Noa-Noa, Diki-Diki, Firebird, Flying Black Cat en nog wat andere dubbelzinnige namen, waarin Wodka, Scotch whisky, Cointreau of Grand Marnier het hoofdbestanddeel vormden. Samen proefden ze en een enkele keer hadden ze er lol in. Maar het was hoofdzakelijk bedroevend.

Het ergste was, dat zij op alle momenten dat hij dat wilde, beschikbaar in bed moest liggen, maar liever nog in de hal, lang na middernacht. Soms moest Wanda naar de eerste etage van zijn huurwoning, waar hij in de logeerkamer allerlei tuig had verzameld. Koken deed hij zelf en de boodschappen daarvoor ook. Dat had te maken met zijn roots, zei Wanda. Vrouwen waren eens per maand ziek, vond hij, en omdat Wanda weigerde hem in te lichten op welke dag ze begon te vloeien en op welke dag het menstrueren was gestopt, nam hij het zekere voor het onzekere en kookte hij. Het feit dat hij menstruerende vrouwen onrein vond, was ook de reden dat hij niet van de straat at en bij hoge uitzondering een enkele keer bij kennissen of vrienden thuis. Als Wanda in haar periode was, en hij had dat in de gaten, mocht ze ook niet in zijn slaapkamer komen. Want, ook al sliep zij met hem, het was zíjn slaapkamer.

In die week was ze een logée in eigen huis, hoewel, ze had het nooit als haar eigen huis beschouwd. In de periode dat tante op bezoek was, sliep Wanda in de logeerkamer op de vloer, ongeacht het seizoen. Ze mocht zich ook niet in de badkamer wassen, maar ze moest zich opfrissen bij het wasbakje in de logeerkamer.

'Ik snap niet dat je niet bent weggegaan.'

'Ik kon niet.'

Zylena vond het een vreemd verhaal, maar omdat ze alles wilde horen, zei ze dat niet tegen Wanda.

'Op een dag begon hij me te slaan. Ik weigerde met hem naar bed te gaan. Vanaf dat moment dwong hij me. Hij schudde me op een nacht wakker. Ik moest opstaan. Hij bond me vast aan de verwarmingsbuis. Hij neukte me van achteren. Hij knorde als een varken. Hij heeft me beschadigd.'

'Je had weg moeten lopen. Hoe kan een vrouw zulke dingen met zichzelf laten gebeuren?'

Zylena keek bedenkelijk. Ze dacht aan wat Wanda over Finland had verteld. Ze kende niemand die alleen maar tegenslagen in het leven had gehad.

'Ik kon niet weglopen. Ik was bang. Hij sloeg me baldadig.'

'Zo'n grote vrouw als jij?'

'Als je me niet gelooft, vertel ik je niets meer.'

'Ik wil alles horen.'

'Hij sloeg. Hij sloot me in huis op. Hij heeft me tussen mijn benen getrapt.'

Zylena knipperde met haar ogen.

'Je kon toch naar de dokter gaan? En dan weglopen.'

'Ik moest naar de dokter. Ik bloedde. Die klootzak is meegegaan. Hij zei tegen de dokter, dat we wild hadden gevreeën. Die dokter was net zo een zak als hij, want hij vroeg mij niets. Hij gaf me een recept voor een tube zalf. Ik ben het nooit gaan halen. Ik heb nog steeds last.'

'Waarvan precies?'

'Van mijn poentje. Jij begrijpt ook niets.'
'Ik probeer het mij voor te stellen.'
'Ik heb jullie gezegd dat ik de vreselijkste dingen heb meegemaakt. Ik lieg niet.'
'Ik snap niet dat je in dat huis bleef wonen, als die man je mishandelde.'
'Hij beloofde beterschap.'
'Je had beter moeten weten. Je had al een relatie achter de rug.'
'Ja. Misschien. Achteraf. Die keer dat we bij de dokter waren geweest, had hij spijt. Hij zei dat hij was geschrokken, toen hij dat bloed zag. Hij ging boodschappen halen en hij kookte een krachtige kippesoep voor me. Hij legde me uit dat zijn mannelijkheid van hem eiste een vrouw te nemen, wanneer hij dat wilde en dat dat losstond van zijn intellectuele bagage. Hij besefte dat hij niet altijd goed bezig was, maar het hoorde bij zijn manzijn.'
'Een hevig pleidooi. Vond je dat aannemelijk?'
'Nee. Ik wilde bij hem weg.'
'Had je niemand die je kon helpen?'
'Ik was zo bang, Zylena. Ik had een vriend in Amsterdam. Ik was als de dood om hem te bellen. Stel je voor dat die kerel dat te weten zou komen. Dan had hij me morsdood geslagen.'
'Had je geen vriendinnen? Of familie?'
'Ik was alles kwijt. Hij had mijn adressenboekje verscheurd. Ik had ook geen echte vriendinnen.'
'Ook niet een vriendin met wie je correspondeerde vanuit Suriname? Zo'n adres blijft toch in je hoofd hangen?'
'Ik had niets. Niets. Niets. Niets.'
Wanda beet op haar tanden. Zylena nam een laatste hapje van haar bord.
'Zullen we de tafel afruimen? Of eet jij je bord leeg?'

'Je hebt zo je best gedaan, maar ik krijg het niet meer door mijn keel.'

'Geeft niet. Je hebt in ieder geval wat naar binnen gekregen. Hoe is het met je hoofdpijn?'

'Het komt en gaat.'

'Blijf maar zitten. Ik ruim wel af. Zal ik thee voor je zetten?'

'Als je wilt.'

'Zullen we in de woonkamer gaan zitten? Je mag op de bank liggen, als je dat prettig vindt.'

'Waar zijn die katten?'

'Boven. De deur is dicht. Ze kunnen hier niet naar binnen. Ze moeten eten, maar dat kan later.'

'Oké. Laten we achter gaan zitten.'

Toen ze op de bank zaten, vertelde Wanda hoe ze was weggelopen.

'De bibliotheek was om de hoek. Op een avond toen we een cocktail hadden gemaakt, zei ik hem dat ik er genoeg van had om binnen te zitten. Ik stelde voor om het cocktailboek naar de bibliotheek terug te brengen. Ik zei hem dat ik hem zou verrassen. Ik geloof dat hij dronken was. Hij gaf mij voor het eerst in al die acht maanden een sleutel van het huis. Ik pakte stiekem vijfentwintig gulden uit zijn portemonnee. De volgende dag ging ik de straat op. Ik liet als eerste een duplicaat van die sleutel maken. Toen bracht ik die boeken weg en ik nam andere mee. Het was geen kleine poppenkast toen hij thuiskwam. Hij heeft geregeerd, Zylena. Geregeerd. Hoe ik het in mijn hoofd kon halen om boeken van vrouwen in zijn huis te brengen.'

'Wat had je meegenomen?'

'Literatuur. Zwarte literatuur. Van Maya Angelou. Twee titels. Die kerel deed alsof hij gek werd. Hij smeet die boeken naar me. Hij zei dat ik de Bijbel moest lezen in plaats van boeken van vrouwen die andere vrouwen op rare ideeën brachten.'

Zylena lachte.

'Dat had hij niet moeten zeggen, Zylena. Want, toen wist ik zeker dat ik bij hem weg zou gaan. Hij zei dat de wet literatuur van vrouwen moest verbieden. Hij herhaalde dat vrouwen de Bijbel moesten lezen. Dat ze hun plaats moesten kennen. Achter de man.'

Zylena schudde van het lachen.

'Toen dacht jij, ik ga ervoor staan en vertrek.'

'Die avond gaf hij mij een gouden ketting. Hij zei dat het van zijn overleden moeder was geweest. Die ketting betekende veel voor hem, maar hij wilde mij bewijzen dat hij van mij hield. Hij deed de ketting zelf om mijn nek. Ik vroeg hem of het symbolisch was, voor al de maanden dat hij mij in huis had opgesloten.

Toen nam hij mij in zijn armen en hij zei dat hij zich zou proberen te corrigeren.'

'En jij geloofde dat?'

'Nee. Ik wist zeker dat ik de volgende dag weg zou gaan. Ik denk dat hij dat onbewust aanvoelde. Ik vond het ook vreemd, dat hij plotseling met de Bijbel aankwam. Hij geloofde niet in God. Ik ook niet. Ik ben atheïst.'

'Hoe ben je weggekomen?'

'Achteraf beschouwd, heel simpel. Ik had eerder moeten vertrekken. Om te zien hoe verlammend angst werkt. Ik propte mijn kleren in een tas en een vuilniszak. Ik had die sleutel laten maken en ik had iets meer dan twintig gulden. Ik draaide het slot om en ik vertrok.'

'Waar ben je naartoe gegaan?'

'Ik liep naar het station. Ik kocht een enkele reis naar Amsterdam. Daar woont een familielid van me. Ik had het adres gevonden. Op het Centraal Station van Amsterdam informeerde ik hoe ik bij mijn tante moest komen.'

Zylena dacht weer dat Wanda loog, omdat ze eerst had gezegd dat ze al haar adressen kwijt was. Ze vroeg niets.

'Mijn tante was blij om me te zien. Ik vertelde haar wat me was overkomen. Ze bood me tijdelijk onderdak aan. Ik kon op mijn gemak naar een kamer gaan zoeken.'

'Je bofte. Wat een lieve tante.'

'Wacht, no. Ik ben nog niet klaar. Je gaat horen hoe lief ze was. Ze had gezegd dat ik geen haast hoefde te maken.'

'Heel lief.'

'Stronterij. Het huis was ruim genoeg. Het had drie slaapkamers: één voor mijn tante en één voor iedere dochter. Ze had één van haar dochters die protesteerde dat ze haar privacy kwijt was, omdat ze naar de slaapkamer van haar oudere zus moest verhuizen, uitgelegd dat dat paste in de traditie. "Als je in Suriname woonde, zou je zien hoe iedereen inschikt wanneer er onverwacht visite komt."

"Maar mam, ik woon in Nederland. Ik ben nog nooit in jouw land geweest. Ik vind het helemaal niet nodig dat Wanda mijn kamer inpikt. Ze kan toch naar een opvanghuis gaan. Daar zijn die toch voor?"

"Houd je brutale mond met die verwende dingen van je. Die kapsones die jullie in dit land hebben".'

Wanda vertelde hoe tante een tyuri maakte en zelf begon om wat kleding van de ene dochter naar de kamer van de andere dochter te brengen.

Het meisje keek haar moeder aan, alsof ze wilde zeggen: 'Je doet je best er maar mee. Zodra je de deur uit bent, gaan mijn spullen terug. Wanda merkt wel dat ze op mijn kamer niet welkom is.'

Met de dochters viel het reuze mee. Ze vroegen van alles over Suriname. Wanda maakte met alle geduld vlechtjeskapsels voor ze.

Ze was wel drie tot vier uur bezig de meer dan honderd vlechten los te maken. Daarna waste ze het haar en om het kammen te vergemakkelijken en de meisjes geen pijn te doen, deed ze er heel veel antiklitcreme door. Wanda was zeer creatief. Ze maakte de mooiste, moeilijkste modellen die ook weer uren in beslag namen. Soms was ze wel acht uur bezig en wanneer het model haar niet beviel, maakte ze zonder pardon een deel van de vlechten los en begon ze opnieuw. Op school begrepen ze niets van de kapsels en hoe het kon dat het haar van de meisjes zo snel groeide. Leerlingen en leraren stelden de gekste vragen. Dan wilden ze weten of het haar elke dag opnieuw werd gevlochten en om hoe laat je dan niet moest opstaan. En of je zittend sliep om het haar netjes te houden. Een leraar had zelfs tot groot vermaak van één van de dochters gevraagd of zij zich geschoren had, toen een deel van haar haar aan de voorkant in de vorm van een diadeem was gevlochten. Het meisje had gelachen, totdat ze tranen in de ogen kreeg en de leraar had gezegd: 'Vraag ik echt zoiets stoms?'

Het meisje antwoordde: 'Het is erger dan stom. U moet met meer aandacht naar me kijken,' waarop de leraar de opmerking maakte dat zij hem zou beschuldigen dat hij haar wilde versieren. Lachend waren ze naar de kantine gelopen en het meisje had hem voldoende informatie gegeven, zodat hij zulke blunders niet meer zou maken.

Na ongeveer twee maanden bij tante begon de ellende voor Wanda opnieuw.

De meisjes beschouwden Wanda als een oudere zus bij wie ze met al hun geheimpjes terecht konden. Maar de tante die had gezegd dat Wanda alle tijd kon nemen om uit te zien naar een kamer, kreeg genoeg van haar aanwezigheid. Eerst maakte tante opmerkingen dat de telefoonrekening te hoog opliep en dat de waterrekening ook fors was gestegen. Tante schreeuwde dat ze een belastingaanslag zou krijgen. Wanda stelde voor iedere maand tweehonderd gulden aan kostgeld te geven. Toen viel tante tegen haar uit.

'Je denkt toch niet dat ik gek ben om jou voor dat bedrag kost en inwoning te geven. Als jullie pas uit Suriname komen, denken jullie dat jullie alles voor niets kunnen krijgen. Jullie hebben geen idee hoe hard wij voor dat kleine beetje geld moeten werken. Sinds jij hier woont, heb ik geen stuiver meer opzij gezet. Ik weet niet eens hoe ik ga doen als één van die kinderen moet gaan studeren. Je denkt dat het hier een Sweet Hotel is. Die dingen kunnen hier niet. Je bent een stevige negerin, dan zit je maar te zitten op me en mensen te bellen.'

Wanda's tante sprong op en ze ging voor Wanda staan.

'Dus wat denk je, meisje, dat je hier je familie in Suriname gaat zitten bellen, terwijl ik pinaar in die kou voor een stukje brood. Dat ding moet een keer ophouden. Je gaat snel naar een kamer zoeken, ik zeg het je. Ik wil het niet meer. Je moet zo snel mogelijk oprotten hier. Het is ook geen voorbeeld toch, voor die kinderen van mij. Ze gaan denken dat ze straks ook kunnen komen zitten op me. Meisje, pak je biezen en ga snel hoor. Toen ik naar Holland kwam, heeft niemand me geholpen. Je ziet me nu toch. Ik heb werk, ik heb kinderen. Go waka yu pasi.'

Wanda werd zo overdonderd door haar tante, dat ze niets terug kon zeggen. Het was heel lang geleden dat iemand haar voor negerin had uitgescholden. Wat voor koloniale beestachtigheid dacht haar tante met haar uit te halen. En die hoge rekeningen.

Niemand had haar gezegd dat de vaste lasten in Nederland zo onbeschoft hoog liggen. Ze maakte zich op voor een gesprek met haar tante.

'Tante, kan tante even naar me luisteren?'

Zonder op antwoord te wachten, begon ze.

'Tante, niemand heeft me ooit gezegd dat gas, licht en water zo duur zijn in Holland. Hoe moest ik die dingen weten? Ik kon het niet ruiken, toch tante.'

'Houd op met die stronterij, meisje. Een paar jaar geleden heb je hier toch een tijdje gewoond. Ik hoefde je niks te vertellen, tan. Zo een grote vrouw als jij weet toch, hoe die dingen hier werken? Je bent niet gisteren naar Holland gekomen.'

'Ik zat op een studentenflat, tante. Alle kosten waren inbegrepen. Inclusief, tante. Je gaat je niet afvragen wat gas en licht apart kosten. Die kamer was al baldadig duur. Het is niet eerlijk van u om mij in huis te nemen en nu u schulden heeft, mij van alles te betichten. Ik bel nooit iemand op van hier. Ik ga naar de telefooncel, verdomme. U moet ook met uw schattige onschuldige dochters praten. Misschien wordt u wijzer. Maar uw boodschap is duidelijk. Ik zal ervoor zorgen dat ik oprot. Deze negerin zal oprotten. Een krant lezen af en toe lijkt me geen overbodige luxe voor u. U bent uw geschiedenis misgelopen.'

'Als je je brutale snuit niet houdt, kan je direct vertrekken. Je bent een ondankbaar beest. Me kind heb ik uit haar kamer gehaald. Straks blijft ze zitten op school, omdat ze geen rust heeft om te studeren. We hebben ons zoveel ontbeerd, dan kom je met je brutale onbeschofte bek. Ga weg voordat ik razend word.'

'Het is gemakkelijk no, om mij van iedere mislukking en van al uw schulden de schuld te geven. Straks gaat u nog vertellen, dat het mijn schuld is dat u geen man hebt.'

'Het is afgelopen.'

Tante gaf Wanda een paar fikse meppen in haar gezicht.

Wanda sloeg terug en tante deed alsof ze flauwviel. Wanda schrok, maar ze deed alsof het haar niet interesseerde en ze ging naar haar kamer waar ze tot de volgende dag bleef. Toen de meisjes op haar deur kwamen kloppen, deed ze die niet open.

Zylena zat al die tijd te luisteren.

'Ik heb mijn spullen gepakt en ik ben op een kamer gaan wonen.'

'Als ik goed geluisterd heb, heb je al eerder in Nederland gewoond.'

'Ja. Heel even. Ik studeerde Spaans, maar mijn peettante overleed vrij plotseling in Suriname. Ik ben haar gaan begraven.

De kwaliteit van leven hier vond ik maar niks. Ik besloot in Suriname te blijven. En ik vroeg opnieuw een beurs aan om te gaan studeren in het Caraïbisch gebied.'

'O. Zit het zo. Hoe kwam je zo snel aan die kamer, na de aanvaring met je tante?'

'Via via. Een kennis van een vriend van mijn tantes zwager wist een kamer in een Bijlmerflat bij een welgestelde Surinamer.'

Zylena fronste haar wenkbrauwen.

'Een welgestelde Surinamer in een Bijlmerflat? Wat verkoop je me nou? Dat kan toch niet. Welke Surinamer met geld woont in een Bijlmerflat?'

'Meer dan je denkt. En je weet het niet, omdat je hier op je troon zit. In Suriname kijken ze neer op je, als ze een paar honderd gulden meer verdienen dan jij. Of als ze in een groot huis wonen met een hek eromheen. Hier hebben ze geen keus. Ze ontdekken dat ze gewone mensen zijn die bij de vreemdelingendienst een stempeltje moeten halen om bij de gratie Gods een verblijfsvergunning te krijgen, omdat ze bij de Onafhankelijkheid voor hun land hebben gekozen. Het zijn deze mensen die hier ziek worden. Ze aanbidden Joop den Uyl, die allang dood is, en ze weten niet waarom ze hem aanbidden. Ze gaan voor hùn koningin door de knieën.'

'Zielige mensen zijn het dan. Als ze hun hoop op Suriname hadden gevestigd, waarom zijn ze dan naar de Bijlmer vertrokken?'

'Omdat de Bijlmer bij iedereen in het buitenland bekend is.

En in de Bijlmermeer staan genoeg flats leeg, omdat Hollanders daar niet willen wonen. Je denkt toch niet dat jouw buren het leuk vinden dat jij hier woont. Al lachen ze met je, ze zien je liever naar het ghetto vertrekken. Of zij verhuizen zelf als het even kan. Want ze vinden dat door jouw komst de buurt verpaupert. Zelfs als zij smeerlappen zijn, heb jij het gedaan.'

'Ik heb hele aardige buren.'

'Omdat je je ogen sluit.'

Zylena haalde haar schouders op.

'Vertel verder. Die tori's van je worden hoe langer hoe ingewikkelder.'

'Jij bent zeker nooit in de Bijlmer geweest. Daar kom je je eigen mensen tegen. Ze kunnen van de Bijlmer zeggen wat ze willen, maar ik voel me er thuis. En de omgeving is nog groen ook.'

'Je was zo mooi op dreef over die welgestelde Surinamers.'

'Ach. Deze mensen zijn weggegaan toen Bouterse de macht greep en links en rechts mensen liet arresteren. De bangeriken dachten dat ze hun bezit zouden kwijt raken. Toen hebben ze de benen genomen. Begrijp me goed. Het zijn geen lafaards, want die waren al eerder vertrokken.'

'Je bedoelt dat het verbitterde mensen zijn, die hun land wilden opbouwen maar niet de kans kregen, omdat er in Suriname buiten-parlementair geregeerd wordt door een groep die alleen uit is op eigen gewin. Het zijn een stel rovers met een destructieve inslag die de macht hebben en wetten voorschrijven. Daarom gaan de idealisten uiteindelijk het land uit.'

'Vertel me geen nonsens, man. Je lult gewoon. Die boeven die hier naartoe komen, zijn zo corrupt als de pest. Zij hebben de schaarste gecreëerd, zij hebben het volk uitgebuit en toen ze het benauwd kregen, had Bouterse het plotseling gedaan. Vertel mij geen enkele nonsens. Laat me je een ding zeggen. Mensen met geld kennen geen schaarste. Zij pinaren nooit.'

'Zullen we een plaat opzetten en dansen, dansen op ons vervloekte Suriname. Nu God ons land definitief in de steek heeft gelaten, kunnen we met genoegen al onze hebi's naar boven halen. Leve de revolutie. Laten we een winti dansen.'

'Je spot. Je spot met mijn geboorteland.'

'Het is ook mijn geboorteland. Zullen we een plaatje opzetten en dansen?'

Wanda gaf geen antwoord. Zylena stond op en schoof een cd in de lade. Ze pakte Wanda bij haar arm. Langzaam kwam Wanda overeind. Samen dansten ze op de kaseko 'Moi Uma'.

Wanda en Zylena lachten.

'Dat was een lekkere onderbreking. Vertel me nog een beetje over die kamer bij meneer welgesteld.'

'Je bent bemoeizuchtig, hoor.'

Wanda ging zitten.

'Ik kon mij inschrijven op zijn adres. Dat was belangrijk voor me, omdat ik anders in de problemen zou komen met mijn uitkering. Hij wilde geen geld van me aannemen. In plaats van huur te betalen, moest ik voor hem strijken en het huis schoonhouden. Ik vond het geen gekke deal. Ik had toch nog geen werk, ik zou me gewoon zitten vervelen in dat huis. En dat was ik niet gewend. Mijn handen begonnen te jeuken om te werken.'

'Wilde je dan geen betaalde baan? Of gaan studeren? Met

jouw bagage ga je toch niet alleen huishoudelijk werk doen om een vent te behagen?'

Wanda zuchtte diep en ging rechtop zitten.

'Ik word ook nooit begrepen. Ze accepteren mijn diploma niet, Zylena. Ik heb je al verteld over die vernederingen op de universiteit. Ik hoef toch niet opnieuw te beginnen. Weet je dat ze me op de Universiteit van Amsterdam vroegen of ik dacht in staat te zijn een Engels boek te lezen. Ik wilde die kerel klappen.'

'Hoe zijn zulke dingen mogelijk. Het kan haast niet. Je hebt toch onder andere in het Engels gestudeerd? En Surinamers staan bekend om hun meertaligheid. Ik heb zulke gekke dingen nooit meegemaakt.

Ze deden gewoon tegen mij. Ja, ze vroegen wel eens waar mijn ouders vandaan kwamen. En een keer was iemand in Suriname geweest als gastdocent en een ander correspondeerde met een oude studiegenoot. En die dachten dan meer van Suriname af te weten dan ik. Meer dat soort dingen. Niet alarmerend. Wat jij hebt meegemaakt, klinkt zo overdreven.'

'Ik kan je nog meer vertellen. Wij gaan er vanuit, dat ze een brede horizon hebben, wanneer ze op dat niveau zitten. Het valt vies tegen. Het tegendeel is waar. Buiten hun specialisme weten ze niet veel. Hoe wij over hen denken, heeft ook te maken met ons koloniaal verleden. Wij hebben altijd gedacht, toen we nog in Suriname woonden, dat Hollanders alleen maar intelligent waren en goede banen hadden. Zal ik je vertellen dat een kennis van mij bijna flauwviel, toen ze hier pas woonde en uit het raam keek. Ze zag aan de overkant een witte man de ramen lappen. Ze begreep niet dat dat kon. Ze dacht echt dat het eenvoudige werk voor zwarte mensen was. We hebben er vreselijk om gelachen, toen ze het had verteld maar het is toch verdomde triest hoe onze hersenen zijn gedeformeerd onder invloed van de kolonisator. Ik ben allang opgehouden van witte mensen een zekere algemene ontwikkeling te verwachten. Ik heb een hekel aan Hollanders.'

'Je vindt niets goed aan Hollanders.'

'Ik heb alleen maar slechte ervaringen. Kijk wat ze met Suriname doen. Suriname is niet meer interessant voor Nederland. Sinds de Onafhankelijkheid in negentienvijfenzeventig zitten ze hier alleen met een verrekijker om af en toe een bestraffende vinger uit te steken naar ons. En na de militaire coup in tachtig hebben ze een afwachtende houding aangenomen. Toen de decembermoorden in tweeëntachtig werden gepleegd, heeft Nederland de geldkraan dichtgedraaid. Alsof die moorden zo'n misdaad waren. Het waren er maar zestien.'

Zylena schrok van deze laatste woorden van Wanda.

'Wat zeg je? Maar zestien. Hoe durf je. Sympathiseer jij met Bouterse? Er zijn veel meer mensen vermoord. Dat weet je best.

Die zestien waren intellectuelen en om die reden zijn ze in de publiciteit gekomen. Maar allen die zijn vermoord, waren mensen. Mensen zoals jij en ik.'

Zylena haar adrenaline steeg. Wanda veranderde van houding.

'Kijk, je moet dingen die gebeuren in perspectief zien. Suriname is Zuid-Amerika. En voor een Zuidamerikaans land heeft Bouterse met de zestien moorden nauwelijks schade aangericht. Weet je hoeveel mensen in Suriname dagelijks sterven, omdat die specialisten het verdommen ze te helpen. Omdat die arme mensen geen geld hebben. Dat is pas moord met voorbedachte rade. Jullie moeten mij niets over Bouterse komen vertellen. Jullie blazen het hier op. Jullie hersenen zijn gedeformeerd door het kapitalistische systeem. Let maar op het nieuws. Voordat het jullie bereikt, is het al een paar keer vervalst door witte Westerse journalisten. Kijk maar hoe ze bepaalde gebeurtenissen interpreteren. In het land waar ik heb gestudeerd, was de berichtgeving veel objectiever.'

'Have a heart. Dat studieland van je is misschien wel de grootste vervalser van teksten. Buitenlandse boeken worden verkeerd vertaald. Studenten krijgen een brainwash. Dat verklaart ook jouw houding met betrekking tot de decembermoorden. Jouw studieland munt uit in het domhouden van mensen. Waarom ben je daar eigenlijk niet blijven wonen?'

Wanda verhief haar stem.

'Omdat ik weg moest. Studeren is daar gratis. Buitenlandse studenten moeten na diplomering zo snel mogelijk het land verlaten om plaats te maken voor nieuwkomers. Anders was ik er zeker blijven wonen.'

'Het lijkt mij, wanneer je een stabiele persoonlijkheid bent, een luxe om wat ervaring op te doen in jouw studieland. Daarna moet je toch ongetwijfeld verder kijken in de wereld. Anders loop je vast. Het is een veel te beperkte visie op de maatschappij, die ze je daar opdringen.'

Zylena haalde diep adem.

'Vind jij trouwens dat je geïndoctrineerd bent?'

Wanda keek woest.

'Of moet ik je vragen hoe goed jij je in je studieland voelde?'

'Je bent hatelijk, weet je.'

'Vind je? Ik wil die dingen horen. Ik wil jou leren kennen. Ik moet toch weten wie er tegenover mij zit. Ik veroordeel alle politieke moorden.'

'Surinamers zijn te emotioneel.'

'Hoor wie dat zegt.'

'Ik blijf erbij. Het waren er maar zestien. Het continent waartoe ons land hoort, eist nou eenmaal slachtoffers. Die mannen waren gewaarschuwd.'

'Waartegen? Een advocaat doet gewoon zijn werk. Een

rechter ook. Zij hebben net als de militairen een eed afgelegd hun werk naar eer en geweten te zullen doen: een advocaat verdedigt zijn cliënt om te bewijzen dat die man of vrouw het strafbaar feit niet heeft gepleegd of om verzachtende argumenten aan te voeren voor een mildere straf, een militair houdt lichaam en geest, nou ja die geest, hij houdt zijn lichaam fit om land en volk te verdedigen in tijden van oorlog. Nu jij. Ons rustige landje kende alleen maar vredelievende, gastvrije inwoners met een diep sociaal gevoel. Je neemt zeer selectief waar. Een gevolg van de indoctrinatie in je studieland. Je hebt niet eens een eigen mening. Alles is je gedicteerd. Daarom kom je zo ongeloofwaardig over. Daarom krijg je met iedereen problemen.'

'Dacht ik het niet. Iedereen vindt me belachelijk. Ik had beter mijn mond kunnen houden.'

'Ik vind je niet belachelijk, maar ik kan niet begrijpen dat je Bouterse verdedigt. Daarom vroeg ik je of je sympathisant bent. Dan hoef ik je ook niet te begrijpen. Dan weet ik waar je staat. Zo kunnen we uitzichtloze discussies vermijden. Op dat punt zullen wij het vermoedelijk nooit met elkaar eens worden.'

'Ik heb het bij anderen gezien. Ze geven je het gevoel dat je jezelf kunt zijn, en dan laat je een stukje van jezelf zien en word je erop gepakt.'

'Heb je echt het gevoel, dat ik je ergens op wil pakken? Dat is jammer. Ik ben geschrokken van je interpretatie op die moorden. Dan heet het volgens jou dat die Surinamers te emotioneel zijn. Je moet eens naar jezelf kijken. Je distantieert je op de verkeerde momenten.'

'Jullie hersenen zijn in dit land vertroebeld.'

'Zullen we er maar over ophouden. Deze discussie dient geen enkel nut.'

Zylena vroeg zich af, waarom Wanda, wanneer ze van haar

gelijk overtuigd was, opeens over 'jullie' sprak. Ze wilde weten wie Wanda werkelijk was: een missionaris die zieltjes wilde winnen voor het geloof of een vrouw die overal de lakens wilde uitdelen. Om welke reden ook, Wanda was met spijt uit het studieland vertrokken. Het liefst was ze er blijven wonen, hoewel ze onder minder prettige omstandigheden had gestudeerd. Ze had verteld dat ze soms echte honger had geleden. Het zakgeld dat een student kreeg, was minimaal. Op het universiteitscomplex kon ze voor weinig geld eten, daar lag het niet aan. En de gezondheidszorg was ook gratis. Als ze echter een stukje zeep nodig had of tandpasta, dan moest ze daarvoor in de rij gaan staan. Met het risico dat wanneer zij aan de beurt was, het produkt was uitverkocht. Kantoorartikelen waren peperduur. De studenten van het land zelf stalen als raven van de buitenlandse studenten. Zonder dat ze ooit betrapt werden.

In vergelijking met Wanda had Zylena niets meegemaakt.

Ze was nog maar zeventien, toen ze van het gymnasium ging. In het kader van de studentenuitwisseling mocht ze van haar ouders negen maanden naar de Verenigde Staten waar ze een leerzame periode had gehad. Daar werd ze op zichzelf teruggeworpen en directer met haar zwart-zijn geconfronteerd. De Nederlandse studenten werden ondergebracht bij families wier kinderen op een High School zaten. Ze waren nog maar een paar dagen bij het gastgezin, toen Zylena de gastvrouw aan de telefoon hoorde zeggen dat haar iets vreselijks was overkomen. De gastvrouw had twee meisjes in huis, een zwart en een wit. Dat witte meisje was verlegen en niet erg spraakzaam, maar dat zwartje, dat stelde zoveel vragen.

De gastvrouw werd misselijk bij het idee, dat het zwarte meisje uit haar bord en met haar bestek zou eten. De vrouw vertelde ook aan haar vriendin dat ze het onverteerbaar vond, dat een zwarte op haar witte lakens sliep. Ze wilde Zylena kwijt, maar ze had er geen aannemelijke reden toe. Zylena was geïnteresseerd, nieuwsgierig en braaf, terwijl het witte meisje afstandelijk was. De meisjes bespraken wat ze de gastvrouw aan de telefoon hoorden zeggen. De volgende dag vroegen ze aan de coördinator overplaatsing aan. Hij geloofde het verhaal van de meisjes niet, maar toen ze aanhielden, mochten ze allebei naar een ander adres. Deze ervaring had een schok bij Zylena teweeg gebracht. Ze wist vanaf dat moment dat waar ze zich in de wereld ook zou bevinden, ze op dit soort situaties bedacht moest zijn. En dat het belangrijk was zulke ervaringen niet weg te stoppen, maar te delen met vriendinnen of anderen.

Het horloge tikte aan Zylena's pols. De tijd paste zich nooit aan de mens aan. Wanneer ze tijd nodig had om iets af te ronden, liepen de wijzers harder dan eerst. Wanneer ze tijd over had, gingen de wijzers rustig voort. Zo was het nu ook. Ongemerkt was het half twee 's nachts geworden. De gordijnen waren dicht en de stilte op straat hoorde bij de buurt waarin zij woonde. De vrouwen wilden geen van tweeën weten dat ze moe waren.

Een zoektocht naar de bronnen van hun verleden was begonnen. Ze waren van het ene onderwerp in het andere gerold, hadden niets uitgediept en hadden daarmee in feite onbewust een nieuwe afspraak gemaakt. Zylena stelde voor te gaan slapen.

'Zullen we morgen verder praten? Ik ben een beetje moe.'
'Ik voel me opgelucht. Mijn hoofdpijn is weg.'
'Wil jij eerst gaan baden?'
'Ja. Maar de katten.'
Wanda leek klaarwakker.
'Ik loop met je mee. Niks aan de hand. Ik moet ze van de

zolder halen. Ze hebben nog niet gegeten.'
'Wacht totdat ik slaap, hoor.'
Zylena lachte.
'Kom op. Het wordt alleen maar later.'
Wanda ging douchen en Zylena haalde de katten van zolder.

Ze gaf ze stukjes hart, legde de beesten uit dat er visite was en vroeg ze om zich te gedragen. Toen ging ze naar boven terug om Wanda naar de logeerkamer te brengen. Wanda was niet meer in de badkamer.

'Wanda, waar ben je?'
Zylena hoorde een stemmetje uit haar slaapkamer komen. Ze liep erheen.
'Zo, zo. Je dacht, ik ga maar ergens liggen. Dit is mijn slaapkamer.'
'Ik durfde niet naar boven. De katten.'
'Die zijn beneden. Je hoeft niet bang te zijn.'
'Mag ik bij je slapen?'
'Je durft.'
Wanda zei niets.
'Welterusten, hè. Ik ga mij douchen.'
In de namiddernachtelijke stilte voelden de druppels aan als een massage. Zylena ging naar de zolder om uit een kast een vergeten shirt te pakken voor de nacht. Ze sliep meestal naakt, maar dat vond ze ongepast tegenover Wanda.

Wanda droeg een nachthemd met lange mouwen.
'Zal ik het licht uitdoen?'
'Ja.'
Toen kroop Zylena in bed.
'Om te stikken, wat je aan hebt.'
'Ik heb het koud. Ik heb het altijd koud. Dit land is niets voor mij.'
'Ik sta niet op om de verwarming aan te zetten hoor. Het is

niet gezond om in die droge lucht te slapen. Wil je een extra dekbed?'

'Nee, het hoeft niet. Ik ben moe. Ik val direct in slaap.'

'Welterusten dan. Slaap lekker. Droom van Caraïbische golven die je in slaap strelen.'

Terwijl Wanda in slaap viel, hoorde Zylena haar klappertanden.

De volgende ochtend werd Zylena rond elf uur wakker. Wanda zat op bed en las uit *Het huis met de geesten* van Isabel Allende.

Zylena rolde het bed uit en ging naar de keuken. Ze speelde met de poezen, gaf ze brokjes en bracht ze naar de zolder. Toen zette ze thee en koffie en ze perste sinaasappelen uit. In roomboter bakte ze eieren met bacon en uitjes. Wanda kwam op de geur af.

'Waarom ben je niet op bed gebleven? Dan had ik het ontbijt naar boven gebracht. Je bent bang van de katten.'

'Waar zijn ze?'

Wanda keek om zich heen.

'Ze zijn naar de zolder. Ze spelen verstoppertje met je.'

'Leuk hoor.'

'Je had op bed moeten blijven.'

'Dat is voor zieke mensen. Mijn moeder heeft me geleerd, dat alleen zieke mensen in bed eten.'

'En jij bent gehoorzaam?'

Wanda kietelde Zylena.

'Heb je zoutvlees gebakken? Het ruikt lekker hier.'

'Nee. Eieren met bacon.'

'Hm, dat eet ik niet. Ik heb geen treef, maar dat eet ik echt niet.'

'Je weet niet wat je mist, meisje. Het smaakt minstens even goed als gebakken zoutvlees.'

'Ik eet geen varken. Ik krijg er puistjes van. Heb je geen sardien of bokking?'

'Ik lust geen sardien op de vroege ochtend en bokking heb ik nog nooit klaargemaakt.'

'Dan wordt het tijd dat je het leert.'

'Het is toch idioot om te denken dat ik alleen Surinaamse dingen moet klaarmaken, omdat ik toevallig in dat land ben geboren.'

Zylena en Wanda gingen aan tafel. Wanda nam boterhammen met kaas en komkommer. Zylena at de eieren met bacon. Wanda dronk thee en Zylena nam koffie.

'Waarom vroeg je me of ik sardien of bokking in huis had?'

'Zomaar.'

'Nee, dat is niet waar. Je jokt.'

Zylena keek Wanda vragend aan.

'Weet je, je moet niet boos worden, maar je hebt baldadig ptata fasi. Ik weet niet hoe ik het jou moet uitleggen. Je gedrag is niet Surinaams.'

'Omdat ik geen sardien en bokking in huis heb? Als ik je bakkeljauw en cassave laat zien, om maar wat te noemen, verandert jouw mening dan?'

'Laat maar. Je zal het nooit snappen.'

'Hoe gaan we doen als wij met elkaar om blijven gaan? Ik heb geen zin om steeds van die malle opmerkingen te horen. Ik laat mij niet op de vingers tikken.'

Wanda keek Zylena onderzoekend aan.

'Zwarte mensen passen zich altijd aan. Zelfs in hun eigen land hebben ze de neiging zich zo wit mogelijk te gedragen. Onder invloed van witte dominantie leren zwarte mensen af zichzelf te zijn en nemen ze die kille westerse dingen over. Welke Surinamer lacht nog helemaal vanuit zijn buik? Geen enkele, want ze zouden lawaai kunnen maken. Stelletje malloten worden jullie in Europa.'

Wanda kreeg de slappe lach van haar eigen woorden.

'Je moet een tijdje in Suriname gaan wonen fu kisi yu srefi, dan zal je pas begrijpen wat ik bedoel. Ga, om je cultuur te ontdekken. Ze zullen je opvangen daar. En ga bij gewone mensen logeren, niet van die afgestudeerde gehersenspoelde halve garen die uit Europa komen en daar de boel even recht zullen zetten met hun kapsoneshoofden.'

'Ik denk dat jij in dit land niet op de goede plek zit. Je bent een ongelooflijke zeurpiet. Op de vroege ochtend wil je mij de les lezen. Ik wil van mijn ontbijt genieten. Je lijkt wel een missionaris. Ik vraag mij af wie jou die messiaanse opdracht heeft meegegeven.'

Er viel een korte stilte.

'Kun jij bokking bakken?'

Wanda begon weer te lachen.

'Je bent een grappenmaakster. Natuurlijk kan ik bokking bakken. Ik bak het al sinds mijn achtste jaar. Voor mijn vader. Als hij en mijn moeder ruzie hadden, stuurde mijn moeder mij. "Meisje, ga dat ding voor je vader maken", en dan ging ik zonder commentaar naar de keuken. Mijn vader had altijd kritiek, in plaats van dankbaar te zijn dat hij wat lekkers te vreten kreeg. Ik moest het bord nota bene voor hem naar de voorzaal brengen.

Hij at liever niet aan de eettafel. Met zijn bord op zijn schoot genoot hij het meest. Mijn moeder stoorde zich niet aan hem.

Ze dekte altijd aan tafel voor hem. Dan kwam hij, nam zijn bord en een lepel mee naar de schommelstoel bij het raam. Dan ging meneer breeduit zitten eten en riep hij één van ons meisjes om drinken voor hem te halen. Die jongens hoefden niets te doen behalve net als mijn vader te eten en te bevelen.

En o wee, als je niet genoeg ijsblokjes had gezet in dat glas.

Dan kon je teruggaan, nadat hij je in je arm had geknepen.

Die vader van me was niet gemakkelijk.'

'Ik ben allang niet meer verbaasd over vaders. Of zeg maar over mannen. Mannen richten ravages aan. Ze kennen hun verantwoordelijkheden niet. En vrouwen die op mannen uit zijn, gaan tot het uiterste.'

'Mannen zijn varkens. Het enige wat ze goed kunnen, is hun pik achterna lopen.'

Wanda en Zylena giechelden.

'Vrouwen zijn ook niet eenvoudig. Sommigen nemen je in vertrouwen. Ze vertellen je hun geheimen. En wanneer ze hun zeven geesten krijgen, beschuldigen ze jou. Een keer belde een vrouw mij op. Ze vertelde dat boze tongen zeiden, dat haar vriend een boeler was. Dat ze moest oppassen voor aids. Later hoorde ik van een andere vrouw dat die trut had gezegd, dat ik liep te vertellen dat ze aids had. Ik val niet op mannen, maar vrouwen zijn geslepener. Ik loop niet zo hard meer voor anderen. Iedereen zoekt zijn ellende zelf maar uit. Vandaag ben je goed genoeg om ze op te vangen en zodra ze het leven weer aankunnen, heb jij het gedaan. Ik stoot mijn hoofd, maar ik leer elke dag een klein beetje.'

'Mensen zijn gevaarlijk. Ik heb mijn kop ook al vaak gestoten.

Ik vertrouw niemand meer. In ieder individu schuilt een beest. Ons oergevoel.'

'Je vertrouwt niemand meer. Hoe dan? Je hebt mij en Fauzia toch heel wat verteld. Op de praatavond heb je je ook zeer kwetsbaar opgesteld.'

'Dat ging vanzelf. Wij hebben volgens mij een heleboel raakvlakken. Dan praat je voor je het weet over je hele leven.'

'Hebben wij zoveel raakvlakken?'

Zylena fronste haar voorhoofd.

'Wij hebben geen raakvlakken, Wanda.'

'We zijn op zoek naar hetzelfde, Zylena.'

'Hoe kom je daar nou weer op. Je zegt gekke dingen. Je

kent mij niet eens. Wat je van mij ziet, keur je af.'

'Niet alles. Ik heb toch niet gezegd, dat het niet goed is om van vrouwen te houden?'

Wanda keek indringend.

'Je zou geen poging moeten wagen,' zei Zylena.

'Ik ga douchen,' zei Wanda.

'In Suriname ging ik nooit ongebaad aan tafel. Ik friste me op en poetste mijn tanden.'

'Ik heb die gewoonte van hier overgenomen. Maar na het ontbijt ga ik wel onder de douche. Ik ben niet zo'n viezerik.'

'Waarom nemen jullie die vieze gewoonten van die ptata's over? Als mijn moeder mij hier zo zou zien zitten, zou ze kotsmisselijk worden. In Suriname kan je zoiets niet flikken.'

'Volgens mij zijn sommige dingen verleden tijd. Bijna alles is schaars tegenwoordig. Nood breekt wet. Ik denk niet dat men in Suriname nog twee keer per dag onder de douche gaat en een paar keer per dag de tanden poetst. Ik ken een vrouw die de tube tandpasta op haar lijf draagt. Ze bewaart hem in haar beha. Anders vermorsen die kinderen het.'

'Je zult versteld staan om te zien wat men in huis heeft, ondanks de schaarste. En als er geen zeep of tandpasta is, dan wordt er toch gebaad en ook gepoetst. We zijn een ijdel volk. Water is gelukkig nog betaalbaar. En bovendien, jullie sturen alles vanuit Holland. Jullie zijn goed stom. Als er een brief komt waarin staat dat er geen doperwten en wortelen zijn, geen zeep, suiker, olie of noem maar op, dan rennen familieleden hier om inkopen te doen, dozen te vullen en rugklachten te riskeren ter wille van familieleden in Suriname. En opeens lijkt iedereen die je een beetje kent, familie te zijn. En jullie trappen erin. Jullie hebben medelijden en handelen ten koste van jezelf.'

'Waarom doe je, alsof je er niet bij hoort? Je praat weer in termen van jullie. Ik vind dat echt afschuwelijk. Niemand vindt het leuk om te lezen, dat het steeds slechter gaat met Suriname en al helemaal niet wanneer het bloed- en aanverwanten betreft.

De basisvoorwaarde die wij in onze zwarte opvoeding hebben meegekregen is immers zorgen voor onze naaste. Toen we het over de decembermoorden hadden, moest ik het gebeurde in perspectief zien. De voedselpakketten die we dankzij onze opvoeding sturen, hoe krom we er ook voor moeten liggen of onszelf moeten opofferen, mag niet van jou. Je uitspraken zijn in strijd met elkaar.'

'Je helpt er de economie niet mee. Suriname gaat failliet. Het volk zal creperen. Dit is niet de oplossing.'

Nu was het Wanda die zuchtte en hoewel ze had gezegd dat ze ging douchen, zat ze er nog.

'We hebben in feite geen keus. We kunnen lijdzaam toezien hoe ons volk pinaart en hoe zakenlui rijker en rijker worden. De Nederlandse economie, de Surinaamse industriëlen en de poederjongens zijn gebaat bij het in stand houden van de schaarste en de armoede van het volk. Dankzij de meervoudige consumptiehuishouding van de Surinamers neemt de omzet van de supermarkten en Surinaamse winkels hier toe. De Surinaamse industriëlen en poederjongens wisselen hun Bouta gulden die niets meer waard is op de parallelmarkt en verkopen levensmiddelen tegen een prijs die dertig à veertig keer hoger ligt dan de normale waarde. Als je bedoelt dat onze economie daar niet bij gebaat is, geef ik je gelijk. Maar niemand wil zijn familie zien pinaren.'

'Jullie moeten het niet doen. Jullie helpen mijn volk geestelijk en materieel kapot maken.'

Zylena schudde haar hoofd, omdat Wanda het weer over 'jullie' had.

'Wat je ook niet uit het oog moet verliezen' – en Zylena werd cynisch en bitter tegelijk – 'is dat wij, Surinamers buiten Suriname woonachtig, in feite de ware ontwikkelingshulp verstrekken. Wij geven levensmiddelen en soms zelfs harde valuta, zodat onze mensen kunnen overleven. En we vragen niets meer terug dan een berichtje waarop staat dat geld en goederen veilig en wel zijn aangekomen. We creëren geen situaties waardoor onze mensen aan ons een schuld hebben. Het land is toch allang failliet.'

'Ja, als je het zo bekijkt...'

'Ik kan niet anders.'

'Als je het zo bekijkt, kunnen we ermee doorgaan. De Europese expansie heeft hele volkeren uitgemoord, mensen dwangarbeid laten verrichten, totdat ze zwichtten en met hun zweet in de aarde verdwenen. Toen zijn ze de import van mensen uit Afrika begonnen. Hun eigen witte mensen hebben ze gespaard. De slaven hebben ervoor gezorgd, dat de grondstoffen werden verzameld.

De slavenhandelaren verscheepten ze naar Europa en dwongen de zogenaamde arme landen tot afname van hun produktie. De Europeanen leerden de bevolking in de 'Derde Wereld' hun eigen produkten te minachten. Daarmee nam de import in de 'Derde Wereld' toe, de export daarentegen stagneerde en daar gingen we: een schuldenlast die we nooit kunnen inlossen.'

'Wij heten ten onrechte een derde wereldland. Wij hebben de grondstoffen. Maar wat doen we, als onze import onze export overstijgt? We krijgen te weinig vreemde valuta binnen en onze schuld aan het buitenland groeit. Zo kunnen we nooit vooruitkomen. Wat exporteert Suriname nog? En kijk in onze haven. Het stikt daar van rotzooi in blik, terwijl we verdomme alles zelf in huis hebben. De betalingsbalans komt nooit meer in evenwicht.

Het komt nooit meer goed in dat land.'

'Misschien moeten we dat ding officieel maken. De Surinaamse gulden devalueren. Dat ding is niets meer waard. Je kunt het niet eens een valuta noemen. Iedereen wisselt geld op de parallelmarkt. Wall Street aan de Waterkant bij de Centrale Markt kan dan opgeheven worden. Jonge jongens hosselen daar voor hun dagelijkse brood. Ik vermoed dat ze in dienst zijn van kapitaalkrachtige zakenlui. En zoals het altijd gaat, wanneer de regering mensen gaat oppakken, dan zijn het deze hosselaars die als eerste de bak in vliegen. De moneymakers zullen altijd vrij rondlopen. Zij paraderen met hun auto's en vrouwen in de stad.'

'De Surinaamse mafia heeft er alle belang bij de illegale geldhandel in stand te houden. Het wordt tijd dat er een slimme vrouw op het ministerie van Handel en Industrie komt.'

'Probeer het, ga terug en sluit je aan bij god weet hoe die nieuwe partijen allemaal heten.'

'Ze deugen niet. Geen van alle. We moeten met een groep intellectuele vrouwen om de tafel gaan zitten, een goed plan opstellen en gewoon gaan.'

'Je ziet ze vliegen, no. Ons geboorteland is niet rijp voor zo'n ingreep. Geen man, en zeker geen militair, die vrouwen het land ziet regeren. Wapens zullen het land blijven regeren.

De regering heeft niets te vertellen. De macht ligt gewoon bij de militairen. En als zij het land op die manier kunnen redden, mogen ze van mij blijven zitten.'

'Het land is niet meer te redden. Suriname is een groot moeras geworden. Dat hebben we te danken aan die militairen van je.

Zelfs het Structureel Aanpassingsprogramma, afgekort SAP werkt hier niet. Iedereen die uit Suriname bericht ontvangt, hoort dat het daar steeds "sappiger" wordt. De militairen infiltreren op alle ministeries. President Venetiaan zit in een doolhof.'

'Niemand heeft hem gestuurd.'

'Hij is gekozen. Door het volk.'

'Voor hoe lang? Hij heeft niks te vertellen. Als Bouterse niet wil dat iets gebeurt, dan gebeurt het niet. Dat kan ik jou zeggen.'

'Heb je dat uit betrouwbare bron? Tegenwoordig heeft iedereen het nieuws uit betrouwbare bron.'

'Ik kom pas kijken. Ik zeg niets meer. Ik ben groen als gras. Ik ga douchen, man. Ik zei allang dat ik ging douchen. Mijn poentje ruikt zuur.'

De vrouwen lachten.

'Ga je het groene gras water geven?'

Zylena keek ondeugend. Wanda ging naar boven. Opeens gilde ze.

'Zylena, er zit een kat in de badkamer. Kom hem weghalen.'

'Die beesten doen je niets hoor.'

'Deze lijkt op een andere. Haal hem weg, no.'

'Er lopen drie katten hier rond. Calypso, met wie je al kennis hebt gemaakt. Merengue, die je welkom heet in de badkamer.'

'Kom hem wegjagen voor me.'

'Ik kom vrouw. En dan hebben we nog Bapu, de vredesactivist, die meestal op zolder ligt. Van hem zal je nauwelijks last hebben.'

'Ik hoef het niet te horen.'

'Het is beter om het te weten. Als je weer eens hier logeert en je moet in de nacht naar de wc, dan schrik je niet zo. Ik ben trouwens niet van plan om ze in hun vrijheid te beperken. Een volgende keer lopen ze door het hele huis. Ze zijn echt heel lief.'

'Kom je hem wegjagen? Of moet ik hem opdonderen.'

'Begin een Merengue voor hem te dansen, dan komt hij direct.

Hij zal zijn naam eer aandoen.'

'Doe niet zo idioot. Kom no.'

Zylena riep Merengue uit de badkamer en Wanda kon eindelijk gaan douchen. Toen Wanda weer beneden was, stelde Zylena voor een potje te scrabbelen. Het werd een ware strijd.'

'Spelen doe je om te winnen. Of om verdiend ten onder te gaan.'

'Wanda zei niets. Ze concentreerde zich op het spel.

'Je mag ontspannen. Het is geen kwestie van leven of dood. Je kunt wel tegen je verlies, hè.'

'Ja natuurlijk. Je leidt me af, als je zoveel praat. Houd je mond.'

'Goed.'

De stilte van letters. Wanda legt neer: b-o-o-r-d. Zylena sluit aan: w-o-r-m. Ze scoort met de w op driemaal letterwaarde veel meer punten dan Wanda.

'Dankzij mij, no.'

'Wat dankzij jou.'

'Ik heb je geholpen om zo hoog te scoren.'

Zo ging het het hele spel door. Zylena won met een verschil van vijftig punten.

'Mijn geboortejaar,' riep ze enthousiast.

'Als je het met twee vermenigvuldigt is het het aantal keren, dat ik je heb geholpen om van mij te kunnen winnen.'

'Goed. Daag me nog eens uit. En win. Om quitte te kunnen staan.'

'Oké. Geef me eerst wat te drinken. Wat heb je.'

'Genoeg. Wat wil je.'

'Whisky met ijsblokjes.'

'Ik ga al. Woef.

Zylena stond op en ging naar de keuken. Ze vond Wanda een vreemde vrouw, die dodelijke pijltjes in haar richting schoot. Toch dacht ze dat Wanda haar ware aard achter een masker droeg, om de verwachtingen die illusies werden, te verbergen. Ze wilde Wanda doorgronden om meer van haar wisselende stemmingen te begrijpen. Ze liep naar de woonkamer terug met een glas whisky en een glaasje bronwater.

'Asjeblieft. Doe het rustig aan, hoor.'

'Ik kan wel op mezelf passen.'

'Oké.'

Wanda nam een slok uit haar glas.

'Dat ding is scherp, man.'

'Ik heb je gewaarschuwd.'

Zylena dronk ook wat.

'Zal ik je de rest van het huis laten zien? Dan weet je een volgende keer de weg. Ik ga die katten ook niet de hele dag boven

laten.'

'Ik moet geen katten.'

'Je hoeft ze niet aardig te vinden. Maar dan weet je hoe het hier georganiseerd is.'

'Blijf bij me, hoor.'

'Gekkie, kom.'

Wanda liep achter Zylena de trap op.

'Ik hoor iets.'

'Gelukkig wel. Ze zijn niet dood. Kijk. Dit is de rommelkamer.'

'De rommelkamer? Ik zie geen rotzooi.'

Zylena deed de kastdeur open.

'Als je schone handdoeken nodig hebt, kun je ze hier pakken. En aan de kapstok kun je gedragen kleding uithangen.'

'Je bent niet eenvoudig.'

'Hoe bedoel je?'

'Overdreven netjes ben je.'

'Ik houd niet van troep. Daar word ik onrustig van.'

'Praten alle deftige dames zo?'
'Dat moet je aan hen vragen. Ga je mee?'
'Naar die katten?'
'Die kamer doe ik als laatste. Kunnen ze gelijk mee naar beneden. Een hapje eten. Brokjes alleen zijn slecht voor ze.'
Zylena deed een andere deur open.
'Wat?! Waarvoor is dat apparaat? Je maakt geen geheime bandopname van me, toch?'
'Hoe haal je dat in je hoofd. Je fantasie slaat op hol, meisje.'
'Ik grap niet. Als ik je beter ken, ga ik je een schandaal vertellen.'
'Zie je, dat je weer gaat komen logeren. Het is goed dat ik je het huis laat zien.'
Ze liepen de zonnekamer in, waar Zylena orchideeën hield. In de hoek van de kamer stond een zonnebank waar Zylena met vriendinnen lag bij te kleuren in de winter.
Wanda vond dat het toppunt van absurditeit.
'Welke zwarte vrouw gaat onder een zonnebank?'
'Ik. In de winter zie ik bleek. Dat vind ik niet mooi.'
'Je bent diep gezonken.'
'Zorg jij er maar voor, dat je met je beide benen op de grond komt te staan.'
Wanda maakte een van haar vele tyuri's.
'We gaan naar de katten, meid. Houd je rikketik in de gaten.'
Zylena deed de deur langzaam open.
'Hallo heren. Mag ik jullie voorstellen aan Wanda?'
Calypso en Merengue kwamen kopjes geven.
'Kijk wat hij met zijn rug doet.'
'Dat deed hij ook, toen je in de keuken met de bloemen bezig was.'
'Dat weet ik niet meer.'

'Vooruit. Aai ze eventjes. En als je goed kijkt, dan zie je Bapu in het holletje liggen. Hij doet zijn naam eer aan. De schat.'

'Sinds wanneer zijn zwarte mensen zo gek?'

'Sinds jij vindt dat zij gek zijn. Deze beesten zijn de constanten in mijn bestaan. Ik zou ze niet graag missen. Ze voelen al mijn sferen aan.'

'Zullen we maar naar beneden gaan? Als je de katten voorrang verleent, gebeurt er niets. In het andere geval kun je over ze struikelen.'

Zylena tilde Bapu op. Merengue en Calypso wandelden mee.

In het huis van Zylena was alles in harmonie met elkaar. De badkamer lag op de eerste etage en was ingericht als in een film. Spierwit, en met veel spiegels, zelfs aan het plafond. En een echte whirlpool die Zylena had gekocht van de erfenis van een tante zonder kinderen. Zylena kookte op een keramische kookplaat, die onderdeel was van haar inbouwkeuken. Op de keukenvloer lagen marmeren tegels en op een sokkel stond een varen, de enige plant die de katten leven gunden. Zelfs wanneer de open haard brandde, leek het alsof uit het vuur dezelfde melodie opsteeg als de klanken uit de geluidsapparatuur. Alles was op elkaar afgestemd. Op de zalmrose vloerbedekking was behalve wat kattehaar geen vuiltje te bespeuren. Een secretaire met daarop een pot inkt en een lederen map met daarnaast een familiefoto. Aan de muur hing een modern kunstwerk en via de eveneens zalmgetinte muren kwam een perfect geluid van klassieke muziek die je in Suriname altijd bij overlijdensberichten op de radio hoort. Alles stond afgemeten op zijn plaats.

Wanda vond dat er niet echt in het huis werd geleefd.

Haar maatstaven waren blijkbaar net zo wisselvallig als zij chaotisch was. Wanda had geen baan, terwijl Zylena altijd werk had gehad en steeds op zoek was gegaan naar iets beters. In haar huidige baan kon ze ondanks de tegenwerking, wanneer ze iets wilde doorvoeren, aardig manoeuvreren. Het summum leek haar ooit te worden uitgezonden naar het Caraïbisch Gebied om daar mee te werken aan het opzetten van een afdeling Vrouwenstudies. Juist om dat soort dromen te kunnen realiseren, wilde ze niet van een ander afhankelijk zijn. Zij en Wanda zouden hun krachten kunnen bundelen en als vriendinnen een groot vuur maken. Maar Wanda reageerde te heftig. Ze was te achterdochtig. Stel je voor dat Zylena achter alles een vernedering moest zoeken. Ze herinnerde zich het schoolfeest, waarbij iedere klas zich moest presenteren met een toneelstuk. Haar groep had samen met de klasseleraar een stuk in elkaar gezet over een cafébezoek. Zylena moest de hoer spelen temidden van de andere intellectuele, sportieve, stoere leerlingen. Ze moest in haar korte rokje en met een lange pijp in de mond zoveel mogelijk mannen zien te versieren. Ze leefde zich in haar rol in en het lukte. Toen ze thuis vertelde, dat niemand voor del wilde spelen en de leraar haar had aangewezen, werd haar vader boos. Nu Wanda met al haar frustraties zo dichtbij was gekomen, borrelde deze herinnering op. In de ogen van Wanda zou deze rol een vernedering zijn geweest. Zylena begon zich af te vragen of haar vader daarom boos was geworden, omdat zij als zwarte leerling die rol kreeg, terwijl ze met al de talen die ze sprak, heel goed een toeristenrol had kunnen neerzetten.

Tijdens haar opvoeding was Zylena met zoveel liefde omringd dat het bijna verstikkend werkte. Haar familie had haar altijd voorgehouden dat ze trots moest zijn op wie ze was. En bij ruzies was haar geleerd niet te vechten, maar zo snel mogelijk naar huis te gaan waar het veilig was. Zylena mocht van thuis niet terugslaan. Haar familie was bang, dat ze de vechtpartij zou verliezen en dat ze met littekens thuis zou komen.

Littekens waren geen dingen van deze tijd, zei haar oma altijd. Dat was van toen er nog slaven waren. Witte mensen gaven littekens aan hun slaven en vooral de oma van Zylena wilde niet dat haar kleinkinderen beschadigd zouden worden. Zylena had alle kansen gehad om te studeren.

En alweer had oma haar gezegd dat in haar tijd zoiets niet bestond. Dus nu Zylena kon leren, moest ze het ook doen. Haar ouders waren een goed voorbeeld, haar ooms en tantes ook. Ze hadden allen een hoge opleiding. Zylena had het er als kind soms benauwd van gekregen, want ze kreeg eenvoudig niet de kans om te falen. Als kind wilde ze piloot worden, maar dan zei iedereen dat je daarvoor hele goede ogen moest hebben en dat Zylena niet kon weten of ze later een bril zou dragen. Ze trok zich niet al teveel aan van wat men zei, maar soms drukte het op haar kinderziel. Haar zus die zo aardig piano kon spelen, wilde naar het conservatorium. Toen ze niet werd toegelaten, besloot ze als au pair naar Frankrijk te gaan. Ze bleef daar wonen en Zylena hoorde nauwelijks wat van haar. Haar andere zus had tot groot genoegen van haar ouders rechten gestudeerd en werkte bij een advocatencollectief in Limburg.

De ouders van Zylena waren uit elkaar gegaan, nadat zij op kamers ging wonen om te studeren. De scheiding was onverwacht gekomen en geen van beide ouders had de moeite genomen de kinderen uit te leggen hoe of wat. Ze voerden nog steeds samen een bedrijf uit in het advocatenkantoor, maar het huis waar Zylena met heel veel plezier had gewoond, werd verkocht. Haar moeder kocht een penthouse midden in een grote stad. Haar vader kocht een parterrewoning met voor- en achtertuin, zodat hij de coniferen die hij ooit van een goede vriend had gekregen, kon meenemen.

De vriend, een oude studiegenoot, had hen twee maanden lang opgevangen toen ze naar Nederland waren teruggekeerd. Zijn vrouw had de school waar hun dochters op zaten aanbevolen. Zylena's ouders kochten een huis in dezelfde wijk als de vriend van haar vader. De kinderen konden heel goed met elkaar opschieten en ze waren lid van dezelfde hockeyclub. Zylena herinnerde zich dat haar vader eens aan tafel had gezegd, dat je op zulke vrienden zuinig moest zijn. Dat Hollanders niet zo gauw familie lieten inwonen en zeker geen vreemden. Dat hij deze vriend nooit zou vergeten of in de steek zou laten. De man was overleden aan een hartstilstand. Zijn vrouw kwam het bericht persoonlijk brengen.

Nadat ze was vertrokken, had Zylena's vader zijn jas aangetrokken en was hij naar buiten gelopen. Hij stond stil bij de planten, keek ernaar en huilde. 's Avonds had hij de kinderen bij zich geroepen en hen gevraagd om te scrabbelen en alleen woorden te maken die herinneringen oproepen aan zijn goede vriend. Een teken van rouw.

Nu zaten Zylena en Wanda te scrabbelen. Wanda was zo teleurgesteld en woedend op de witte samenleving, dat ze niet eens door had dat ze zelfs in het spel haar woede op een ander afreageerde, terwijl dat toch niet de bedoeling kon zijn. Wanda was naar Zylena toegekomen in de hoop dat Zylena in Wanda's pijnen kon delen en niet om Zylena te pijnigen. Zylena begreep de woede en de pijn van Wanda maar ten dele, en omdat ze al zolang tussen witte mensen woonde en hun sleutels had leren kennen en gebruiken, wist ze dat de oorzaak van Wanda's boosheid, toen ze het spel niet won, niet alleen bij Wanda zelf lag, maar op straat, in de winkels, bij de uitzendbureaus, op de universiteiten. Er was meer met Wanda aan de hand. Dat had ze verschillende keren laten doorschemeren. Zylena dacht dat ze Wanda zou kunnen helpen deze pijnen te overwinnen. Ze speelde graag scrabble, een van de feesten uit haar jeugd. In het tweede potje scrabble kwam het tot een nieuwe confrontatie tussen Wanda en Zylena. Het woord 'Neger' zou Zylena vierenvijftig punten opleveren.

'Dat mag niet.'

'Waarom niet?'

Zylena keek verbaasd.

'Het is de naam die de onderdrukker voor ons bedacht heeft.'

'Houd toch op met nonsens. Omdat ik hoog ga scoren, zeg je zoiets stoms.'

'Je bent gevaarlijk. Je heult met de vijand.'

'Met dit woord wordt jouw positie verzwakt. Je gaat verliezen toch.'

'Oké, laat maar staan. Jij krijgt vierenvijftig punten. Maar ik onthoud het. Je bent net zo vernederend als die vrouw van het uitzendbureau. En als mijn tante.'

'Wat nou weer.'

'Ik speel niet meer.'

Wanda duwde tegen het bord.

'Je daagt me uit. Laten we het spel afmaken.'

'Jij kent meer woorden. Jij hebt het zo vaak gespeeld.'

Zylena keek Wanda aan en ze begon vreselijk te lachen.

'Heb je nog meer aan te merken. Ik wacht wel.'

'Speel. Jij bent.'

Zo ging het gekissebis door, totdat Wanda in het spel ten onder ging. Het was inmiddels gaan schemeren. Zylena stak een kaarsje aan en ze trok een fles wijn open. De Chateau Neuf zalfde hun tongen. Alsof er geen spanning tijdens het spel was geweest, zaten ze bij de wijn bananenchips te eten. Daarna gingen ze bij de dichtstbijzijnde chinees babi pangang en chop choy halen.

Het was alweer negen uur 's avonds, toen ze aan tafel zaten.

'Ik was niet echt kwaad,' zei Wanda.

'Het maakt niet meer uit. Het is voorbij.'
'Hoe reageer je zo nuchter.'
'Het heeft geen zin toch. Verspilde energie.'
'Word jij nooit echt kwaad?'
'Och ja, maar ik reageer niet zo explosief. Mijn moeder zei altijd dat als je dingen niet onder controle houdt, je later spijt krijgt.'
'Mijn moeder maakte geen grappen, meisje. Ze rekende direct met je af.'
'De mijne heeft een veel te drukke baan. Altijd al gehad.

Ze sterft waarschijnlijk op haar werk. Op haar stoel, aan het bureau. Met in haar hand het dossier van een vuurwapen gevaarlijke cliënt.'
'Meisje, mijn moeder, ze is niet eenvoudig. Als oudste meisje en als oudste kind moest ik zogenaamd het goede voorbeeld geven.

Ze wekte mij om half vijf in de ochtend om haar te helpen.

Ze liet me groente wassen en schoonmaken. Dan moest ik het hele huis aanvegen en dweilen, voordat ik naar school ging. Daarom viel ik soms in slaap in de klas. Ik schrok wakker als die jongen die achter mij zat mij in mijn rug duwde.'
'Dan heb ik het iets eenvoudiger gehad. Het zijn van die dingen waar je pas op latere leeftijd bij stilstaat.'
'Ja, op latere leeftijd. Je praat alsof je een moesje bent.'
'Mijn moeder deed een heleboel voor ons. Ze bracht en haalde ons, naar en van de sportvereniging. Of mijn vader deed het. Net hoe het uitkwam. Of we pakten de fiets, vooral in de zomer.

En in Suriname was er altijd wel iemand met wie we mee konden rijden als we ergens naartoe moesten. Mijn ouders belden vrienden en dan was het zo opgelost. We hoefden in huis nauwelijks wat te doen. Op een gegeven moment moesten we ons bed opmaken.

Maar zelfs die vuile lakens werden uit de slaapkamer gehaald door onze hulp. Zelfs vruchten hoefden we niet te schillen. Dat was zo iets stoms in de tropen. Een manja werd voor ons geschild en in plakjes gesneden. Onze hulp gooide die pit weg. Dat was echt stom, want overal zag je kinderen manja's met hun tanden schillen en in het vruchtvlees bijten. En als ze die pit over hadden, dan zogen ze eraan om het laatste sap eruit te halen. Dat soort dingen deden wij nooit. Dat was te volks, geloof ik.'

'Die ouders van je lijken op nep Hollanders. Van die afgestudeerde Surinamers die denken dat ze door hun opleiding uitstijgen boven het volk en dan op dezelfde manier willen gaan leven als die koloniale Hollanders. In grote houten koloniale herenhuizen met brede balkons. Met twee voorzalen met Jugendstil meubelen en een salon met een piano daarin.'

'Wij hadden ook een piano in huis. Een vleugel zelfs. Mijn zus begon al heel jong te spelen.'

'Je ouders zullen haar wel gedwongen hebben.'

'Voor zover ik weet niet. Ze wilde het zelf. Ze hield niet van sport.'

'Ze had ook niks kunnen kiezen. Net als ik. Ik heb alleen maar leren werken als kind. Ontspanning zoals bij jullie, kenden wij niet. Wie schopt je om te zeggen dat je op sport wil. Sporten met een emmer water en een dweil. Sporten achter de vaat. Sporten met een bekken vol kleren en een korenspier. Om al die kleren met groene zeep op de hand te wassen. Dat soort sport heb ik geleerd.

Daarom was ik topsporter bij die kerels. Ik heb voor ze gewerkt.

Als een ezel. Weet je dat ik zelfs ondergoed voor die ellendelingen waste. Met de hand meisje. Mijn moeder had me geleerd toch.

Dus ik was die gek om het ook te doen. Mij gaan die mannen echt niet meer vinden om hun rotzooi op te ruimen. Ik ben klaar met ze.'

'Ik heb niks met mannen. Een relatie met een man lijkt me vermoeiend. En fantasieloos. Je moet altijd voor ze klaarstaan.

Ze kunnen niets. In huis zijn het net pubers. Mannen, ze worden gewoon niet volwassen. Maar buiten de deur weten ze alles beter.

Het lijkt me echt doodvermoeiend met een man. Ze schijnen elke dag te willen neuken. Dat schijnt genot te moeten heten.

Ik begrijp niet goed waarom mijn ouders uit elkaar zijn gegaan, toen wij de deur uit waren. Ze leken mij gelukkig samen.

Misschien wilde mijn moeder niet meer neuken, no.'

'Je gaat er nooit achter komen, want je sliep toch niet met ze. Voor hetzelfde geld lagen ze hun opgekropte woede van overdag in dat bed af te reageren. Misschien waren ze helemaal niet gelukkig, maar hield alleen hun baan ze bij elkaar.'

'Ach ja, ze zijn beiden workaholic. Ze waren op elkaar uitgekeken, denk ik. En wij konden ze nog een beetje afleiden.

Met onze wensen en met onze kritieken. Weet je dat mijn vader de rekening van mijn afstudeerborrel heeft betaald. Ik gooide een balletje op toen ik hem aan de telefoon had en hij vond het zo maar goed. Hij stemde direct toe. Mijn moeder zei dat ik zijn oogappel was. Dat was wel tof van hem, vind je niet. Om mijn feest te betalen. Die man was trots. Hij pakte me vast waar iedereen bijstond. Dat zaaltje was vol. Hij riep: "Muziek, muziek", en hij begon met me te dansen. Dat is toch schitterend.'

'Ja, prachtig.'

Wanda ging verzitten en keek opeens strak voor zich uit.

'Wanda, wat is er.'

Ze ging rechtop zitten.
'Mijn ouders zijn beesten.'
'Dat moet je niet zeggen.'
'Dat moet ik wel zeggen. Mijn vader sloeg. Die riem van zijn werkkleren kende mijn rug goed. Mijn benen ook. Mi ma no gi mi fonfon fu tu sensi. Mijn moeder was echt niet zuinig met haar pak slaag. Mijn moeder heeft me vernederd, vernederd. In bijzijn van anderen. Ze had niks te maken. Ze vergeleek me elke keer weer met mijn zusjes. Ik ben de zwartste van de meisjes. Ik heb de donkerste huidskleur. Je gaat me niet willen geloven. Mijn moeder heeft me meerdere keren gezegd dat ik mislukt ben in haar buik, dat ik te lang in die oven heb gezeten, dat ik ben verbrand. Dat ik daarom zo zwart ben.'

Wanda liet haar hoofd zakken, spreidde haar benen een beetje, alsof haar voeten het grondvlak wilden vergroten voor meer houvast. Zylena volgde haar bewegingen. Ze geloofde Wanda niet.

Ze vond dat Wanda overal een schepje bovenop deed.

Zylena wist niet wat ze ermee aan moest. Ze bracht de borden en het restje eten naar de keuken. Het kon er bij haar echt niet in dat een moeder zo beledigend kon zijn. En zulk onderscheid maakte tussen haar eigen kinderen. Zylena wist uit de verhalen van haar inmiddels overleden oudtante, dat op nonnenscholen kinderen met een lichtere huidskleur midden in de klas zaten en rechts en links geflankeerd werden door zwartere kinderen. De zogenaamde zebra-kinderen, die een witte moeder of vader hadden, mochten ook in de middelste rij zitten. En ze had ook eens gehoord dat er aan de Gravenstraat twee roomskatholieke meisjesscholen stonden. Een voor de rijke en een voor de arme kinderen. Enkele keren per jaar leverden de rijke kinderen hun oude kleding in bij de non, die aan het hoofd van de school stond. Zij ging naar de school van de arme kinderen, waar enkele meisjes uit de klas naar voren werden gehaald. De non deed hen hun uniform uit en hielp de meisjes in de kleding van de rijke kinderen. Dan moesten de arme kinderen in de rondte draaien, waarna de klas applaudisseerde. De meisjes werden weer uitgekleed door de non en ze mochten naar hun plaats terug. Met een zak waarin de gedragen kleding zat. Hoewel Zylena wist dat in gekoloniseerde landen er soms harder gediscrimineerd werd dan in het Westen, begon ze toch te twijfelen of Wanda de waarheid sprak.

Wanda huilde. Zylena knielde bij haar.

'Wil je een zakdoek?'

'Nee.'

'Kan ik iets anders voor je doen?'

'Waarom lach je me niet uit?'

'Er valt niets te lachen. Het is heel verdrietig.'

'Is dat alles wat je kan zeggen.'

Wanda veegde haar neus met haar hand.

'Ik haal een zakdoek voor je.'

Zylena rende naar boven en kwam terug met een handdoek.

'Je bent in de war, Wanda,' zei Zylena voorzichtig.

'Nee. Het is de waarheid. Ik heb je nog niet alles verteld.'

'Een moeder zegt zulke dingen toch niet, Wanda. Was het niet een gemene buurvrouw die een hekel aan je had, of de buitenvrouw van je vader.'

'Houd op, Zylena. Het was mijn moeder. Mijn eigen moeder. De vrouw met wie mijn vader is getrouwd. Mijn moeder.'

Wanda schreeuwde de laatste woorden uit. Zylena schrok. Ze trok haar hand die op Wanda's schouder rustte terug.

'Mijn moeder heeft me mishandeld. Ik ga haar schrijven dat ze me heeft onderdrukt. Straks gaat ze hetzelfde doen met de dochters van mijn zusjes. Ik wil het niet. Ik wil deze stront niet. Ik moet mijn nichtjes beschermen tegen mijn moeder.'

Het was alsof Wanda begon te hyperventileren.

'Houd je rustig, Wanda. Haal diep adem. Kalm aan. Asjeblieft.'

Wanda zuchtte diep.

'Zie je, niemand gelooft me. Ze zeggen dat ik gek ben.'

'Denk jij dat ook?' en Wanda keek verschrikt op.

'Niet dat je gek bent, maar op dit moment wel erg in de war. Het kan je moeder niet geweest zijn.'

'Gesodemieter, het was mijn moeder. Ze heeft me complexen bezorgd.'

'Wanda!'

'Zie je, jij denkt ook dat ik gek ben. Door haar ben ik nu zo.'

'Hoe? Je ziet er prachtig uit. Je hebt mooie ogen, uitdagende lippen. Je mag gezien worden. Maar het innerlijk is belangrijker, dus denk na.'

'Als ik nadenk, word ik gek.'

'Daarnet nog zei je dat je moeder je gek maakte. Toen vroeg je mij of ik je gek vond. Nu zeg je zelf dat je gek wordt. Wil je dat? Je bent niet gek. Je bent in de war.'

'Je kan me niet volgen. Niemand begrijpt het. Niemand gelooft het. Mijn moeder heeft ervoor gezorgd, dat ik mezelf minderwaardig vind. Ik kom er nooit meer uit. Ik ga het haar betaald zetten. Ik ga haar schrijven wat ik echt van haar vind. Ik ga haar schrijven dat ze een gekoloniseerde vrouw is. Met al haar hebi's. Dat ze zelf zo zwart is als houtskool, dan komt ze mij haar Frans vertellen. Zij straight haar haar, omdat ze niet tevreden is met haar staaldraad. Dan komt ze mij vergelijken met mijn zusje. Volgens mijn moeder heeft mijn zusje glad haar. Die vrouw is totaal geflipt.'

'Maar hoe ziet je zus er zo anders uit? Zijn jullie niet van dezelfde vader?'

'We zijn allemaal van dezelfde vader en moeder. De voorouders van mijn moeder schijnen uit China te komen. Ze hebben gemengd en gemengd, dus nu zijn ze zwart. En één van mijn zusjes is lichter dan ons allemaal. Ze noemden haar vroeger Roosje. De hele buurt noemde haar zo. Mijn zusje had bijna sluik haar. Ze had beter haar dan de rest van ons en mijn moeder stuurde haar al vroeg naar de kapster om te straighten. Dus dat kind dacht dat ze glad haar had. Ze verbeeldde zich een heleboel, want je weet zelf, hoe gladder je haar was en hoe lichter je huid, hoe beter je werd behandeld. Het kolonisatiesysteem heeft echte krankzinnigen van ons volk gemaakt. Mijn moeder had mijn zusje beloofd, dat ze ging sparen om een racewagen voor haar te kopen. Auto met open dak, vrouw, dan kon dat haar van mijn zusje in de wind waaien. Dan zouden die jongens haar schijnen. Ze zou met een rijke kerel thuiskomen. Dus dan was mijn moeder haar oude dag geregeld.'

'Het lijkt me zo onwerkelijk. Je hoort de vreemdste taferelen die zich hebben afgespeeld in families, maar dit slaat alles.'

'Je weet niets, Zylena.'

'Ik weet nu dat je wordt achtervolgd door je opvoeding. Zo maak je jezelf kapot. Dat is toch het laatste wat je wilt. Zet je voeten in de aarde. Sta op de grond. Stap in de wereld. Je hebt zo'n mooi plan. Je wilt studeren. Alles kan je lukken, als je rust hebt. Laat je familie een poosje los en ga met jezelf aan de slag.'

'Woorden. Woorden, Zylena. Allemaal woorden. Ik heb een rot jeugd gehad. Dit was maar een voorbeeld. Mijn zogenaamde witte zusje was de prinses. Zij hoefde dan ook bijna niets te doen in huis. Roosje zou zich bezeren. Haar handen zouden ruw worden. Dus dan stond deze gek, ik ja, deze gek stond op het erf pannen te schuren met zand. Vroeger had je geen pottenschuur, althans, wij hadden dat ding niet in huis, dus dan schuurden we die potten en pannen met kokosvezels en zand. Kijk, kijk mijn handen. Zie je hoe mijn handen er uitzien.'

'Ik zie niets, behalve dat ze groot en stevig zijn. Het lijkt me voordelig.'

'Wel, voel, voel mijn handen. Voel mijn handpalmen. Voel hoe ruw ze zijn. Ze zijn zo ruw dat ze pijn doen.'

Zylena voelde met haar vingertoppen de handpalmen van Wanda.

Ze moest Wanda gelijk geven en ze zei tegen haar, dat er crèmes in de handel zijn om de handen te verzachten.

'Die dingen helpen me niet. Ik heb alles al geprobeerd. Maar we kunnen kijken.'

'Zullen we een beetje gaan slapen. Kijk hoe laat het al is.'

Het was even na tweeën.

'Ik heb geen slaap. Vertel me meer van jou. Van vroeger.'

Zylena zag dat helemaal niet zitten. In vergelijking met Wanda had ze een koninklijk bestaan gehad. Ze vond het moment niet geschikt om Wanda over de leuke dingen die zij zich herinnerde van Suriname, te vertellen.

Soms bakten ze pannekoeken of zelfs een taart onder leiding van de huishoudster. En een paar keer per jaar gingen ze samen met vrienden de stad uit. Een dagje uit naar Republiek, de Colakreek of Groningen. Ze zaten in het gras, trokken baantjes door het water, vingen sriba's, aten petjil, bamie of dokun, een soort cassavebroodje gevuld met kokos en soms ananas. En ze kregen stroop uit de thermoskan of Spur Cola of Fernandes-soft. Een enkele keer, meestal wanneer er iemand jarig was, reden ze voordat ze de stad uit gingen, langs Vyent om een stang ijs te halen. Dan was het echt feest, want dan wisten de kinderen, dat ze schaafijs met dikke rode stroop kregen. Als een vader of een moeder in een opperbeste bui was, organiseerden ze een wedstrijd: wie het snelste ijs kon schaven, zonder dat de metalen schaaf op de grond viel of dat hij maar voor de helft was gevuld. De kinderen gooiden hun volle gewicht op de stang ijs die de grootte had van een behoorlijke traptrede. Met de ene hand schaafden ze en met de andere hand steunden ze op het ijs. Als een hand erg koud begon aan te voelen, maakten ze grapjes over de kou in Holland, die de meesten van hen alleen uit de boekjes kenden.

Dan zei één van de kinderen bijvoorbeeld: 'Je hand gaat bevriezen, net als in Holland, ga het gauw in de zon schijnen.'

Het kind om wie het ging, rende dan een paar rondjes met zijn armen wijd en dan kwam het terug en zei: 'Kijk, het is ontdooid.'

Nee, Zylena kon niets bedenken wat maar in de buurt van Wanda's verhaal kwam.

'Ik heb echt slaap,' zei Zylena. 'Ik ben op, ik kan niet meer. Zullen we morgen verder babbelen?'

'Ja, het is goed.'

'Gaat het weer een beetje? Voel je je opgelucht? Je moet vaker over vroeger praten. Weet je, in Suriname word je geleerd dat je je schandaal niet naar buiten mag brengen maar dat is onzin. Als je al je ellende zou moeten opkroppen, ga je toch hartstikke dood. Je moet het vertellen. Om het te verwerken. Dan kun je het leven weer aan. Kom, zullen we gaan slapen?'

'Ga jij maar eerst baden. Ik wil nog even hier blijven zitten.'

'Doe jij de lampjes uit dan?'

'Ja.'

Zylena ging douchen en op bed las ze een stukje, totdat Wanda in de slaapkamer kwam.

'Ik hoop dat je een beetje kunt slapen na al die opgerakelde herinneringen.'

'Het zal wel lukken.'
Wanda legde haar arm op die van Zylena.
'Bedankt hoor. Ik wilde er eigenlijk al heel lang over praten. Mijn moeder heeft echt gemene dingen met mij gedaan.'
'Ontspan een beetje. Je arm lijkt wel een plank. Zullen we morgenochtend naar het strand gaan? Of naar het bos?'
'Het lijkt me leuk.'
'Oké, welterusten, hè.'
'Sribi switi.'

De volgende ochtend gingen Wanda en Zylena naar het strand om er te ontbijten. Ze aten croissants met roomboter, brie en mandarijnconfiture en yoghurt met honing en meloen. De ochtend ontwaakte langzaam waar zij voetsporen in het zand achterlieten, langs de vloedlijn wandelend in de richting van de duinen. Met het bestijgen van het duinpad, trok de nevelsluier op en kwam Scheveningen in zicht: een eenzame pier hield zijn kop boven water, omringd door woeste golven die hun verstikkende adem de kant van Wanda en Zylena uit stuurden. Ze besloten terug te gaan naar Kijkduin waar de zee in vragende golven fluisterde en vogels elkaar troetelnaampjes toezongen onder een helderder wordende hemel. Spaarzaam vloeiden hun woorden uit monden nog moe van de nacht. Hun ziel was bezwangerd met gedachten die lange tijd het leven zouden beheersen. Niemand weet van tevoren waar zijn weg eindigt, maar de nachtmerries van zwakte waarmee Wanda's moeder haar geheime pijnen had geprobeerd te bedekken, zouden als diepe zeurende wonden in jaren niet geheeld kunnen worden. Aan de achterdeur van de herfst brak oorlog uit, terwijl de zon brutaler ging schijnen. En dat was zo bedrieglijk. Met al haar trotse zwarte woede en al haar oude pijn was Wanda naar Zylena toegegaan, boordevol verwachtingen, omdat ze dezelfde geschiedenis van verzet hadden. Wat Wanda zich waarschijnlijk niet had gerealiseerd, was dat zij en Zylena ieder hun eigen optiek hadden om tegen maatschappelijke en privéproblemen aan te kijken. Dezelfde culturele achtergrond hebben betekent tenslotte niet dat je het altijd met elkaar eens moet zijn, wanneer je als minderheidsgroepering deel uitmaakt van een samenleving. In probleemsituaties zoals die welke het leven van Wanda leken te beheersen, kon Zylena zich met haar solidair verklaren en naar die houding handelen, maar ze kon de problemen van Wanda niet tot die van haarzelf maken. Dat zou alleen maar een grotere destructieve werking hebben op Wanda, terwijl Zylena haar juist moest zien op te peppen.

Bij een kop warme chocola met slagroom rustten ze even uit.

'Kun jij goed creools koken?,' vroeg Zylena aan Wanda.

'Hoezo creools? Ik kook Surinaams, van alles en ook een paar typisch caraïbische schotels. Veel gerechten met bonen. Allerlei soorten bonen. En variaties met bananen. Wat wil je van me dat je het vraagt.'

'Niets. Ik vroeg het mij alleen maar af, naar aanleiding van die bokking en zo. Misschien kun je mij wat recepten geven. Ik vind het leuk om telkens iets anders klaar te maken.'

'Je kan van alles uitproberen met de kennis die je al hebt. De basis is ongeveer hetzelfde als bij ons eten.'

'Toch wordt het een stuk eenvoudiger, wanneer iemand het voordoet. Dan krijg je een idee van hoeveelheden, want het is vaak meer een kwestie van gevoel dan van afgemeten beetjes.'

'Ik zal een keer voor je koken. A bun?'

'Zo had ik het niet bedoeld, maar ik sla het natuurlijk niet af. Zullen we nog een eindje gaan lopen?'

'We kunnen het proberen.'

Ze rekenden af en gingen het strand op. Het zand onder

hun voeten was zwaar en de zon begon krachtiger te schijnen. Het zout uit de zee drong hun neuzen binnen. Wanda en Zylena liepen, zonder wat te zeggen, naast elkaar. Af en toe bukte Wanda om wat schelpen op te rapen, te bekijken en te voelen.

'Lopen op schelpen klinkt als het bijten in cassavechips.'

'En als droog gebakken krobia's. Mijn god, we aten die vis met kop en staart op. Eerst dat ellendige schoonmaken van die tientallen visjes. Dan lemmetjes plukken om ze te wassen en af te spoelen met water. Zout in hun strot en het feest kon beginnen.

Een aantal visjes tegelijk in de hete olie en daarna zat je te smullen. Ay, die goede oude tijd is voorbij.'

Ze keken naar de golven.

'Weet je dat ik vaak sta te luisteren of de golven mij een boodschap komen brengen.'

'Verwacht je nieuws.'

'Indirect altijd. Vreemd, hè.'

'Nee. Ik vind het heel gewoon. Het is een teken dat Suriname je bezighoudt.'

Wanda gaf Zylena een arm.

'Soms is het vreemd te beseffen zo vèr van huis te zijn en dat golven hier èn daar stukslaan. Dan wil ik als op een surfplank op de golven mee. Even gaan kijken hoe het thuis is. Het zou mooi zijn als dat zou kunnen, hè. Stel je voor, je baalt weer eens van racistisch gedrag van witte mensen, en je zou een retourtje van kust tot kust kunnen nemen. Allerlei neuroses zouden zwarte mensen bespaard blijven.'

'Kunnen we niet weggaan hier?'

'Had ik dat niet moeten zeggen?'

'Dat niet echt, maar ik heb het een beetje koud.'

Ze liepen terug.

'Vind jij het vreemd, dat wij het vaak met elkaar oneens zijn?'

'Nee. Jij hebt niets meegemaakt.' En haastig daar achteraan:

'Het hoeft de vriendschap tussen ons niet te belemmeren. We vinden elkaar wel weer. Ten minste, dat gevoel heb ik.'

'Ach. We zullen zien. De mooiste vriendschappen zijn die waarin partijen regelmatig met elkaar van mening verschillen en aan het eind van de rit met elkaar een glaasje drinken, of elkaar omhelzen.'

'Wel, kom laat me je een brasa geven.'

'No man, loop door.'

'Je doet Hollands. Zie je hoe opgefokt je reageert.'

'Gaan we weer? Zeg niet steeds dat alles aan me Hollands is. Kijk ook een beetje naar jezelf, no.'

'Ik voel me ontzettend goed op het strand. Ik wil jou het laten merken. Jij hebt me hier zo gebracht, toch.'

'Ik dacht dat je het koud had.'

'Het hoeft al niet meer. Je bent een typische vrouw.'

'Vind je.'

Ze liepen naar de parkeerplaats terug om de auto te halen.

'Heb je al nagedacht, hoe je het verder gaat aanpakken wat je studie betreft.'

'Ik ga weer bellen. Een gesprek aanvragen.'

'Met wie?'

'Ik denk dat ik mij bij de situatie neerleg. Ik ga informeren welke mogelijkheden er zijn. Het kan zijn dat ik een nieuwe studie begin.'

'Dat is misschien beter. Weet je al in welke richting je je wilt oriënteren?'

'Nee, nee, ik moet eerst gaan praten om te kijken welke mogelijkheden er zijn. Ik zou een paar vrijstellingen willen realiseren.'

'Dat is het minste waar je recht op hebt.'

'Dan moet ik er vier jaar tegenaan. En geen dag langer. Stel je voor dat ik daarna kan promoveren? Daarvoor ben ik ten slotte naar Nederland gekomen.'

'Waarom ben je zo gefixeerd op die promotie? Heb je je familie gezegd, dat je pas naar Suriname zal terugkeren, wanneer je bent gepromoveerd. Ben je bang dat je afgaat tegenover je familie en je vrienden, misschien zelfs je ex-collega's? Wat heb je eraan te promoveren en eventueel onbetaald in bibliotheken te zitten werken. Dan ga je artikelen schrijven die je misschien aan de straatstenen niet kwijt kunt. Leg me uit waar in hemelsnaam je proefschrift over zal moeten gaan.'

'Dat weet ik niet exact. Ik wil in ieder geval een poosje naar West-Afrika en naar Noord-Brazilië en daar iets doen met vrouwen.'

'Ga dan eerst nadenken wat dat iets is. Met zulk een vaag antwoord kun je niet bij de universiteit aankomen. Ze lachen je gewoon uit. Het klinkt hard, maar het is zo. Je moet met een goed werkplan komen. Het moet gefundeerd zijn, anders zullen ze je echt niet serieus nemen en dat heeft dan even niets met je zwartzijn te maken. Heb je al wat geschreven? Je moet materiaal hebben. Hoe weet men of je capaciteiten hebt. In dit land is men dol op het geschreven woord. Hoe meer, hoe liever. Zelfs al verkondig je achteraf een hoop onzin. Volgens mij onderschat je het werk dat je moet verrichten om überhaupt in aanmerking te komen voor een plaats.'

'Je vrolijkt mij lekker op, moet ik zeggen. Een ding weet ik zeker, ik begin opnieuw. Die vrijstellingen hoef ik ook niet.

Ik ga geen enkele gunst vragen aan die witmannen. Ik zal ze laten zien wat ik kan.'

'We moeten vaker naar het strand gaan. Zeelucht verricht wonderen. Jij gaat aan de slag. Hoera.'

'Je bent een pestkop.'

'Voor het goede doel. Hoe laat wil jij de trein halen trouwens.'

'Niet over nagedacht. Ik heb niet gekeken hoe laat de treinen gaan.'

'Het is zondag. Ze rijden niet zo frequent. We kunnen op weg naar huis langs het station rijden.'

'Goed idee.'

Zylena reed rustig naar huis en onderweg stopte ze even bij het station. Thuisgekomen pakte Wanda haar spullen bijeen en ze propte haar tas ermee vol. Toen ze daarmee klaar was, liep ze heen en weer rond de eettafel.

'Wil je nog een kopje thee, voordat je vertrekt? Zullen we het restje eten van gisteren op maken? Vrouwen zijn van het zwakke geslacht, zeggen ze, dus eet wat om op te kunnen teren.'

'Grappen maak je, no. Vrouwen zijn van het zwakke geslacht. Mooi niet. Voor zwarte vrouwen gaat die vlieger niet op. Wij maken en breken de mannen.'

'En de vrouwen.'

'Met vredestongen bouwen we op, met vuurtongen breken we af.'

'Houd daar asjeblieft over op. Ik wil het niet meemaken. Sommige zwarte vrouwen in Nederland hebben er een handje van. Ze kunnen het niet verteren, dat een andere zwarte vrouw haar plek in deze maatschappij heeft gevonden. Ze bedenken van alles om haar in een negatief daglicht te stellen. Het is merkwaardig te zien, hoe een aantal zwarte vrouwen vecht tegen onrecht, vecht voor een betere maatschappelijke positie voor vrouwen in de marge en tegelijkertijd haar eigen zusters die aan de weg timmeren, probeert onderuit te halen. Ik wil daar niets mee te maken hebben en als ik jou was, zou ik ook enige voorzichtigheid betrachten.'

'Ik hoor nergens bij, zit in geen enkele organisatie. Ik ken ook niet zoveel zwarte vrouwen.'

'Contacten zijn zo gelegd, als je er voor open staat. Zodra

je gaat studeren, kom je de vrouwen tegen. Op de universiteit, in de bibliotheek, bij vrouwenorganisaties. En omdat je een nieuwe eend in de bijt bent, ben je interessant voor ze. Ze gaan wat van je achtergrond willen weten en voordat je het goed in de gaten hebt, heb je meer over jezelf verteld dan je van plan was. Want, wanneer zwarte vrouwen nieuw zijn voor elkaar, dan lijkt de wereld weer spannend en laad je je aan elkaar op. Je gaat misschien zo ver dat je zelfs afspraken maakt, die je nooit nakomt, omdat je bij nader inzien niet zit te wachten op de vriendschap van die vrouw, die toen zo speciaal leek.'

'Je doet alsof je uit ervaring praat. Hebben ze jou ook pijn gedaan?'

'Nee, dat niet. Zulk soort vrouwen krijgt die kans niet. Ik blijf op afstand. Ik wil niet bij een bepaalde groep horen die praat in termen van 'ons zus' en 'ons zo'. Dat lijkt mij eng. Als je er eenmaal in zit, kom je er niet eenvoudig uit. Die vrouwen weten alles van elkaar, ook hun privédingen. Ik zat een keer in een gezelschap van vrouwen die elkaar door en door kenden. Ze hadden ook bijna allemaal een relatie met elkaar gehad. Dat gedonder krijg je er ook nog bij. Je had moeten horen, hoe ze over een andere vrouw spraken die eerst in hun clubje zat en zich op een dag terugtrok, omdat ze een relatie met een witte vrouw begon.

Die vrouw werd uitgemaakt voor verraadster en wat ze over haar te zeggen hadden, was niet mals. Toen ik dat hoorde, had ik mijn lesje gehad. Dus vandaar dat ik je waarschuw. Voor de duidelijkheid, ik wil je niet afschrikken, maar het is misschien handig om het in je achterhoofd te houden. En je moet ook weer niet denken dat al die groepjes zo zijn. Je moet het zelf een beetje peilen.'

'Die avond bij Jessye vond ik wel de moeite.'

'Ja. Dat zijn gezellige vrouwen. En het enige wat ze willen

is elkaar ondersteunen. Het zijn ook geen vrouwen die elkaar te vaak zien. En ze voelen zich niet verheven, zoals bepaalde intellectuele dames.'

'Ik weet dat het paradoxaal klinkt, maar het is zo. Je verwacht van zwarte vrouwen die een hogere opleiding hebben toch niet dat ze zo laag bij de grond kunnen zijn.'

'Neem een kijkje, zoek ze op.'

Wanda keek op haar horloge.

'Warm dat eten snel op, laat me eten en mijn trein gaan halen.'

Nadat Wanda het hapje had gegeten, bracht Zylena haar naar het station. Vluchtig namen ze afscheid van elkaar, want de trein kwam er al aan.

'Laat van je horen,' riep Wanda vanuit het raam.

'Jij,' riep Zylena terug.

Zylena woonde op een vast adres, had een vaste baan en een stel vrienden. Diep in haar hart wilde Wanda ook zekerheden. Op weg naar huis zocht ze een verklaring voor wat ze haar nomadenbestaan noemde. Ze dacht aan wat Zylena tegen haar had gezegd. Ze moest loskomen van haar familie. Maar, hoe kon dat, als ze de stem van haar moeder in haar hoofd hoorde schreeuwen.

'Houd je smoel. Doe wat ik zeg.'

'Haal die pot weg van die tafel, was het en zet het in de kast.'

'Ga water halen in die emmer en baad je broertje.'

Wanda gehoorzaamde altijd, want brutaliteit werd niet geduld, maar beantwoord met een flink pak slaag. Soms met striemen als lianen zo dik.

Toen Wanda ging studeren, begreep ze pas dat haar ouders een belast verleden hadden, vanwege de strenge opvoeding die zij zelf hadden gehad. Zij hadden hun eigen angsten niet overwonnen, waardoor ze hun kinderen er ook niet voor konden behoeden. Hun voorouders werden door slavendrijvers als vee geslagen en gezweept. Naar dit voorbeeld voedden zij hun kinderen op, zonder dat het besef tot hen doordrong, dat het om hun eigen vlees en bloed ging. Als Wanda ooit een kind zou krijgen, zou ze een open relatie met hem opbouwen. Ze zou het kind de geschiedenis uitleggen. Ze zou het vertellen hoe zijn voorouders uit Afrika werden afgevoerd door witte mensen, en hoe ze werden afgebeuld op de plantages. Dat ze daar op een dag genoeg van hadden en in opstand kwamen. Wanda stond achter de ideeën van de radicale zwarte moslims, dat de beschaving in Afrika is ontstaan en dat witte mensen de wereld hebben verpest. Het geweld dat deze groepering predikte, keurde ze niet af. Haar geloof in dit radicalisme maakte dat haar plannen tot mislukken waren gedoemd.

Ze was hals over kop naar Nederland gekomen, met in haar achterhoofd, dat ze eens naar Afrika zou doorreizen, om zich er te vestigen. Nu ze in contact was gekomen met Zylena, hoopte ze dat ze haar zou kunnen overtuigen van haar ideeën en dat Zylena op een dag mee naar Afrika zou gaan.

Op haar logeeradres aangekomen draaide ze muziek van Public Enemy, een Amerikaanse Rap-groep. Ze werd in haar frustraties bevestigd.

Vrijdagavond belde Wanda Zylena op. Ze was met studeren begonnen, maar haar problemen waren niet opgelost. Er moest nog zoveel gebeuren. Ze was op zoek naar een behoorlijke kamer waar ze in alle rust kon werken.

'Schakel iedereen die je kent maar in.'

'Ik ken niet zoveel mensen.'

'Ga naar een makelaar of een bureau voor kamerbemiddeling. Op de universiteit moeten ze je aan een adres kunnen helpen. Ik zal hier en daar voor je informeren, maar reken nergens op.'

'Ik sta al ergens ingeschreven. Ik heb als Brugman gepraat. Ik heb ze gezegd dat ik dakloos ben en dat ik geen kant uit kan.

Er wonen junkies in het pand waar ik zit. Ik moet eruit. De verhuurder is een dealer. Voor de schijn heeft hij van negen tot vijf een baan in een kleine stad. Het is een witte duivel. Hij gebruikt zwarte vrouwen en witte jongens om voor hem te werken. 's Morgens gaat hij vroeg de deur uit en 's avonds komt hij even thuis om te eten. En elke avond is het hetzelfde liedje. Hij doet zijn koffer open en laat mij stapels bankbiljetten zien. Daaronder, op de bodem van die koffer, ligt een vuurwapen. "Voor wie mij niet op tijd betaalt", bromt hij. En voordat hij de deur achter zich dichttrekt, zegt hij: "Wie er ook voor mij belt, aan de deur of aan de telefoon, je zegt dat je me alleen 's morgens de deur uit hoort gaan. Je weet niet waar ik naartoe ga. Je weet niet waar ik werk. Je huurt een kamer. Je bent huurder, meer niet." Als ik van achter het gordijn in de keuken naar buiten kijk, stapt hij in zijn Mercedes Benz.'

Zylena had spijt dat ze de telefoon had opgenomen.

'Wil je mij de rest vertellen, wanneer je hier naartoe komt? Zo blijft er niets over.'

'Nee. Luister. Anders begrijp je mij niet. Van één van de junkies die hier woont, heb ik gehoord dat hij ergens in de stad zijn jongens gaat bezoeken. Hij levert nieuwe voorraad af, die hij ergens anders heeft opgehaald, want meneer maakt geen grappen, hij neemt geen risico's. Hij houdt thuis geen drugs en zelf gebruikt hij niets. Hij rookt niet en hij drinkt alleen maar cola, ginger ale en bitter lemon. Die junkie, een vrouw van een jaar of vijfendertig, beweert dat ze af en toe met hem slaapt. Voor het geld. Ze heeft achthonderd gulden per week nodig. Dat is aan de krappe kant, want dat bedrag dekt alleen de kosten voor de drugs. Ze laat zich neuken, een paar keer per nacht. Door hem. Dan ligt hij uitgeteld op zijn rug, en dan zegt hij: "Jij bent één van de lekkerste, Lazy Lizzy." Ze lachen samen, hij staat op en geeft haar die achthonderd gulden. Lazy Lizzy sluipt naar haar slaapkamer om zich aan te kleden en de eerste bus te halen. Mister Money, zo noemt Lazy Lizzy haar zakenman, gaat onder de douche. Hij blijft een half uur of langer in de badkamer. Wat hij wast, weet niemand, maar hij gaat zo tekeer dat ik zonder wekker wakker word, mijn bed uitkom, brood en thee voor hem klaarmaak. Want dat is de afspraak toch. Ik hoef geen huur te betalen. In ruil daarvoor moet ik lichte huishoudelijke werkzaamheden doen. Soms hebben we wat woorden. Dan is hij het niet eens met het beleg. Of de thee is te zoet. Dan roep ik: "Geldkoning, doe het zelf. Zoek een vrouw die je slavin wil zijn. Neem ééntje die niets te doen heeft. Versier een jong wijf. Ze gaat voor je rennen, ze gaat voor je beven. Ze gaat alles voor je doen. En je kan haar naaien, totdat je niet meer kan." Ik ben bang geworden, Zylena, want toen ik dat zei, weet je wat hij zei: "O, dus dat wil je. Mevrouw wil genaaid worden. Mijn studente wil geneukt worden. Ik zal eraan denken." Hij wreef zich in de handen en vertrok. Ik ben bang geworden, echt. Ik wil zo snel mogelijk weg hier. Desnoods studeer ik niet, maar ik moet hier weg. Daarom moet ik zeggen dat ik dakloos ben.'

Wanda had achter elkaar door gerateld. Zylena bracht de hoorn, die ze iets van zich had afgehouden, naar haar oor. Ze had geen zin om in te gaan op de zoveelste klaagzang van Wanda.

'Ik hoop dat je slaagt, meid. Maak er het beste van.'

'Weet jij geen kamer voor me?'

'Als ik er een wist, had ik het gezegd.'

Er viel een korte stilte.

'Dus, je kan me niet helpen, no?'

'Dat heb ik je net gezegd,' zei Zylena verveeld.

'Jij zit met die stomme poezen van je in dat grote huis. Dan zeg je dat je me niet kan helpen. Het is goed, ik zoek het zelf wel uit.'

'Doe dat. Daag.'

'Stik met je poezen.'

'Je bent onredelijk.'

De verbinding werd verbroken.

Op een moment dat het met stormkracht waaide, en stuifsneeuw de straten schilderde, belde Wanda bij Zylena aan. Zylena opende de deur. Samen met koude lucht stapte Wanda, met een sporttas in de hand, zuchtend naar binnen.

'Vind je het goed dat ik er ben?'

'Je verrast me. Ik bedoel, je overvalt me. Loop een stukje door, dan kan ik de deur dicht doen. Wat had je gedaan, als ik niet thuis was geweest?'

'Sorry, sorry, maar het kwam opeens in me op om te komen en ik dacht dat je het goed zou vinden. Het is nogal koud op die kamer.'

Ze liepen door de hal naar de keuken.

'Wil je wat warms drinken? 't Is beestenweer, hè. Je boft dat ik thuis ben.'

'Ik dacht bij mezelf, ik ga gewoon. Ze zit bij de open haard een boek te lezen. Met dit slechte weer valt er op straat niets te halen.'

'Wat had je gedaan, als ik niet thuis was geweest?'

'Dan had ik om de hoek in de snackbar gewacht, of ik was een paar haltes verderop in een coffeeshop thee gaan drinken. Weet je waar ik trek in heb?'

'Nee.'

'In een pannekoek. Heb je blom in huis, dan bak ik ze zelf.'

'Vertel eens over je kamer.'

'Ik ben verhuisd. Ik heb een andere kamer gevonden. In een studentenflat.'

'Gefeliciteerd.'

'Dank je.'

Wanda ging aan de eettafel zitten.

'Ga je me nog thee geven? En, what about die pannekoeken.'

'Ik zal water opzetten. Ik weet niet of ik meel in huis heb. Ik ga voor je kijken.'

'Eeh, Zylena, één van die katten. Zijn ze nog niet dood gevroren? Zet ze buiten, no.'

'Ik ga geen enkele kat buiten zetten. Je bent echt bang van katten, no.'

'Ik ben niet bang van ze. Ik ben een beetje allergisch.'

'Je jokt man. Je schrok zo erg, toen Calypso je kopjes kwam geven. Het is interessant om die beesten te observeren. Volgens mij is Calypso in zijn vorige leven mens geweest en bewoner van het Caraïbisch gebied. Hij is dol op water, en je weet dat katten daar over het algemeen een hekel aan hebben. Blauw badschuim vindt hij heerlijk. Hij tikt het schuim weg, alsof zijn pootje een hockeystick is. Prachtig. Echt waar.'

'Je bent niet goed wijs. Je moet die beesten weg doen. Ze kosten een hoop geld en dan slapen ze de hele dag. Een hond blaft tenminste, wanneer je ongewenste gasten krijgt.'

Zylena zette de pot met thee op tafel.

'Drink je thee op.'

'Ik moet plassen.'

'Ga dan.'

Wanda liep weg.

'Die andere reïncarnaties van je liggen boven aan de trap.'

'Ik begeleid je wel. Zeg ze gedag, misschien herkennen ze je stem.'

'O, ze zijn nog intelligent ook. Hoe kan het ook anders. Dag Bapu, Dag Merengue. Stomme poezen. Kijk hoe ze liggen. Ze gaan niet eens opzij.'

'Je kunt er gemakkelijk overheen stappen. Vraag anders of ze naar de zolder gaan. Doen ze voor je. Vast.'

'Ben je wel normaal. Het is geen eenvoudige poppenkast die je met die beesten maakt. Je fantasie slaat op hol, no.'

'Ik vind het meevallen. Maar ik praat veel met ze, dus ze snappen een heleboel. En ze lezen graag de Weekkrant. Soms hebben ze hem al uit, voordat ik aan lezen ben toegekomen. Ze zijn aardig op de hoogte van de situatie in Suriname.'

Wanda deed de deur van de wc dicht. Zylena stond ernaast en praatte gewoon verder.

'Ik heb ze verteld over de Indianen die eerst vermist en later door het leger vermoord bleken te zijn. Weet je wel, die jonge kerels die zijn geëxecuteerd. Alle drie de katten waren onder de indruk.'

'Het wordt tijd dat jij je laat onderzoeken, Zylena. Of, dat er iemand in je leven komt. Het gaat niet goed met je.'

'Volg jij de berichten over Suriname?'

'Ik volg niets meer, man. Ik heb je al eerder gezegd dat die kranten hier leugens vertellen.'

'Ik heb deze informatie uit Suriname. Van mensen daar.'

'Zeker van die oude troep. Bouterse doet tenminste nog iets voor zijn volk.'

'Ze door prijsopdrijving laten verhongeren en een kleine mafia zich laten verrijken. Bedoel je dat?'

'Je moet niet zo praten. Je zit niet daar.'

'Maar ik hoor het toch. Van mensen die er wonen. Ze zitten er middenin. Het land is failliet. De cocaïnehandel floreert. Er zijn geen deviezen. Er bestaat zelfs geen middenklasse meer in Suriname. Dat is nu lowerclass geworden. En, wat lowerclass was, gaat dood. De regering doet niets. Wie er ook zit, er gebeurt niets. Iedereen is voor zichzelf bezig. Die ministers en zo zullen wel steekpenningen krijgen. Ze hebben zelf belang bij de handel. Het kan toch niet dat ze de armoede zo laten toenemen en dat er tegelijkertijd paleizen uit de grond worden gestampt. Die beerput moet opengebroken worden. Dat heeft Bouta zelf gezegd in een van zijn emotionele toespraken. Het stond in diezelfde Weekkrant die jij niet wilt lezen.'

'Koop een ticket en ga kijken in Suriname.'

'Jij bent pas anderhalf jaar weg. Jij weet het. Jij hebt er gewoond. Waar had je je ogen zitten? Wie staan er in de rij voor eerste levensbehoeften? De schappen in de winkels zijn regelmatig leeg. En als er spullen zijn, is de prijs onbetaalbaar. Vroeger kon je van vierhonderd gulden nog leven en van vijftienhonderd gulden kon je sparen. Je kon naar het buitenland om op adem te komen. Nu moet je ik weet niet hoe hosselen om te overleven. De armoedegrens ligt op tweeduizend gulden. En bovendien zijn er geen deviezen. Tenminste, niet voor de gewone man. De meeste kinderen van ministers moeten toch naar het buitenland om te studeren. Ze willen die deviezen ook hebben, dus ze doen gewoon mee. De jeugd heeft geen goede voorbeelden meer. Het is coca of corruptie.'

'Ik zeg niets meer. Ik heb genoeg andere dingen aan mijn hoofd.'

Wanda kwam van de wc af. Ze liepen achter elkaar de trap af, terwijl de katten tussen en langs hun benen naar beneden renden. Ze gingen aan de eettafel zitten. Wanda nam de thee die koud was geworden.

'Ik mankeer van alles, Zylena. Ik mis mijn Surinaamse kruiden. Mijn moeder had me een zak vol meegegeven, maar alles is op. En ik ga haar echt niet schrijven om nieuwe voor me te sturen. Ze gaat zeuren over een huwelijk. Haar hele gezicht lijkt op een huwelijk. Die stronterij over die kerel moet ik er niet bij hebben.'

'Bedoel je diezelfde man over wie je me verteld hebt? Mister Shining Shoe? Heeft je moeder hoop dat het goed komt?'

'Je moet niet zoveel vragen. Je moet niet alles willen weten, vrouw.'

'Je bent er zelf over begonnen.'

'Het is niet iets van onze cultuur. Het is heel wit om mensen uit te horen.'

'Ik wil je niet uithoren. Je begint er zelf over. Dat is toch ook een teken dat je ergens over wilt praten.'

'Doen die Hollanders ook. Werk je ergens als uitzendkracht, voor een paar weken, vragen ze je alles. En als je ze niks wilt vertellen, dan zeggen ze dat je je niet aanpast en dat je niet op die plek thuishoort. Dan zeggen ze dat je niet sociaal bent.

Terwijl het hun verrekte nieuwsgierigheid is die niet wordt bevredigd. Ik bepaal zelf aan wie ik wat vertel. En ik ga mijn ellende zeker niet aan een Hollander vertellen, want zodra het even mis gaat op het werk, weet het hele gebouw je schandaal en zetten ze je voor schut. Het zijn gevaarlijke mensen, man. En je lijkt een beetje op ze met al dat gevraag. Luister, als ik je iets wil zeggen, dan zeg ik het. Je moet me niet uithoren. Ik kan er niet tegen. A bun?'

'Ik hoor je niet uit, en als je me steeds met ptata's vergelijkt, moet je hier niet meer komen. Tenslotte is het mijn huis en wil ik mezelf blijven. Ik vind het oervervelend. Als iets van mij jou niet bevalt, dan is het ptata. Het is zo kortzichtig van je.'

'Je hebt macht, no. Je weet dat ik graag naar dit huis toe kom. Hier is meer ruimte dan op dat kamertje van me.'

'Dat hok zal je bedoelen. Ik heb het nog niet gezien, maar

ik kan mij er alles bij voorstellen. Het hoort bij de studentenjaren. Ik heb vroeger ook op zo'n hok gezeten. Dan leer je ruimte waarderen. Je krijgt oog voor architectuur en zo. Op een klein oppervlak word je een kunstenares. Je blijft toveren op zo'n hok.'

'Noem dat ding geen hok, hoor. Het is een kamer.'

'Zo noemden wij zoiets vroeger. In mijn tijd, weet je wel. En een hok spreekt beter tot de verbeelding, vind ik. Dan weet iedereen meteen dat je krap zit tussen die vier muren. Maar vertel, is het een beetje knus geworden? Je hebt het vlotjes gedaan.'

'Ik wil je wat zeggen.'

'Toe dan.'

Wanda draaide haar hoofd naar de andere kant van de kamer.

'Ik moet mijn spullen nog overbrengen. De waarheid is dat die idioot bij wie ik ben ingetrokken, niet weet dat ik een eigen ruimte heb gevonden. Alles staat nog op het oude adres. Ik heb al twee dagen op de koude vloer geslapen in die studentenflat.'

'Wat? Wil je ziek worden? Waarom zeg je het nu pas?'

Zylena keek op haar horloge.

'Zullen we vanavond je spullen overbrengen?'

'Ik wist dat je me zou helpen.'

'Ben ik nu zwart genoeg?'

'Houd op, Zylena. Je weet niet hoe moeilijk ik het heb. Ik vind het prettig dat je me wilt helpen. Kan je morgen? Dan werkt hij en is er niemand in het huis.'

'Hij mag toch weten, dat je een andere kamer hebt.'

'Liever niet.'

'Waarom moet het in het geniep? Je bent vrij te wonen waar je wilt. Je gaat erop vooruit, wordt helemaal onafhankelijk. Ben je bang van die vent?'

'Dat niet, maar hij heeft contacten met de onderwereld. Daarom wil ik niet, dat hij weet waar ik naartoe verhuis. Ik wil niets meer met deze man te maken hebben. Hij heeft een heleboel vriendinnen. Verleden week stonden twee vrouwen aan de achterkant van de flat te gillen dat we open moesten doen, want ze hadden iets te regelen met die vent. Ik was op dat moment alleen thuis.

Ze gooiden dingen tegen de ramen. Het klonk als rijst, maar dat was het niet. Ik liep in het donker en ik ging kijken. Op mijn kamer brandde licht, dus ze wisten dat er iemand thuis was. Toen riep één van die vrouwen dat als de deur niet openging, zij die zouden intrappen. Ik heb het keukenraam opengedaan, op een kier, en geroepen dat de huisbaas niet thuis was. Ze zeiden dat ik loog en dat hij zeker in mijn bed op me lag te wachten om hem te pijpen. Dat hij naar buiten moest komen, anders kwamen ze hem halen. Eén van de vrouwen haalde een mes uit haar laars. Echt zo een ordinaire trut. Toen was ik bang ja. Ik hield vol dat hij niet thuis was en ik zei dat ik alleen een kamer had gehuurd en dat ik hem weleens rond vieren thuis hoorde komen. Of ze later terug wilden komen en mij met rust laten. Ik heb het raam dicht gedaan en ik ben naar de voordeur gerend, zonder jas. Ik deed de deur open en ik rende naar het huis van een oude kameraad die aan het einde van de galerij woonde. Ik had eigenlijk geen contact met hem, maar ik wist zijn huisnummer. Hij en zijn vriend waren gelukkig thuis en ze lieten me binnen. Ik heb toen daar geslapen.'

'Lief van ze, want ze hadden de deur niet eens open hoeven doen. Maar die twee vrouwen. Zagen ze jou niet wegrennen?'

'Nee, want zij stonden aan de achterkant van de flat. Voordat ze bij de voordeur zouden zijn, zou een poosje duren. Ze moesten omlopen. Dat was mijn geluk.'

'Toch een lichtpuntje in je leven.'

'Weet je dat die kerel op een nacht mijn kamer is binnengekomen. Hij wilde me verkrachten. Die junkies sliepen, denk ik. Plotseling voelde ik iets naast me. Meneer lag poedelnaakt tegen mij aan. Ik schrok, ik schrok. Ik zei hem dat hij weg moest gaan.

Had hij het lef me te vragen of ik geen geld nodig had. Of ik mijn collegegeld niet wilde verdienen. Ik weet niet waar ik de snelheid vandaan haalde, maar ik sprong over dat bleke lichaam van hem heen, pakte mijn Engelse woordenboek en ik sloeg hem op zijn kop. Het werkte. Hij wist niet, hoe snel hij moest maken dat hij wegkwam.'

'Het voorbeeld van je moeder heeft gewerkt.'

'Ik ben nu zo bang in dat huis. Er gebeurt daar van alles. Zijn vrienden zien er onguur uit en ze hebben het alleen maar over geld, vrouwen en auto's. Als zij er zijn, ga ik niet naar de keuken of naar de wc. Ik sluit me op mijn kamer op. Ik ben bang dat ze me met zijn allen gaan rossen. De politie zal me nooit geloven, als ik een aanklacht indien. Ik kan dus beter zo gauw mogelijk stiekem vertrekken. En hij zal mij nooit op het spoor komen, want hij weet mijn juiste naam niet. Ik heb maar wat bedacht.'

'O. Hoe heet je volgens hem?'

'Kissable.'

'En hij gelooft dat?'

'Wat kan het hem schelen. Hij denkt alleen aan geld en vrouwen.'

'Het lijkt wel, alsof jij voor het ongeluk geboren bent. Om wanhopig van te worden.'

'Kan je me morgen helpen met die verhuizing?'

'Het zal wel moeten.'

'Je bent fantastisch.'

'Waar is het eigenlijk?'

'In Utrecht.'

'Dan moeten we voor de ochtendspits weg.'
'Kan ik hier slapen vanavond?'
'Je moet je spullen toch inpakken?'
'Het is niet zoveel. Het zijn voornamelijk boeken.'
'Heb je geen matras?'
'Ja, ook. En een paar plantjes.'
'Moet dat allemaal in die kleine auto?'
'Het gaat lukken.'
'Laten we hopen dat het morgen beter weer is. Het is niets in die sneeuw. Ik ken Utrecht niet zo. Ik kan er niet doorheen crossen.'
'Ik heb een stadskaart. We komen er wel uit.'
'Laten we het hopen.'
Zylena stond op.
'Ik heb niet op bezoek gerekend. Zullen we buiten een hapje gaan eten? Ik heb nauwelijks wat in huis. Ik mocht van mezelf heel lui zijn deze week. Zullen we bij de Griek gaan eten?'
'Ik heb nog nooit Grieks gegeten. Laten we dat proberen.'
Ze droegen hun jassen en handschoenen.
'Ik bel een taxi.'
'Doet je auto het niet?'
'Jawel, maar ik heb geen zin om die ruiten schoon te maken. Bovendien, als we met de taxi gaan, kan ik met goed fatsoen een wijntje nemen.'
'Ik heb niet zoveel geld hoor.'
'Ik heb je toch niet gevraagd om de taxi te betalen. Het is mijn idee. Laat me.'
'Je kan zien dat jij een behoorlijke baan hebt.'
'Maak je geen illusies, ik werk voor de fiscus.'
'Dan doe je het verkeerd.'
'Vast wel, maar zolang ik niet hoef na te denken, hoe ik mijn dubbeltjes moet uitgeven, laat ik het zo.'

'Ik dacht dat je verstandiger was.'
'Valt effe tegen, hè.'
'Ja, voor iemand als jij wel.'
'Zal ik die taxi maar bellen, voordat we in een zoveelste zinloze discussie geraken?'
'Ik heb geen geld hoor. Ik kan niets terug doen.'
De taxi kwam binnen tien minuten.
'Goeienavond dames.'
'Goedenavond.'
'Waar moet u naartoe?'
'Naar het centrum. Bij de schouwburg.'
'Doen we. Slecht weertje, hè.'
'Kun je wel zeggen.'
'In de tropen is het lekker warm. Jullie komen uit de tropen zeker.'
'Helemaal. Knap van u. In één keer goed geraden.'
'Ja, dat zie je toch zo. Bruintjes komen uit de tropen, hoewel, er zijn er tegenwoordig zoveel. Sommigen zijn hier geboren. Jullie vinden het zeker koud hier.'
'Valt wel mee. We zijn erop gekleed. Net als u.'
'Ja, maar wij zijn eraan gewend. Ik begrijp niet dat jullie het leuk vinden hier. Ja, die uitkeringen zijn aantrekkelijk. Jullie hoeven er niets voor te doen. Het komt zo aangewaaid. Mooi meegenomen. Ja toch. Je hoeft maar zielig te doen bij de Sociale Dienst.'
Zylena gaf Wanda een por met haar elleboog.
'Vroeger kenden we dat in Nederland ook niet hoor. Ze hebben er hard voor moeten knokken, die jongens van de politiek. En jullie soort komt het gewoon halen. Alsof het niets is. Het is een gek landje hiero. De buitenlanders pakken onze banen en onze poen. En onze huizen. Ik stem geen Centrumpartij hoor, maar ze hebben het toch mooi gezien. Die lui van de regering, weet je wel, die knappe koppen die het allemaal

voor ons regelen, die trappen erin. Komt er een huilende buitenlander op Schiphol aan. Weet je, als hij zielig genoeg doet, krijgt hij een verblijfsvergunning.

En die lui vertellen het verder, komt hun maatje ook de grens over. Ik heb niets tegen die mensen hoor, dat is het niet.

Ik woon in een straat vol Turken en Surinamers. Ik hoor mijn eigen taal geeneens meer, is dat erg. Hunnie versta ik niet. We hoeven niet meer met vakantie naar Turkije. Wist u dat die jongens de Schilderswijk de bijnaam Klein Turkije hebben gegeven?

Ja, het is geen stukje Holland meer. Kent u dat? Die buurt bij de markt? Ja, natuurlijk kent u dat.'

'U heeft het weer goed. We kennen de markt. We kennen de buurt. We doen er onze boodschappen. Je kunt het zo gek niet bedenken of ze verkopen het op de markt. Dat hebben de venters goed gezien. Ze verdienen zich rijk aan ons.'

'Vindt u ook? Er staat van alles op die markt. Turken, Surinamers, Hindostanen, hoe heten die andere lui ook alweer. Nou ja, het is toch allemaal hetzelfde, hè.'

'Hindostanen zijn Surinamers, dat moet u zo langzamerhand toch weten met uw taxibedrijf.'

'Is dat zo? Hindostanen maken van die pannekoeken, roti, lekker heet en die Surinamers eten rijst met kouseband en pom.'

Wanda en Zylena schoten tegelijk in de lach.

'U moest naar de schouwburg, hè?'

'Alstublieft.'

'Ja, dat hete eten lust ik wel. Ik ben secretaris van de voetbal en daaro zit ook zo'n donkere speler. Hij ken er wat van. En zijn moeder stuurt wel eens wat te bikken voor het bestuur.

Lekker is dat.'

'Lekker, lekker, als het maar niet in uw keuken wordt klaargemaakt, hè.'

'Nou, die luchtjes van het koken, daar ben ik wel aan gewend geraakt, met al dat volk bij mij in de straat. Houd asjeblieft op. Je ken het toch niet veranderen. Het zijn hun kruiden, wat doe je eraan. Als wij klagen, zeggen zij dat onze spruiten en bloemkool ook stinken. En dat is waar, we moeten niet zo zeuren.

We komen er wel met zijn allen. Mijn vrouw moet er niets van hebben. Zij vindt het stinken. En ze vindt het scherp. Ach, wat de boer niet kent, vreet hij niet. Dat geldt toch voor alle landen. Ja toch?'

'Als u dat zegt, zal het wel zo zijn.'

Na enkele seconden stilte.

'Wat speelt er in de schouwburg, dames?'

'Geen idee.'

'Moest u niet bij de schouwburg zijn?'

'We stappen daar uit. Dat klopt. We gaan lekker uit eten.'

'Toe maar. Dat doet maar duur. Waar doet u het van, als ik zo onbescheiden mag zijn.'

'Niet schrikken. Wij hebben de betere banen, begrijpt u. Wij zijn hardwerkende vrouwen.'

'Mag ik vragen wat u doet?'

'Altijd, altijd. Wij hebben er allebei voor gestudeerd buitenlanders te leren hoe zij formulieren moeten invullen in dit overgeorganiseerde land. We helpen ze onder andere met het aanvragen van een uitkering en woonruimte. Dit werk betaalt zo goed, dat we af en toe een taxi kunnen nemen om ons de luxe te permitteren bij de Griek te gaan eten.'

De taxichauffeur zei niets meer, totdat de taxi stopte.

Zylena en Wanda betaalden de rekening van de rit naar de stad en toen ze uitstapten, zei de chauffeur: 'Jullie hebben me zitten bedonderen. Hier is geen Grieks restaurant. Jullie zijn van de straat, wijffies.'

'Dag lekker stuk.'

Schaterend van het lachen, liepen ze gearmd weg.

'We hadden hem mooi tuk. Hoorde je hoe zijn stem omsloeg. Prachtig. De rat.'

'Hij had niet door dat je hem niet serieus nam. Wat een racist.'

'Viel mee. Een domme klootzak. Daar valt niet mee te praten. Ik heb nog meer trek gekregen door dat gezwam van die kerel.'

'Waar is dat restaurant? Waarom heb je die taxi ons niet voor de deur laten afzetten?'

'Hij mag dat straatje niet in. Kom op, we zijn er in twee minuten.'

'Volgens mij had die kerel op een gegeven moment niet door dat hij met zwarte mensen sprak.'

'Ik ben die vent allang vergeten. Stuk onbenul.'

'Hij keek naar je toen je betaalde.'

'So what. We zien hem nooit meer. En voor die Hollanders lijken alle zwarten op elkaar.'

'Stel je voor dat we hem weer krijgen op de terugweg.'

'No man, dat moet wel grote pech zijn. Er zijn verschillende bedrijven. We bellen een ander, dan zitten we safe.'

'Deze tent bedoel je, no?'

'Ay, laten we gauw naar binnen gaan.'

Ze aten tzaziki met stokbrood vooraf en namen allebei mousaka. Wanda probeerde de ouzo, maar liet het na één keer nippen staan. Zylena vond de geur al genoeg en ze begon er niet aan. Wanda was knap in het uitvinden van bijzaken, Zylena daarentegen hield zich liever bij hoofdzaken. Of één van de twee belangrijker was, deerde even niet. Zo at Wanda het meeste van de tzaziki zonder brood. Ze was dol op knoflook en dit was één van haar kansen. Zylena at haar mousaka tot het laatste stuk aubergine op. De tweehoofdige vaas, de Kantharos, die ons vertelt dat zwart en wit apart, maar gelijk zijn, trok hun aandacht.

'De Arabieren, later de Europeanen, hebben de Afrikanen overheerst, hen verdreven, hun rijkdommen afgepakt.'

'En de zwarte mensen hebben het laten gebeuren.'

'Het trieste vandaag de dag is, dat zwarte mensen elkaar minachten, gevoed door het kolonialisme, dat zwarte mensen elkaar onderling discrimineren en witte mensen steeds zichtbaarder racistisch worden.'

'Dat is ook de stem van de pijn die gehoord wordt. In allerlei vormen en nuances. We hebben van onze onderdrukkers geleerd te denken in termen van lichtbruin, donkerbruin, koolzwart, en tegenwoordig zelfs in termen van Arubaans bruin, Barbadian Black, Mexican Red, Hindostaans zwart en Creools kastanje. En we nemen dingen klakkeloos over, vergeten dat het niet de zwarte mensen zelf zijn die deze termen bedenken, maar onze witte medemens die ons voortdurend probeert te categoriseren naar kleur en ons daarmee op onze gebreken en tekortkomingen wijst.'

'En wanneer wij daarin wensen te geloven, gaan wij gedrag vertonen, dat van ons wordt verlangd. En zo worden zwarte mensen gedreven naar therapeuten, verwezen naar psychiaters en psychiatrische inrichtingen.'

'Dan gaan deuren wijd open om gekte te beleven en worden ze gesloten waardoor gezonde mensen voor altijd binnen de inrichting blijven. Zelfs naasten geloven dan in de waanzin die deskundigen hen verkondigen.'

'Het klassieke trauma van zwarte mensen.'

'Zullen wij onze eetlust niet bederven en maar afrekenen. Die wijn vond ik niet geweldig.'

'Ik heb daar geen verstand van.'

Zylena en Wanda stonden op en toen Wanda naar de wc liep, ging Zylena naar de kassa om de rekening te betalen. Ze liep naar de kapstok en ze haalde hun jassen eraf. Toen liepen ze naar de taxistandplaats op de hoek. Het was nog steeds slecht weer. Wanda vond dat Hollanders net zo onbetrouwbaar waren als het weer. Zylena suste haar en zei dat het wel meeviel.

Een rukwind die hun vlechten opwaaide, gaf een wending aan hun gesprek. Bijna tegelijk pakten zij elkaar vast. Zylena riep: 'Mijn god, mijn haar waait van mijn hoofd. Ik heb er ruim twee jaar geen schaar in gezet. Kijk wat de wind met mijn haar doet. Help me.'

Wanda sprak tegen de wind in.

'Ik verlies mijn rok. Mi gado, het wordt gevaarlijk op straat.

Laten we rennen naar die taxi.'

'Hoe wil je rennen op die hakken. Geef me een arm, we zijn er zo.'

Hun lichamen helden nog meer naar voren.

Ze gingen achter in de taxi zitten. Zylena zei waar ze naartoe moesten. Op de brede bank met chique rode bekleding kwamen ze bij van de kou en de wind.

'Ik ben blij dat ik zit. Dit land, jonge, brrr.'

'Holland is Holland, meisje.'

'Bent u hier met vakantie?' vroeg de taxichauffeur.

'We wonen sinds jaar en dag hier.'

Zylena gaf Wanda een elleboogje.

'Uit geweest in de kou?' wilde de man weten.

'Ach, een hapje gegeten.'

'Dat is nog eens genieten van het leven' en hij begon te zingen

'Geniet van het leven, het duurt maar even.' Daarna hield hij goddank zijn mond dicht.

Wanda en Zylena stapten uit de taxi. Wanda had het geld van de rit al klaar. Zij betaalde.

In huis was het lekker warm. Zylena had de verwarming niet uitgedaan, toen ze de deur uitgingen. Ze deden hun schoenen uit en gingen op de vloer zitten. Zylena gooide wat hout in de haard en ze stak het aan. Ze haalde een Pouilly Fumeé uit de wijnkelder.

Wanda stak de kaarsjes aan. Genietend van de wijn luisterden ze naar Afrikaanse muziek. Het hypnotiserend dansritme van de bevolkingsgroep de Peul, de didadi, klonk door de bewierookte kamer. Nahawa Doumbia, een jonge ster uit Mali zong met lichte en af en toe dramatische stem over de positie van de jeugd. Toen de muziek was opgehouden, zei Wanda: 'Wat een dramatiek en wij drinken in alle rust een wijntje en laten ons meevoeren met de muziek, terwijl er net een staatsgreep is gepleegd in Mali.'

'Tja, als we ons overal druk over zouden maken, waren we morgen stervenden. De wereld draait door. Wie praat er nog over de Golfoorlog?'

'Ik,' zei Wanda.

'Waar bleef Amerika toen de burgeroorlog in Irak uitbrak? Bush bleef thuis, toen de Koerden om hulp riepen.'

'En, omdat de held Bush na de interventie zich in zijn toren had teruggetrokken, moesten wij onze schouders verbreden en het leed van de Koerden op onze nek nemen. Hadden we niet genoeg aan Suriname?'

'Op internationaal niveau zullen de gevolgen van iedere crisis in Suriname merkbaar zijn. Heb je niet in de Weekkrant gelezen dat benzine schaars was, daags na het uitbreken van de Golfoorlog.'

'Ja, maar dat was het gevolg van de acties van hamsteraars. Hier waren de supermarkten ook behoorlijk leeg gekocht. Alle trauma's worden versterkt in tijd van oorlog.'

'The struggle to survive.'

'En wie geen geld heeft, gaat dood. Zo is het toch.'

'Jij krijgt een tien voor cynisme.'

'Ik kan heel goed omgaan met tienen.'

'Je bent een arrogante kwast, jij.'

'Kun je me morgen gebruiken om je kamer te verven. Een kwast met arrogantie is nooit weg. Wat jij.'

'Vul mijn glas, man.'

'Je gaat dronken worden. Je houdt toch niet zo van alcohol.'

'Ik pas me aan, je weet toch hoe die dingen gaan.'

'Zo is het leven, no.'

Zylena schonk Wanda bij.

'Wat ik je ook nog wilde vragen. Waarom heb je je manja zo gekapt om in die kou te gaan. Die kleren die je aan hebt, zijn niet echt warm voor de winter.'

'Ik dacht dat jij chic was. Ik wilde geen blunder slaan. Ik heb geen goede winterkleding.'

'Je kunt behoorlijk fantaseren.'

'Je bent toch geen tiptipdame.'

'Wat is dat nou weer? Wat betekent dat? School me bij.'

'Zie je, zelfs dat weet je niet. Dat krijg je met die mensen die te jong naar het buitenland zijn gebracht door hun gekoloniseerde ouders. Witter dan wit hebben ze hun kinderen opgevoed. Om je voor ze te schamen. Het is echt een schande.'

'Als jij maar geen schandaal komt maken in dit huis.'

'Tan, je raakt geprikkeld, no. Kijk haar voor me.'

'Ik ben moe. Zullen we gaan slapen? Volgens mij ben je nu al dronken.'

'Sortu, de sfeer die hier hangt maakt me high. Wacht, ik ga voor je dansen.'

Wanda stond op, begon te springen op de vloer, haar armen van achteren naar voren zwaaiend. Toen boog ze voorover en begon ze met haar schouders te schudden. Ze riep naar Zylena: 'Kom ook, no. Je roots, je roots, meisje.'

'Een andere keer. Ik geniet van je.'

Zylena stond op en ze zette de muziek harder. Wanda bewoog steeds sneller. Terwijl ze danste, deed ze haar rok uit.

'Striptease, waauw!' riep Zylena. 'Je moeder moet je zien.'

'Ik heb het niet van een vreemde,' wierp Wanda Zylena toe. 'Mijn moeder is bekeerd, maar vroeger ging ze ieder weekend dansen.'

Zylena zat haar aan te kijken. Volgens haar was Wanda dronken.

Wanda pakte Zylena bij haar hand in een poging haar aan het dansen te krijgen.

'No man, ik kijk naar je toch. Om het te leren. Als ik met ptata's dans, vinden ze me geweldig. Kom ik onder de Surinamers, dan ben ik een stijve hark. "Dat noem je dansen", zeggen ze, mannen en vrouwen. Ze lachen me gewoon uit. Dans vrouw, dans de wijn uit je lijf.'

Wanda hield op.

'Ik stop, voordat ik mijn je weet wel krijg.'

'Winti. Bedoel je winti. Dat kan niet. Dat gaat niet zomaar, dat moet je voorbereiden. Jij cultuurvrouw moet dat toch weten. Je houdt me voor de gek. Let's go to bed.'

'Wat?'

'Slapen, bedoel ik,' zei Zylena.

Ze stond op en zette de muziek af.

'Ik vind dat zo'n flauwekul, dat gedoe met dat bijgeloof.'

'Winti is een religie. Je moet geen nonsens uitkramen. Als je ermee begint, moet je het onderhouden. Anders komen ze met je afrekenen. Dan ga je dood.'

'Volgens mij is het gelul. Het is gewoon een vorm van persoonsverheerlijking. Gewoon hokus pokus. Allemaal onzin. Ik weet niet wat jij doet. Ik geef de katten wat te eten en dan ga ik slapen.'

Ze lagen op bed, nadat ze om de beurt een douche hadden genomen.

'Ik zie alles draaien.'
'Doe je ogen dicht en ontspan.'
'Ik geloof dat ik moet overgeven.'
'O, wat vervelend.'
'Ik ben misselijk, Zylena. Ik moet echt braken.'
'Ga dan.'
Toen Wanda terug was en zich op bed liet vallen, zei Zylena:
'Dans de volgende keer, totdat je drijfnat en uitgeput bent. Dat is een prettiger manier van vocht uitscheiden.'
'Hmm. Ik ben dronken.'
'Welterusten.'
'Jaaa.'

De volgende ochtend stond er melk, yoghurt, cornflakes en muesli op tafel. Zylena was al opgestaan om de tafel te dekken. Wanda kwam naar beneden.
'Ik heb een kater.' fluisterde ze Zylena toe. 'Mijn dag wordt zwaar. Hoe ga ik doen. Ik kan niet goed op mijn benen staan.'
'Neem wat yoghurt. Dat helpt.'
'Je vindt me zwak, no.'
'Ik heb niets gezegd.'
'Maar je kijkt zo.'
'Je moet niet steeds denken dat men je zus of zo vindt.'
'Mijn hoofd.'
'Je kunt een paracetamol nemen, maar ik denk niet dat het zal helpen. Als het meezit, ben je rond drie uur vanmiddag van je kater af.'
'Spreek je uit ervaring?'
'Ik ken het wel, ja, maar die periode ligt ver achter me. Ik ken mijn taks.'
'Je drinkt de duurdere merken, heb ik gehoord.'

Zylena zuchtte.

'Heb je dat uit één van die betrouwbare bronnen van je? In mijn studententijd heb ik rotzooi gedronken. Hoorde erbij. Bagger. Wijn uit van die kartonnen pakken, Rosé van drie flessen voor een tientje. Wat hebben we gezopen in die tijd. Allemaal troep. Een keer kwam mijn oom op bezoek. Hij nam goede whisky uit Engeland mee. Nodigde ik een studiegenootje uit. Die fles was in twee dagen leeg. Een keer kreeg ik Black Cat uit Suriname. Ik wilde opscheppen, omdat die rum een prijs van internationale allure had gewonnen. Ik nodigde studiegenoten uit. Het eind van het liedje was dat ik na het feest in de puinzooi zat, waarin ik nota bene moest slapen.'

'Surinaamse studenten worden hier net zulke smeerlappen als die ptata's. Ik ga echt niet met ze bemoeien.'

'Het zal meevallen. Als je je eigen hok maar schoonhoudt. Zullen we zo gaan?'

'Ja, het is goed. Ik wil voor de zekerheid een plastic zak meenemen. Voor als ik misselijk word onderweg.'

'Ze liggen in de gangkast.'

'Ga je in de riem? In de stad maakt het mij niet zoveel uit, maar op de snelweg vind ik het veiliger.'

Zylena hielp Wanda, omdat, hoe ze ook aan de riem trok, hij bleef blokkeren. Er draaide een bandje met Zuidamerikaanse muziek. De vrouwen praatten nauwelijks met elkaar en onderweg viel Wanda in slaap. Vlakbij de Schipholtunnel wekte Zylena Wanda.

'Je moet me coachen, schat.'

'Je moet de afslag Utrecht nemen. Dan kom je langs het AMC. Vandaaruit ga ik je brengen.'

'Help je mee de borden in de gaten te houden?'

'Ik doe mijn best.'

Vlekkeloos reden ze naar het oude adres van Wanda. Ze stapte uit de auto, keek om zich heen en verdween achter een betonnen muurtje. Spoedig was ze bij de auto terug. Ze keek, alsof ze werd bedreigd.

'Waarom kijk je zo angstig?'

'Rijd die auto naar het trottoir.'

Zylena reed de auto op de stoep en stapte uit de wagen. Ze deed de kofferbak open. Wanda was weggelopen en kwam met de eerste vuilniszakken aansjouwen.

'Zeg, vertel eens, wat gebeurt er eigenlijk? Je kijkt zo benauwd. Je maakt me bang.'

'Zeur niet, pak die zakken aan. We moeten snel zijn.'

'Hij is er toch niet. Wat betekent dit allemaal. Je hebt niemand beroofd of vermoord. Je verhuist je eigen spullen. Ik word bang, als je zo raar doet. Ik voel me niet lekker hier.'

'Ik vertel het je later.'

'Zal ik mee naar binnen gaan om je te helpen?'

'Kom no.'

Ze sjouwden zich moe aan zakken en koffers met kleding en huisraad en aan dozen met boeken. Alles ging in één keer mee.

Toen de laatste spullen in de auto lagen, commandeerde Wanda, die op was van de zenuwen, Zylena te vertrekken.

'Kom weg, voordat hij voor onze neus staat.'

'Dat kan toch niet. Hij werkt. En, so what. Het zijn jouw spullen. Als je zo neurotisch blijft, kan ik het stuur van de auto straks niet meer vasthouden.'

'O, sorry, Zylena, maar het is niet de eerste keer dat ik vlucht. Ik ben bang, dat hij mij gaat achtervolgen.'

'Doe niet zo stom. Je doet alsof de hele wereld het op jou heeft gemunt. Ik word er niet goed van.'

'Omdat je niet weet.'

'Zullen we ergens koffie drinken om bij te komen?'

'Je weet toch dat ik geen koffie drink. Ik wil een milkshake. We gaan niet hier in de buurt. Ik ben bang.'

'Grrr, dat spastische gedoe van je. Loods me door de stad naar je nieuwe adres. Daar zal wel een tent zijn waar we iets kunnen drinken.'

Koffie leek Zylena's redding, zo slurpte ze het kopje leeg. Wanda nam haar milkshake mee naar de auto. Ze wilde het liefst doorrijden. Er ontspon zich een vraaggesprek over de angsten van Wanda. Ze beleefde de verhuizing als een vlucht, niet alleen omdat ze haar huisbaas niet op de hoogte had gesteld van haar vertrek. Haar angst was zo groot, dat ze rood en grijs in al hun nuances zag, van donker naar licht en van breed naar smal. In deze eigenaardige winter bracht Zylena de auto tot stilstaan voor het nieuwe domein van Wanda.

Het was inderdaad een kleine ruimte waar creatieve handen iets ludieks van konden maken. De auto werd in een hoog tempo leeggehaald. Alles werd ergens neergezet. Wanda wilde nog niets uitpakken. Ze wilde zo gauw mogelijk naar het huis van Zylena terug. Op weg daarheen haalden ze eten bij de Surinaamse chinees.

'En, ben je tevreden?,' vroeg Zylena tijdens het eten.

'Een beetje,' antwoordde Wanda.

'Neem zo meteen een lekker bad en ga warm tussen de dekens liggen.'

'Vind je het niet vervelend om hier alleen te zitten? Of ga je met me mee.'

'Ik zit hier meestal alleen en ik verveel mij eigenlijk nooit. Maar misschien kom ik ook even liggen.'

'Verlang jij nooit naar geborgenheid?'

Wanda keek onderzoekend naar Zylena.

'Vervelen en verlangen zijn twee verschillende dingen. Ik verveel mij nooit, maar ik verlang wel naar huiselijke intimiteit. Duidelijk zo?'

'Je wil het er niet over hebben, no.'
'Ga asjeblieft baden. En slaap lekker.'
Zylena schonk zichzelf whisky in met veel ijsblokjes. Ze ging uitgebreid kranten zitten lezen. Met een soort van slaperige vasthoudendheid kwam Wanda ruim twee uur later de woonkamer binnen. Ze had gedroomd dat het hoofdkussen als een wolk van onder haar nek was weggedreven en dat haar hoofd boven een diepe put hing. Een oude man keek in haar richting en lachte haar uit in plaats van haar bemoedigend toe te spreken.

'Misschien was het het afscheid van je huisbaas. Of gewoon een bere furu dren. Zal ik je wat te drinken inschenken?'

'Wat drink jij?'
'Whisky.'
'Ik drink niet zo sterk. Het is me toen niet goed bevallen. Geef me wijn.'
'Rood of wit?'
'Maakt niet uit. Ik kan tegen geen van beiden.'
'Ik kan een pot thee voor je zetten, als je dat liever hebt.'
'Geef me wijn.'

Het volgende ogenblik verwachtte Zylena een stortvloed van woorden uit de mond van Wanda. Dat gebeurde. Bevangen van radeloosheid en halfhuilend vertelde Wanda dat ze achtervolgd werd door haar overleden grootvader, en door de mannen met wie zij intieme relaties had gehad. Er moest een verklaring gevonden worden voor die achtervolgingswaan, vond Zylena, want zo kon een mens niet door het leven gaan. Een onverwachte uitbarsting in een hevig snikken leek onvermijdelijk.

'Ik heb alles geprobeerd om het leven draaglijk te maken, maar het lukt niet. Het is mijn straf, mijn straf, verdomme, mijn straf. Ik had het niet moeten laten gebeuren.'

'Wat dan?' vroeg Zylena.

'O, het is zo afschuwelijk, Zylena. Ik heb het al vaker aan vriendinnen verteld, maar niemand wil mij geloven. Ze denken dat ik het heb verzonnen.'

'Waar gaat het over?'

Zylena ging overeind zitten, nadat ze haar glas had bijgevuld. Wanda schoof met haar billen over de vloer, om dichterbij Zylena te zitten, alsof ze de huiselijke omgeving niet vertrouwde. In de stilte van de kamer hield Wanda een monoloog die Zylena zich nog lang zou heugen.

'Ik heb een moord gepleegd. Ik heb twee kinderen vermoord. Een jongen en een meisje. Ik wist dat ik het niet moest doen, maar ik heb het gedaan. Ik had geen keus. Drie maanden was ik zwanger, toen ik erachter kwam. Ik durfde niet naar de dokter. Ik liep naar het huis van mijn vriend en ik zei hem dat ik al drie maanden niet ongesteld was geworden. Hij zei dat het mijn probleem was. Ik moest hem niet lastig vallen. Hij zou afstuderen en teruggaan naar zijn geboorteland. Hij zou mij nooit meer zien.

Hij stuurde me weg.'

Wanda snikte de kamer vol. Zylena was sprakeloos.

'Ik wist mij geen raad. Achtervolgd door mijn eigen stappen, liep ik door donkere straten. Er was geen straatverlichting daar. Ik dacht, ik blijf slenteren totdat het licht wordt. Dan neem ik de eerste bus naar het strand en loop ik het water in. Dan zal niemand mij terugzien. Ik dacht dat ik gek werd. Ik ben naar huis gegaan en ik heb in de keuken de knoppen van het gasfornuis opengedraaid. Toen begon het te stinken. Ik werd bang. Ik draaide het gas weer uit en zette het raam open. Het stonk zo erg dat ik moest overgeven. Ik ben het huis uitgerend, door naar het ziekenhuis. Er werkte een vrouwelijke arts daar. Ik moest bijna twee uur wachten voordat ik haar kon spreken. Ik heb haar gezegd wat ik dacht en hoe die vent erover dacht. Ze kon niets voor me doen. De regering zou me terugsturen naar Suriname, want als student kon je alleen zwanger worden, als je getrouwd was of duidelijke plannen had in die richting. Die arts zei dat ik mijn moeder een brief moest schrijven en moest vragen of ik naar huis kon komen om daar te bevallen en of zij op de baby wilde passen.

Tot na mijn studie. Ik zei haar dat ik die baby niet wilde zonder vader. Dat ik een abortus wilde. De volgende dag heeft ze gekeken. Ik wàs zwanger. Ik heb het uitgeschreeuwd. Mijn hele toekomst ging naar de knoppen. Al mijn plannen hielden op. Mijn god, ik wilde dood, Zylena. Echt waar. Ik wilde dood. Ik ben naar mijn vriend teruggegaan om hem te zeggen, dat ik werkelijk zwanger was en dat hij vader werd. Dat hij met me moest trouwen. Hij zei dat ik moest ophoepelen. Dat zijn moeder hem zonder vader had opgevoed en dat hij nu bezig was arts te worden. Ik zou het ook redden zonder hem en ik moest blij zijn, dat ik van hem zwanger was, want dan wist ik dat mijn kind intelligent zou zijn.'

'Wat,' zei Zylena, en ze zuchtte.

'Zal ik een glaasje water voor je halen?'

'Nee, dank je wel.'

Wanda haalde diep adem.

'Diezelfde avond heb ik mijn moeder een brief geschreven. Ik heb er niet omheen gedraaid. Iedere dag was belangrijk voor me. Twee weken later heb ik haar opgebeld. Het duurde mij te lang. Weet je wat ze zei. Dat ze me niet had laten gaan om grote mevrouw te spelen. Dat ze me vertrouwde en dat ik als oudste dochter een slecht voorbeeld voor mijn zusjes was. Ze was niet van plan voor een kind van mij te zorgen, omdat ik had gefeest met een man. Ze is mijn moeder niet meer, Zylena. Toen ik haar het hardst nodig had, liet ze me vallen. En nu ook.'

Wanda schokte van het huilen. Niet alleen de tranen stroomden over haar wangen, aan haar neus hing snot. Zylena stond op en ze kwam met een keukenrol terug.

'Veeg je neus af. Of zal ik het voor je doen?'

'Nee.'

Zylena gaf de keukenrol aan Wanda.

Wanda forceerde een glimlach door haar tranen heen.

'Mijn moeder is een slechte vrouw, maar ik ga haar bewijzen dat ik haar niet nodig heb. Zij heeft mij gedwongen een moord te plegen. Want ik ben toen toch naar Suriname gegaan. Ik dacht, als ze me ziet, dan gaat ze me begrijpen. Poepoe, ze heeft me gevraagd wat ik kwam doen en of ik zo snel mogelijk terugwilde naar die man die me die buik had gegeven. En als ik niet ging, zou ze me vastbinden aan een boom, ergens op een oude plantage van haar familie. Dan zou ze me laten voelen wat ongehoorzaamheid was en het kind uit mijn buik slaan.'

'Jezus, Wanda. Wat vertel je me nou!'

'Zie je. Niemand wil me geloven. Ik zeg je, mijn moeder is wreed en ik ook, want ik heb twee kinderen vermoord. Een week later ben ik tot ieders verbazing weer vertrokken. Ik ben van de airport naar het huis van mijn vriend gegaan. Hij wist niet dat ik kort in Suriname was geweest, dus toen hij mijn koffer zag, vroeg hij mij of ik hem begrepen had of dat hij mij uit zijn buurt moest trappen. Ik zei hem dat hij een varken was, een schaamteloze nietsnut. Toen heb ik mijn koffer naar de bushalte gesleept. Later belde ik een vriendin op. Ze kwam meteen, maar ik had niets aan haar. Ze zei dat ze niet bij een abortus betrokken wilde raken. En ze adviseerde mij die arts te vragen of zij iemand wist die me kon helpen met een abortus. Eerst wilde die arts mij niet helpen. Volgens haar was ik al vier maanden zwanger. Ik ben daar op de grond gevallen. Ik werd wakker op een ziekenhuisbed en moest naar huis. Je kon al zien dat ik zwanger was.'

'Wie heeft je geholpen? Het was toch levensgevaarlijk,' zei Zylena aarzelend.

'Een oude vrouw uit een dorp. Die studievriendin gaf me het adres en ze zei dat ik er met haar niet meer over moest praten. Ze zei me ook dat het fout kon gaan. Dat ik dood kon gaan. Dus toen... God gaat me straffen, Zylena, mijn god, ik heb twee kinderen vermoord.'

'Neem een slokje water,' en Zylena legde haar hand om de schouder van Wanda.

'Met zeep heeft ze het gedaan. Ik weet niet goed hoe het ging. Ik heb het verdrongen, geloof ik. Zij gaf instructies. Ik heb het zelf gedaan, bedoel ik.'

Wanda schudde haar hoofd, alsof het van de romp af zou vliegen.

Zylena werd bang. Ze dacht dat Wanda een epileptische aanval kreeg. Ze zei dat Wanda moest ophouden te vertellen, als het haar teveel werd.

'Nee, je moet het weten. Iedereen die me kent, moet weten dat ik een dubbele moord heb gepleegd.'

'Vind je het nodig dat iedereen het weet?'

'Op dit moment wel. Het was een tweeling, een jongen en een meisje. Ik heb ze gezien. En, ik zie ze in mijn dromen. Ik droom altijd hetzelfde. Over twee kinderen. Een jongen en een meisje. Ze verdrinken in de modder. Alleen hun hoofd steekt boven de modder uit. En ze roepen: "Mama, mama". Ze kijken me smekend aan. Ze willen niet dood. En dan lig ik te bibberen in bed.'

'Misschien moet je er met een deskundige over praten. Je moet jezelf in ieder geval niets verwijten, want jij wilde die abortus om je plannen niet te verstoren. Je wilde studeren, naar de wens van je moeder. En, dat is je gelukt.'

'Vraag niet hoe.'

'Dat is niet belangrijk meer. Je bent er gekomen, op eigen kracht. Je moet trots zijn op jezelf.'

'Ik ben niet gelukkig. Dit ding achtervolgt me. Ik heb nooit afstand ervan kunnen nemen.'

'Dan wordt het misschien tijd, zoals ik al zei, voor een deskundige.'

'Ze gaan me een hoop stront vertellen. Het gaat alleen erger worden.'

'Je moet toch wat. Je kunt er niet mee blijven lopen.'

Er viel een korte pauze.

'Wil je nu wat drinken?'

'Whisky.'

'No man, je hebt eerst wijn gedronken. Voor iemand die dat niet gewend is, is het niet goed. Neem iets anders.'

'Geef me water.'

'Dat hoeft nou ook weer niet.'

'Ja, doe maar water.'

Zylena kwam terug met een glaasje water en een glaasje wijn.

'Ik zet het allebei voor je op tafel neer.'

'Dank je wel.'

Wanda glimlachte. Zylena zat stilletjes op de bank.

'Zullen we gaan slapen? Het is een drukke dag geweest. Je zult morgen je kamer wel willen inrichten. Je moet fit zijn.'

'Je hebt gelijk. Zylena. Als ik jou niet had, zou ik niet weten wat ik moest doen.'

'Dan had je iemand anders gevonden. Er zijn zoveel lieve mensen in de wereld.'

Ze gingen naar boven. Zylena was onder de indruk van wat Wanda over de abortus had verteld. In bed kon Wanda niet slapen.

'Ik ben bang, ik zie alles weer voor me.'

'Kom maar bij me liggen,' zei Zylena, en ze legde haar arm op Wanda's buik.

'Mag ik je stevig vasthouden?' vroeg Wanda.

'Doe maar. Ik geloof niet dat het lekker slaapt, maar als je je daar prettiger bij voelt... dan mag het.'

Wanda draaide op haar andere zij en Zylena ademde de lucht die zij uitademde in. Lichaam aan lichaam vielen zij in slaap.

Het moest na middernacht zijn, toen Zylena wakker werd. Ze voelde aan haar wang. Het waren de vingers van Wanda.

'Kun je niet slapen?'

'Nee. Ik ben bang.'

'Ik ben toch bij je.'

'Ik ben bang.'

'Relax, baby,' en terwijl Zylena dat zei ging ze plat op haar rug liggen. Dat had ze misschien niet moeten doen, want Wanda rolde naar haar toe en sloeg haar been om het lijf van Zylena.

'Wat wil je?,' vroeg Zylena.

Wanda antwoordde niet, maar ze ging bovenop Zylena liggen en begon haar te zoenen.

'Je bent in de war. Dit kan niet. Echt niet.'

'Ik hou van je.'

'Ik hou ook van jou, maar niet zo. Je bent een beetje vastgelopen en je zoekt houvast. Ik kan je wel wat bieden, maar niet dit. Ga slapen.'

'Ik wil je niet meer kwijt.'

'Je kunt altijd bij mij terecht.'

'Ik ben verliefd op je.'

Wanda drukte haar gezicht in de nek van Zylena.

'Je mag me niet in de steek laten.'

'Dat was ik niet van plan. Wil je asjeblieft naast me gaan liggen en niet op me. Zo komt anders onze vriendschap in gevaar.'

'Ik wil dichtbij je zijn.'

'Dat ben je, Wanda. Ga asjeblieft van me af, anders zal ik je moeten wegduwen, en dat wil je toch niet. Toe nou.'

Wanda schoof naar haar eigen plek en ze begon spontaan te klappertanden.

'Ga een slokje water drinken. En kom daarna slapen.'

'Oké.'

Toen Wanda terug was, zei Zylena:

'Morgen zullen we het erover hebben.'

'Waarover?'

'Over onze vriendschap. Hoe we die zullen voortzetten. Hoe we daar invulling aan zullen geven.'

'Het is goed. Sorry dat ik je heb wakker gemaakt.'

De volgende dag scheen er een flauw zonnetje. Zylena en Wanda spraken die ochtend meer in lichaamstaal, dan dat ze met woorden communiceerden. Na het ontbijt stelde Zylena voor naar het strand te gaan. Wanda vond het te koud. Zylena liep te denken hoe ze deze nieuwe vriendin zonder haar te kwetsen, moest uitleggen dat ze voorlopig niet op haar viel. Ze hield van vrouwen die haar geestelijk konden bijhouden en die ruime opvattingen over samenleven hadden. Ze vond Wanda een bijzondere vrouw, maar te fel en behoorlijk labiel. Ze begreep nu iets meer van haar, maar ze was niet van plan uit medelijden met haar een totale relatie te beginnen. Wanda had zoveel kritiek op haar doen en laten, en ze had verteld dat ze relaties met mannen had gehad. Het kwam om die reden ook onverwacht dat Wanda zonder schroom zei, dat ze verliefd was op Zylena. Het moest een noodkreet zijn geweest. Wanda moest zich wel heel erg in het nauw gedreven voelen om zich te willen geven aan de eerste de beste vrouw bij wie ze wat steun vond. Zelfs de gedachte aan een goede vriendschap maakte Zylena bang. Wanda voelde blijkbaar de bui hangen. Ze verontschuldigde zich voor wat er in de nacht was gebeurd.

'Het kan gebeuren. Je moet met jezelf in het reine komen. Ga lekker rommelen op je kamer.'
'Ik moet studeren, Zylena.'
'Mooi.'
'Ik denk dat ik ga opstappen.'
'Houd je me op de hoogte?'
'Natuurlijk. Als de kou me niet opeet. Mag ik mijn schone kleren hier laten?'
'Dan heb je een goede reden om weer eens te komen logeren, no?'
'Houd op, Zylena.'
'Goed.'
Wanda omhelsde Zylena.
'Bedankt dat je voor mij door de kou bent gegaan. Ik ga je bellen.'
'A bun.'
Wanda zwaaide en liep de kou in.

Wanneer de tijd langzaam ouder wordt en jaren rijpend groeien als bloemen in een vaas geschikt, dan bloeit voor mij jouw meergezicht. Deze woorden werden in Wanda's hoofd aaneengeregen toen ze éénmaal thuis zat te mijmeren over de nacht doorgebracht aan de hemelpoort. Dingen gebeurden niet zomaar. Het was de werking van het universum. Een ondefinieerbaar en fijn gevoel had zich van Wanda meesteres gemaakt. Ze hoopte in stilte dat de spaarbrander die Zylena was, tot een groter vuur zou aanwakkeren, wanneer zij in elkaars spanningsveld vertoefden. Wanda was vast van plan zich van de hokjesmentaliteit te ontdoen. Het huwelijk was voor haar nooit de hoeksteen van de samenleving geweest. Onder druk van de familie was ze toch steeds relaties aangegaan met mannen, terwijl ze binnen die relaties verliefd werd op vrouwen. Met die verliefdheid had ze naar haar idee nog niet al teveel gedaan uit angst voor kritiek van de mensen die haar dierbaar waren. Ze had het altijd natuurlijk gevonden dat vrouwen van vrouwen hielden, omdat vrouwen uit vrouwen werden geboren. Zij worden negen maanden lang door de vrouw in alle warmte en geborgenheid onder haar hart meegedragen. Ze worden in alle veiligheid en tederheid aan de borst gekoesterd, met veel liefde verzorgd en vertroeteld. Hun pijnen worden door háár verzacht. Hun verdriet wordt door háár gedeeld. Dit natuurlijke proces kan niet zo maar rationeel worden verbroken, omdat een vrouw volwassen wordt. Verstandelijk wordt er een scheiding aangebracht, omdat de maatschappij heeft bedacht dat vrouwen met mannen een verbintenis moeten aangaan en omgekeerd. Wanda constateerde dat ook zij zich had schuldig gemaakt aan deze rationele flauwekul. Dat liefde van een vrouw voor een vrouw een natuurlijk fundament heeft, stond voor haar vast. Dat het zo'n dringend appèl op haar bewustzijn zou doen, was niet voorspelbaar. Zylena was ook enigszins in de war. Dromerig zag ze Wanda uit een maanlandschap verschijnen, in een bundel van licht.

Gejaagd als altijd, kwam Wanda weer bij Zylena aan. Er was bezoek en dat beviel Wanda niet.

'Ik ga meteen mijn kleren uithangen, voordat ze verder kreuken.'

Wanda sprak, alsof ze werd achterna gezeten.

'Mag ik je voorstellen aan Kristel? We hebben net onder de zonnebank gelegen.'

'O, hallo,' zei Wanda vluchtig.

'Wil je wat drinken?'

'Nee,' en Wanda wierp een afkeurende blik op Kristel.

Ze ging naar de zolder, maar toen Calypso en Merengue haar tegemoet kwamen, rende ze terug.

'Die stomme beesten.'
Zylena haalde de katten naar beneden. Kristel lachte.
'Ze doen je niks, meid,' zei ze.
Met een verscheurende blik zei Wanda:
'Ik heb jou niets gevraagd.'
Zylena knipoogde naar Kristel. Wanda zag dat en ze rende naar boven. Het duurde een poos, voordat Wanda van zolder terugkeerde. 'Waarom heb je je haar zo wijd?,' vroeg Zylena.
'Omdat ik het wil,' zei Wanda.
'Draag je het vaker zo, als je thuis bent?'
Wanda zei niets en ze ging in de woonkamer zitten.
'Je mag gerust aan tafel zitten, Wanda.'
'Nee. Ik ga jullie storen.'
'Kom erbij,' zei Kristel.
Wanda liep terug naar de keuken.
'Zylena heeft me verteld dat je hier vaker logeert.'
Wanda keek boos naar Zylena.
'Mag ze dat niet weten?'
Wanda zweeg.
'Ik denk dat ik maar eens op ga stappen,' zei Kristel.
'Bel je nog? Voor het feest bij Diana?'
'Uiteraard.'
Zylena liep met Kristel naar de voordeur.
'Wie is ze?,' vroeg Kristel.
'Een kennisje,' zei Zylena.
'Is ze jaloers?,' vroeg Kristel.
'Gaat wel over,' zei Zylena.
'Zie je wat in haar?' vroeg Kristel.
'Ik geloof het niet,' zei Zylena.
'Wel een mooie meid,' reageerde Kristel.
'Ga nu maar,' zei Zylena.
Kristel en Zylena kusten elkaar, en Zylena deed de deur dicht.

Wanda gunde Zylena niet eens de tijd om te gaan zitten.
'Wie is die lelijke vrouw?,' vroeg Wanda onmiddellijk.
'Een vriendin van me. Een lieverd.'
'Ze is lelijk hoor. Die zonnebank gaat haar echt niet helpen.'
'Ze is heel aardig. Let jij maar op jezelf.'
'Waarom haal je ptata's in huis?'
'Omdat ik met ze bevriend ben. Ze staan altijd voor me klaar. Ik kan op ze rekenen. En dat kan ik van jou nog niet zeggen.'
'Witte mensen zijn duivels, Zylena.'
'Jouw ervaringen zijn niet de mijne, Wanda.'
'Ik vertrouw ze niet.'
'Dat is jouw zaak. Je moet erover ophouden. Zo niet, dan moet je hier niet meer komen. Het is iedere keer hetzelfde gedonder. Ik heb er geen zin in. Je komt plotseling hier binnenvallen en je wilt mij de les lezen. Dat laat ik niet toe. Ik kan heel goed voor mezelf zorgen. Kijk hoe jij erbij loopt. Je kleding, je haar. Zo onverzorgd. Je ziet er niet uit. Stop eens wat meer tijd in jezelf, dan op anderen te letten en hen te bekritiseren.'
Zylena liep weg.
'Ik heb alleen maar troep aan mijn hoofd. Sinds ik in dit land woon, gaat alles fout.'
'Niet sinds je in dit land woont. Je hele leven al. Dat moet je onder ogen zien en er wat mee doen.'
'Je moet je smoel houden, Zylena. Iedere keer probeer ik opnieuw te beginnen. Iedere keer overkomt me iets. Het lijkt wel een vloek. Dacht ik een goede deal gesloten te hebben voor een betere kamer, blijkt dat de man een crimineel is. Nu zit ik op die studentenkamer en maken ze daar een heleboel lawaai.'
'Heb je nog afscheid genomen van die dealer?'

'Ik heb je toch gezegd, dat hij mij nooit meer ziet.'
'Hij zal het raar vinden, dat je plotseling bent vertrokken.'
'Denk je. Hij is al vergeten, dat ik bij hem in huis heb gewoond. Hij heeft zeker een andere gek gestrikt om voor hem te koken. Zo ben ik er ook ingetrapt. Die kerels maken het bont. Ze hebben geen ziel.'
'Hoe kom je eigenlijk hier verzeild? Moet je die kamer niet inrichten?'
'Dat is al gebeurd. Ik had Fauzia gebeld, maar ze nam niet op. Toen heb ik Sylvana gebeld. Ik moest nog stoffering hebben. Ik wilde jou niet vragen.'
'Hoe is het met Sylvana? Druk aan het afstuderen?'
'We hebben het niet over de studie gehad. Ze kwam samen met haar vriendin. Ze hadden niet zoveel tijd. We zijn met ons drieën naar een tapijtzaak gegaan. Ik heb een coupon uitgezocht. Zij zijn naar mijn kamer gereden en ik heb behang en lijm gehaald. Het ging zo haastig. Die vriendin van Sylvana is handig. Je moest zien hoe snel het ging. In een paar uur hadden ze behangen en lag het vinyl op de vloer.'
'Dus het is mooi geworden. Zie je wel, dat er lieve mensen zijn.'
'Ja. Een paar. Heb je iets te eten voor me?'
'Ik heb een restje soep. Of zal ik een eitje voor je koken?'
'Een ei.'
'Wat ga jij verder doen vandaag?'
'Ik wil hier blijven. Bij jou.'
'Je zult jezelf moeten vermaken. Ik wil nog wat werken.'
'Ik heb mijn boeken meegenomen. Ik ga wat studeren.'
'Dat kun je beter op je kamer doen. Heb je van niemand last.'
'Ze maken teveel lawaai daar.'
'Je zult eraan moeten wennen.'
Wanda zei niets. Ze at het eitje op en pakte haar boeken uit

een tas. Zylena ging naar haar studeerkamer. 's Avonds gingen ze naar het Filmhuis, waar *An Angel at my table* draaide. Bijna drie uur zaten ze met hun ogen gefocust op het doek. Een intrigerende film vol spanning rond de hoofdpersoon die schrijfster wilde worden, maar door de mensen om haar heen een vreemd meisje werd gevonden, waardoor ze zelfs in een inrichting terecht kwam. Zylena en Wanda moesten er allebei om huilen, ook al waren er wat gekke momenten, zoals de verliefdheid van de hoofdpersoon, die haar vrijer prachtige poëtische teksten in bed voorlas, zich daarna omdraaide, het licht uitdeed en in slaap viel.

Het regende, toen ze uit het Filmhuis kwamen. Het water spiegelde onder de lantaarn en spatte als dennenaalden op. Ze voelden de druppels in hun gezicht en veegden ze weg. Thuis gekomen dronken ze rode wijn en aten ze tortillas met avocadodip. Zylena draaide klassieke muziek. De lucht raakte langzaam bezwangerd met liefdessap. Het sap werd getrokken naar het diepste van hun ziel en vertakte zich daar in zaligheid. Als koninginnen liepen ze naar de slaapkamer. Ze raakten in de ban van elkaar en begonnen met het refrein van een naar hun gevoel nooit eindigend lied dat naarmate het langer duurde, mooier werd, intenser beleefd en uitgroeide tot een vibrerend geheel. En dat geheel liet zich weer baden in het refrein. Naarmate de avond vergleed, lieten zij zich omgorden door elkaars zijn. Ze lieten zich meevoeren met de muziek bijeengebracht op de *Young Amadeus*. Terwijl Madeleine Bell zong 'I can't explain' werden zij warmer en warmer. Hun lichamen versmolten aan een nieuwe kust in het universum en zij waanden zich aan een palmenstrand waar hun verschijning zich liet wikkelen in een omslagdoek van golven. Die kust was vrij èn geborgen èn vertrouwd, omdat zijzelf bepaalden hoe zij die wilden bevrouwen.

Na deze constatering beklom Zylena de heuvel van Wanda, zoals een amazone haar paard bestijgt: behendig en trots. Een lasso van speeksel hing om de punt van de rots. Daaronder lag het landschap waarboven de sterren straalden als fonkelende ogen die huizen in een vesting van vertrouwen. Het speeksel van Zylena baande zich een weg naar het dal. Haar tong ging op zoek naar de honing, die ze aan Wanda's lichaam rook. Begerig zwenkten haar handen als de vleugels van een jonge ibis naar haar billen die zacht waren als de honing zelve. Zylena voelde de handen van Wanda die harp speelden in haar haar en Zylena leidden naar het hongerige honingwoud. Haar zwemmende tong dook dieper en dieper en haar mond wist van geen ophouden. Wanda's cashewkleurige lippen klopten als slagaders.

Zylena's gezicht baadde tussen de benen van Wanda, wier lichaam zich verder opende. Zylena verdronk haast tussen de kelken die met hun geur van zuurzak haar zo in beslag namen dat haar adem er voor altijd wilde rondhangen. Maar, toen haar mond zich vastzoog in de clitoris van Wanda die de ronding van een koemboepit had aangenomen en haar lichaam cacaowarm begon te dampen, fluisterden Zylena's vingers dat haar zoetheid slechts sprenkelwater was dat een nieuw bestaan moest inleiden. Zuivere klanken vulden de slaapkamer. Wanda pakte een kussen en hield het tegen haar gezicht. Met één hand tilde Zylena het kussen weer op.

'Ik wil je horen, asjeblieft,' en ze legde het kussen opzij.

In het schemerdonker zag ze Wanda's ogen knipperen. Haar lippen bewogen alsof ze er gelijkmatig lippenstift over verdeelde. Ze fluisterde: 'Ga door.' Zylena's ene hand voegde zich bij de andere.

'Maak mijn lippen open. Zuig, zonder te stoppen.'

Zylena deed wat van haar werd verlangd, alsof haar leven ervan afhing. Vlammen spoten uit Wanda's lichaam en werden geblust door de stralen uit beider fonteinen. Heel even stopte Wanda's bewegen en haar muziek. Zylena's tong beleefde de zoveelste geboorte van een groot orgasme. De nacht viel toen Zylena tevreden tegen Wanda aan lag en Wanda onophoudelijk haar armen en haar rug streelde.

'We verdienen een lekker drankje,' zei Zylena.

'Blijf nog even bij me liggen.'

Wanda duwde Zylena's handen zachtjes weg. Ze draaide zich om en ging boven op Zylena liggen. Haar hand voelde Zylena's intiemste plek.

'Je bent nat,' zei ze.

'Vind je dat gek. Je windt me op. Ik zou de hele nacht met je kunnen vrijen.'

'Je raakt uitgeput.'

'Hoe kan dat nou, met jou in bed.'

'Zelfs de diepste bron komt wel eens zonder water te staan. Zal ik met jou vrijen. Je bent geil.'

Zylena kuste de lippen van Wanda.

'Ik heb genoeg gehad. Jij bent zo geweldig dat je ons beiden bevredigt. Je bent echt fantastisch.'

'Jij doet het. Je doet dingen met me, vrouw. Niet iedereen kan dat hoor.'

'Je bent zo ontspannen, zo anders, zo ben je heerlijk. Jouw lichaam roept stormen op, compleet met bliksemflitsen die inslaan in mijn kieteltje.'

Ze giechelden als schoolmeisjes die zich haast verslikten in een pakje drinkyoghurt.

'Ik geef me over. Omdat jij het bent. Dit is voor mij een ontdekking hoor. Je bent een geboren pot. Een superpot.'

Wanda lachte.

'Zal ik nu wat te drinken halen?,' vroeg Zylena. 'Ik heb een droge keel.'

'Heb je nog wat te eten?'

'Ja toch. We hebben niet alles opgemaakt. Of wil je mij?'

'Je bent niet wijs. Wat is er te drinken?'

'Jenever, whisky, gin, port, champagne, echte champagne. Zullen we die champa nemen? Zo'n mooi werk mag best gevierd worden, vind je niet?'

'Je loopt te hard, vrouw.'

'No man, take it relaxed, we worden een dagje ouder.'

'Met die getrainde tong van jou is daar niets van te merken. Waar blijft mijn drinken?'

'Champa?'

'Oké.

Met de fles champagne en twee glazen ging Zylena naar de slaapkamer terug. Ze ontkurkte de fles en toen de champagne eruit spoot, pakte ze gauw de fles en hield deze boven Wanda's venusheuvel. Midden in de nacht zaten ze op bed en genoten ze van het verkwikkende vocht. Zylena draaide opnieuw *The Young Amadeus*.

Ze klonken op hun intieme vriendschap. Met opgetrokken benen zaten ze tegenover elkaar en gaven elkaar slokjes uit hun glazen.

Toen haalde Zylena het glas uit Wanda's hand en zette het op de vloer. Ze nam een slokje van de champagne, maakte van haar lippen een tuitje en ze liet de champagne in Wanda's vagina stromen, waar het warm werd onthaald. Zylena's vingers proefden ervan en gingen in de vochtige grot op zoek naar meer. Wanda's lichaam danste de sterren van de hemel en Zylena zag patronen in en uit elkaar schuiven. Gezichtsbedrog, dacht ze. Maar nee, Wanda danste een vrijheidsballet: een vogel met zijden vleugels zweefde door het ruim. Ze leidde hen langs de regenboog en maakte ver afgelegen gebieden tot nabije buren, die zo vertrouwd raakten dat de een nauwelijks van de ander te onderscheiden was. In dit ballet dreef Wanda Zylena door een lange tunnel die overging in een decor van pasteltinten, waarin druppels rolden naar het licht.

In deze nieuwe ruimte grepen hun lichamen in elkaar en werd samen klaarkomen één groot vrouwenwerk. Hun diamanten nacht duurde voort, bruiste in hun lijven, in hun glazen die ze aanvulden met nog meer champagne. Voor de geboorte van de ochtendschemer was de kamer veranderd in een bootje op woeste golven, het water doorklievend en de bemanning in dronkenschap hozend om de haven te bereiken.

Uren later ontwaakten zij, nog in de roes van het nachtelijke concert. Zylena had zich niet aan de cactussen willen prikken, omdat Wanda had verteld al zoveel tegenslagen in het leven te hebben gehad. Ze wilde wat voorzichtiger met Wanda omgaan, maar nu was het onvermijdelijke toch gebeurd. De sfeer had het vrouwenvuur aangewakkerd en wat er gebeurde, hadden zelfs dromen niet met hen willen delen. Wanda lag alweer in Zylena's bed te slapen. Haar auberginekleurige lippen lagen voor haar vonkende tong op wacht. Behoedzaam kroop Zylena het bed uit en ging naar de keuken. Met een dienblad, waarop een glas vers mangosap, een gekookt eitje en een pot kaneelthee, liep ze naar de godinnensuite.

Ze zette het dienblad aan het voeteneind en ze kuste Wanda wakker op haar matraszachte buik.

'Mijn god, vrouw, waar ben ik?'

'In een beeldentuin, of een andere prachtige omgeving.'

Wanda wreef in haar ogen en ze keek naar het ontbijt.

'Het ziet er lekker uit. Je verwent me.'

'Ga 'ns goed zitten.'

Zylena pakte het dienblad en vroeg Wanda naar de andere helft van het bed te rollen.

'Je warmte zit in het laken. Heerlijk. Ik ruik je,' en Zylena snuffelde aan het laken.

'Ik ruik ons,' zei Wanda en ze knipperde met haar ogen.

'Neem een hapje.'

'Waar is jouw ontbijt?'
'Ik eet van jouw bord.'
Ze lieten zich het ontbijtje goed smaken.
'Je hebt een heerlijke buik, weet je.'
'Houd op hoor, mijn buik is groot.'
'No man, je buik is net een spons die me opzuigt.'
'Je bent gek, vrouw.'
'Zullen we straks naar het strand gaan?'
Wanda reageerde verlegen.
'Kijk wat je met me doet. Dit kan niet. Ik kwam om uit te rusten. Ik ben uitgeput. Op zoveel had ik niet gerekend.'
'Ga je mee, of toch maar niet?'
'Ik hoop dat ik nog energie heb voor een strandwandeling. Ik ben uitgeblust. Ik heb me lang niet zo verzadigd gevoeld.

Dat bandje dat je gisteren draaide, was prachtig. We kwamen helemaal in de mood. Zo onverwacht. Onze liefde. Toch.'

'Ik ga die plaat vaker voor je draaien. Dan ontspan je tenminste. Je was baldadig relaxed, man. Je danste je mooiste vrijheidsballet.'

'Je bent geraffineerd.'
'Hoezo?'
'Zo een nette vrouw doet zulke dingen niet,' en Wanda lachte luidkeels.

'Zo'n raadselachtige vrouw als jij maakt dat welopgevoede dames zoals ik met twaalf riemen naar de ondergang roeien.'

Wanda lachte nog harder.
'En hun merites verkwanselen,' zei ze ironisch.
'Mevrouw gaat dus mee naar het strand, als ik het goed begrijp?'

Wanda draaide zich om, kuste Zylena op haar mond.
'Ik durf niet meer bij je langs te komen,' zei ze verlegen.

'Ben je bang dat je na vandaag niet meer durft weg te gaan?'

'Je moet niet arrogant worden. Doe gewoon.'

'Tot uw orders, mevrouw. Zullen we, om te beginnen, alvast opstaan? Ik wil iets doen. Als we niet gauw opstaan, wordt het gevaarlijk in bed.'

'Ik moet uitrusten hoor. Ik ben uitgeteld. Je hebt me verrast met je hartstocht.'

'Je bent er mooier op geworden.'

'Ik ga douchen. Heb je een handdoek voor me. En een washandje?'

'Je weet toch waar je wat kunt vinden. Vooruit, voor deze keer pak ik ze voor je.'

Zylena ging met de spullen naar de badkamer, maakte de kuip voor Wanda klaar. Naakt en vol wachtten ze op het warme bad. Zylena kon het niet laten en liet haar tong dansen op Wanda's tepelvloer. Toen hielp ze haar in bad te stappen en liet ze Wanda alleen.

Ze kwam gauw terug met nog meer handdoeken. Ze sopte Wanda's rug, haar buik en haar benen. Haar vingers streelden onder de hoge schuimlaag Wanda's schaamstreek. Ze schokte lichtjes en lachte. Toen zaten ze stil en keken elkaar in de ogen.

'Jouw strelen is een zoektocht die door de oerwouden van mijn bestaan leidt naar de waterval die volgens jou niet bestond.'

Verrast keek Zylena Wanda aan.

'Wat een dichterlijke taal,' merkte Zylena op.

'Ik ben van meerdere markten thuis. Met mij kun je alle kanten uit.'

Wanda schaterde.

'Ja, dat merk ik. Heb je meer van die verborgen talenten?'

'Daar kom je wel achter.'

Ze spoelden elkaars lichaam af onder de douche, droogden zich af, tuttelden wat bij de wasbak en de spiegel. Naakt en achter elkaar liepen ze naar de slaapkamer, waar zij zich aankleedden.

'Ik kan niet mee naar het strand. Ik heb geen geschikte schoenen bij me. Op die hakjes kan ik daar niet lopen.'

'Wil je een paar schoenen van mij proberen? Zo groot zijn je voeten niet.'

Terwijl Wanda naar de voeten van Zylena keek, zei ze:

'De schoentjes die jij aan je kleutervoetjes draagt, zullen mij heus niet passen.'

'Nou ja, dan gaan we een andere keer.'

'Jij wil orgeade drinken voor het klaar is, no? Met zoveel gulzigheid ben je niet opgevoed.'

'Ze zeggen dat je veel moet drinken. Dat zuivert je nieren. Dat weet je toch.'

'Ik moet echt naar huis, man. Het was heel gezellig. Ik ben ervan opgeknapt en ik kom gauw weer.'

Zylena en Wanda dronken nog wat samen. Toen namen ze afscheid. Eerst zittend op het bankje in de woonkamer, daarna staand bij de eettafel, toen weer bij de deur in de hal, bij de spiegel en tenslotte achter de gesloten voordeur. Elkaar loslaten duurde een eeuwigheid. In de loeiende wind verliet Wanda het huis van Zylena om haar levensverhaal te gaan bijschilderen.

MOMENT

als een zandkasteel stond ik
op instorten bij de telefoon
de tent waarin wij veilig zouden slapen
gaat als een rouwkleed gevouwen
terug naar de zolder
mijn tranen verkennen de grond
waarop onze lichamen
een basisangst zouden overwinnen

als vanzelfsprekend aangenomen
samen ademhalen in samenzijn
de godin van onze vriendschap
had de boodschap al gebracht
in verdwaalde woorden stond
het tegenbericht
als druppels in het middaggras
niet de aarde zal ons bed zijn
als nieuw vuur
niet de hemel die ons toedekt
als een lapjesdeken vertrouwd
wij ontheemden smekend bij de kankantri
die ons omarmt en grenzeloos omhelst
onze dorst lest uit de flessen
in voorraad aan zijn voeten;
de kalebas heeft zijn weg gevonden
naar het wondvocht rond onze mond
de basisangst is overwonnen
de dingen hebben weer een naam:

het rouwkleed is vergeeld behang
de ingezakte tent een vloer vol kleden
de zolder een helder wolkendek
de telefoon een stiltepunt van roerloos
communiceren met het verblindende achterland

verdrietige dag bij ondergaande zon
wij zijn reizend naar elkaar
vreemd als in den beginne
vriendinnen onder een vale maan
op zoektocht gegaan
deze zomerdag is geen zijweg
waar toeval een kankantri neerzet

Deel 2

Zusters in pijn

Lieve, lieve Zylena,

Ik ben de tel kwijt. Ik ben verward. Deze brief wordt niets.
Mijn hoofd stelt mij niet in staat jou te laten weten hoe ik mij voel. De trein schudt, ik voel mij niet goed, een soort van aangename onaangenaamheid. Hete stromen gaan door mijn maag en mijn buik en trachten voedsel binnen te houden.
Ik voel mij enorm zenuwachtig en opgejaagd en ik druk de tas tegen mij aan om jouw geur nog even op te mogen snuiven. Ik ben volkomen in de war en ik voel aan dat van enige nachtrust weinig terecht zal komen.
Ik zou je eeuwig willen vasthouden, alsof je van het fijnste porselein bent gemaakt en ik daar heel voorzichtig mee om moet gaan. Ik voel een hevige paniek en een soort van leegte. Vele vragen bombarderen mijn getarte hoofd en ontnemen mij de zielerust die ik zo hard nodig heb. Waarom overkomt mij dit juist op een moment, waarin ik het met alles zo moeilijk heb en ik mijn hoofd bij zaken moet houden die van cruciaal belang zijn voor mijn verdere ontwikkeling. Ik weet niet of ik je aankan, ik voelde mij de afgelopen nacht erg klein en onzeker. Je zei dat ik ontspannen was? Naar mijn gevoel gaf ik mij over aan de hete stromen die jouw lichaam als afvoerkanalen wilde hebben. Ik ben gefascineerd door jouw persoon en ik wil je naam steeds uitschreeuwen. Ben ik verliefd? Ben ik gek? Waar komt mijn onrust vandaan? Waarom voel ik steken nu je ver van mij verwijderd bent? Waarom hoopte ik dat de trein voor het station zou ontsporen, zodat ik naar jouw huis terugkon met een goed excuus. De trein gaat stoppen. Ik moet uitstappen.

Het is een paar uur later.

Ik wil geen onafgemaakte brief verzenden. Ik ben altijd bedrogen, opgelicht en in de steek gelaten. Ik voel dat er tussen ons vriendschap groeit en voor vriendschap geef ik alles. En het betekent voor mij klaarstaan, ook al dreigen je hersenen uit je schedel te barsten. Toen ik je over die witte vriendin vroeg, zei je dat ze altijd voor je klaar staat. Luister, ik heb niets tegen witte mensen, maar ze moeten uit mijn buurt blijven. En ik ga jou helpen die aangeleerde witte kuren van je af te leren. En snel!

Ik kwam onverwacht bij jouw huis aan en volgens mij heb je mij dat kwalijk genomen. Ik ben in de war, Zylena. Ay, ik geloof dat ik van je begin te houden. Ik wil je steeds vasthouden, met je samensmelten. Begrijp me goed, het is niet seksueel. Ik ben wel hevig in je geïnteresseerd. Meer uit een soort respect en solidariteit. Ik betrap mij erop dat ik me aan jou spiegel. Ik begrijp er niets van. Toen ik bij jou vertrok, voelde ik angst en twijfel en ik vroeg mij af of je meteen het beddegoed zou verschonen. Zylena, ik mis je. Dit wordt een ramp.

Wat hier gebeurt, wil ik niet. Toen ik bij jou vertrok, had ik het gevoel een 'thuis' achter te laten en op het station was ik het liefste hard weggelopen. Ik betrad de trein in de voorste coupé en ik liep helemaal door naar achteren, alsof ik niet weg wilde gaan en tegen de richting en de snelheid inging. Ik wil geen pijn, mijn ziel is al genoeg gekwetst en ze neemt geen genoegen met in de schaduw staan. Weet je dat je me heel erg doet denken aan een vriendin uit het land waar ik studeerde. Ze was een lieve vrouw met wie ik uren kon babbelen, soms in felle discussies raakten zonder elkaar te kunnen vinden. We gingen soms boos uit elkaar. Als ik haar na een dag of twee tegenkwam of belde, zei ze 'Come, let's make mental love' en dan was het leven weer koek en ei en begon de discussie waar die geëindigd was een aantal dagen geleden. Gek, no.

Ik hoop dat je mij terugschrijft. Ik heb wat van mezelf prijsge-

geven, gesterkt door jouw openheid. Want, aan duidelijkheid laat jij niets te wensen over. Dus, schrijf me, want ik ben het spoor kwijt.

Your sister, Kissable

Zylena schreef meteen terug.

Kissable,

Waarom onderteken je je brief met Kissable? Je hoeft voor niemand meer bang te zijn. Je bent ver uit de buurt van die drugsdealer. Ik hoop dat je het spoor weer hebt gevonden. Ik heb ook nagedacht over jouw onaangekondigde bezoek. En wat er is gebeurd. Het kwam zo onverwacht, maar niets menselijks is mij meer vreemd. Ik vond het heerlijk om na jaren weer eens te vrijen. De sfeer was goed en ik liet het gebeuren. Je moet mij er echter niet aan ophangen. Dat wil ik niet. Je moet vooral je eigen leven leiden. Ik heb je leren kennen als een opvliegende vrouw. Die indruk verdwijnt niet na een vrijpartij. Ik weet dat ik heel voorzichtig met je moet zijn. Je bent zo snel gekwetst. Ik weet ook niet goed wat ik met jouw brief aan moet. Het is prettig om te weten dat je verliefd op mij bent, maar het benauwt mij ook. Jij hebt verwachtingen, die ik waarschijnlijk niet kan beantwoorden. We hebben verschillende attitudes en wat fundamentele zaken betreft, zijn wij het ook niet met elkaar eens. Misschien vind je mij een beest, wanneer je dit leest, maar ik probeer gewoon eerlijk te zijn. Ik wil je geen pijn doen, want ik weet wat dat betekent. Laten we kijken hoe ver we komen met onze vriendschap. Je mag mij anytime bellen. Ik hoop dat het goed met je gaat.

Dag, Zylena

Het was middag en tegen het einde van de meest winterse maand. Zylena stond in de keuken een nieuw recept uit te proberen. Daar ging de bel. Het kon haast niet missen. De stem van pijn stond voor de deur.
'Hallo.'
'Dag Wanda. Kom binnen.'
'Het ruikt hier goed.'
Wanda tilde het deksel van de pan op de kookplaat op en keek erin.
'Ik ben iets aan het uitproberen.'
'Ik merk het. Je hebt niet eens tijd om me te groeten.'
'Ik moet even doorroeren, anders mislukt het.'
'Wat voor ingewikkelds maak je klaar?'
'Een soort mix met gember en zure room, kipfilet, uien en groene kerrie. Ik hoop dat het wat wordt.'
'Mag ik proeven?'
'Het is nog niet af.'
'Ik heb honger.'
'Je zult moeten wachten.'
'Kun je lasagne maken? Dat vind ik vreselijk lekker.'
'Ik dacht dat je de voorkeur gaf aan Surinaams eten.'
'Ik ga moeten wennen aan die dingen van hier.'
'Je begint je verstand te gebruiken, no.'
'Het zal wel moeten. Die Surinaamse produkten zijn veel duurder. Zoveel geld heb ik niet.'
'Blijf je hier bij de kookplaat staan, met je jas aan?'
'Ik hang hem op.'
Wanda kwam zonder jas terug.
'Je ziet er een stuk beter uit.'
'Hoe bedoel je?'
'Uitgerust. Verzorgd.'
'Ik moet goed voor mezelf zorgen, zei je.'
'Goh, je hebt naar me geluisterd. Ben je opgeschoten met studeren?'

'Nee. Het lukt niet. Die kerel die naast mij woont, is een junk. Hij maakt een heleboel lawaai. In de nacht ontvangt hij visite. Dan draait hij keiharde hard rock. Ik wil niet kinderachtig zijn en er wat van zeggen. In Suriname zou ik ook niet bij de buurman gaan klagen. Ik heb mijn bed tegen de andere muur gezet. De Mobiele Eenheid is een paar dagen geleden in onze flat geweest. Er waren zoveel herrieschoppers op onze etage. Een van die studenten heeft de politie gebeld, denk ik. Mijn buurjongen en zijn vrienden werden ingerekend en afgevoerd met het blauwe busje. Gisteren zag ik die buurjongen weer lopen. Dus je kan je voorstellen wat ons te wachten staat.'

'Wanda, leg mij uit hoe de Mobiele Eenheid een studentenflat binnendringt voor zo'n eenvoudige overtreding als geluidsoverlast. Je bent meer dan een kampioen in sterke verhalen vertellen.'

'Het was niet alleen voor dat lawaai. Ook voor die drugs. Die vrienden van hem staan soms beneden. Ze fluiten en hij schreeuwt een heleboel nonsens naar ze.'

'Voor zoiets komt de politie niet, laat staan de Mobiele Eenheid.'

'Je hoeft me niet te geloven, Zylena. Ik lieg. Ik fantaseer.'

'Het lijkt erop.'

Uit de wangen van Wanda vlamde het.

'Zylena, mijn hele leven is verkracht. Mijn jeugd is me ontnomen. Ik heb geen toekomst. Ik voel het. Nu ik hier voor jou sta. Het is baldadig tegenstrijdig. Als ik alleen op mijn kamer ben, wil ik daar gillend wegrennen en naar jou toe komen. Alleen maar naar jou. Dan mis ik je. Dan voel ik mij zo eenzaam. Mijn god, ik word gek.'

'Dat word je niet.'

Wanda's adem leek te stokken.

'Haal rustig adem.'

'Ik ben licht astmatisch.'

'Ook dat nog,' flapte Zylena uit.

'Ja, ook dat nog. Stel je voor dat ik hier ziek zou worden, dan zou je me naar het ziekenhuis moeten brengen. Een ramp, no. Jij bent echt niets gewend. Jij hoort tot die verwende kinderen voor wie altijd alles werd geregeld. Misschien had je zelfs iemand die je tanden voor je poetste.'

'Ben je gekomen om ruzie te maken? Om mij te beledigen? Om mij te zeggen hoe ik mij moet gedragen in mijn eigen huis? Wat voor een raar mens ben jij toch?'

'Een heks, een duivelin. Dat heeft mijn moeder mij als kind al gezegd. Ze schudde mij door elkaar en dan zei ze: "Kon dringi didibrikaka." Dan pakte ze me stevig beet. Ik werkte niet mee. Ze werd kwaad en ze sleepte me naar de keuken, duwde mijn hoofd achterover en perste mijn mond met haar dikke vingers open. Dan goot ze de medicijn in mijn keel. Ik stikte bijna. En als ik durfde overgeven, kreeg ik opnieuw die medicijn, waarvan ik later hoorde dat het een oso dresi was en als kalmerend middel diende. Tan, waarom huil je. Jij kent toch geen ellende.'

'Ik huil niet, Wanda. Maar ik vond Olie Kinapolie altijd al vies. Daar kreeg ik tranen van in mijn ogen. Als ik het flesje zag. En uiteindelijk hoefde ik het niet door te slikken. Mijn moeder kon slecht medicijnen verdragen. Ze dwong mij daarom nooit die rommel te slikken.

Ik bofte. Mijn oom, de apotheker, maakte toen mijn moeder zich zorgen maakte over de wormen in onze buikjes, een eigen mengsel. Het smaakte naar limonade, een soort cola-champagnestroop. Met glinsterende ogen vertelde hij dat Sophie Redmond het basisrecept had gemaakt van Surinaamse kruiden. Die vrouw was haar tijd pas echt ver vooruit. En mijn oom had bij zijn oom in een schrift enkele namen van kruiden met hun waardevolle betekenis gevonden.

Mijn oom sprak altijd vol trots over dokter Sophie. Je weet, die vrouw naar wie de Dr. Sophie Redmondstraat genoemd is. Ze was bondgenote van volksvrouwen. Ze wilde die vrouwen wakker schudden om zich weerbaar te maken voor de tegenslagen in het leven, een stuk zelfstandigheid te veroveren. En dat in de jaren dertig. Zulke mensen leven niet lang. Ze verdient een standbeeld. In de stad, bij Spanhoek. Of op de Heiligeweg, in plaats van dat carillon dat er al jaren staat en niks doet, net als zoveel andere zaken.

Weet je trouwens wat de lijfspreuk van Sophie was. Die is voor jou een goeie. ' "u tak'di fu yu erger, pur ede na doro." Het betekent dat als je denkt dat je het moeilijk hebt, je even om je heen moet kijken.'

'Je hoeft het niet voor me te vertalen. Ik ben jou niet.'

'Wil je mij een glaasje gemberbier inschenken? Het staat in de koelkast. Neem zelf ook iets te drinken. Ik ben zo klaar met dat eten.'

'Mag ik ook gember?'

'Nee. Doe niet zo idioot. Dat vraag je toch niet. Ik ga je toch niet vragen om mij wat in te schenken, dat jij toekijkt.'

'Zal ik de tafel voor je dekken?'

'Graag.'

Onder het eten.

'Zal ik morgen koken?'

'Morgen? Blijf je slapen?'

'Ja. Is dat niet goed?'

'Een volgende keer moet je vooraf een seintje geven. Ik vind het niet prettig dat je telkens binnenvalt.'

'Stuur me weg.'

'Je bent er al. En morgen mag je voor me koken. Waarmee ga je me verwennen?'

'Een verrassing. Iets dat jij heel lekker vindt.'

'Hoe kun jij dat weten.'

'Heb je op het strand gezegd.'
'Oh, daar weet ik niks van. Smaakt dit jou?'
'Je hoort mij niet klagen. Ik neem nog een beetje. Hoe kom je erop dit klaar te maken?'
'Ik ben multiculinair georiënteerd.'
Wanda lachte.
'Is dat een nieuwe trend?,' vroeg ze.
'Het is weer eens wat anders dan multicultureel.'
'Sommige Surinamers lusten alleen Surinaams eten. Ze proeven die vreemde dingen niet eens, dan zeggen ze dat het vies is.'
'Je vertelt niets nieuws. Wat de boer niet kent, vreet hij niet. Bij alle volkeren vind je hele kolonies die niet over hun grens heen willen kijken; niet in de keuken, niet in de cultuur.

Misschien dat kunst het enige medium is dat mensen echt uitdaagt buiten hun grenzen te kijken. Maar dan stapelt de kritiek zich onmiddellijk op dat kunst elitair is en niet weggelegd voor alle volksstammen.'
'Kunst en cultuur zijn bij ons met elkaar verweven. Het westen maakt er een verheven poespas van en houdt daardoor grote groepen op afstand ervan. Dat komt door de bekrompenheid van de Westerse ziel. Kijk, in het Westen draait alles om geld. En, waar geld is, is corruptie. In de koloniale tijd zijn kunstschatten verscheept naar Europa. Deze waardevolle werken staan in musea en worden bewaakt door het elektronische oog. Om de roofzucht van Europeanen te bewonderen, moet je een toegangsprijs betalen en ook het vervoer naar die plek. Zo sluit je meteen de onderlaag van de maatschappij uit, terwijl een kleine bovenlaag zich vergaapt aan gemeengoed. Het is gewoon stronterij.'
'Dat alles om geld draait, daar ben ik het mee eens. En dat kapitaal hand in hand gaat met corruptie ook. Maar als je

zegt dat kunst kijken alleen is voorbehouden aan een kleine elite, dan heb ik mijn twijfels. Net zoals iedereen naar een dansi kan gaan en daar vijfentwintig tot veertig gulden voor neertelt, èn een taxi betaalt om er uitgedost heen te gaan, zo kan iedereen het openbaar vervoer nemen naar een museum en een kaartje kopen dat goedkoper is dan een kaart voor een fuif met een populaire band. Neem onze eigen mensen. Ga kijken op een Surinaams feest. Je weet niet wat je ziet. De één is nog duurder dan de ander gekleed. Maar het zijn diezelfde mensen die klagen dat ze geen geld hebben. En ze vreten zich helemaal dicht aan het dure eten op zo'n feest.'

'Tan, wacht even, die mensenmassa die zich gaat uitleven, eens in de zoveel tijd, meisje, het is het enige wat die mensen hebben. Mogen ze. Kunst is te abstract voor ze. Die mensen willen hun ellende uitzweten, daarom hebben ze het er voor over een duur kaartje voor een feest te kopen. En je weet hoe we zijn. Surinamers gaan graag fijn, we kappen onze tros, we gaan draaien op zo een avond. Dan kan iedereen weer over iedereen lullen. Over wat die en die aan had en over hoeveel schulden die ander heeft. Nee, nee, nee, zo eenvoudig is dat ding niet. Het is een overlevingsstrategie. In deze gemeenschap waar het systeem je structureel achterstelt, moet je wel iets bedenken om het hoofd boven water te houden. Feesten, je ellende uitzweten, eten, je roots tot je nemen, meisje, daarna kun je er weer een paar weken tegen.'

'En als je de volgende dag opstaat en je kijkt naar buiten in de werkelijkheid, dan stort je opnieuw in.'

'Nee, nee, nee, zo werkt dat ding niet. Het effect van zo een feest is dat je dagen, weken, stof tot praten hebt. Aan de telefoon, op de markt, in de straat. Zelfs in de wachtkamer van de Sociale Dienst. Het is een kick. Wie kritiek heeft op deze categorie weekendgenieters moet toch doordenken over het waarom èn de functie van zo een happening. Nee, Zy-

leentje, de uitsluitingsmechanismen van deze samenleving dwingen onze creatieve geest de kunst op onze eigen wijze te beleven. Dansen is kunst en cultuur tegelijk.'
'Woordkunst ook. Vertelkunst. Kunst om te communiceren en ga zo maar door. Kunst richt zich tot de ziel en andersom.'
'Het is een oude traditie met je lichaam te spreken. Wij zwarten zijn daar kampioenen in. Misschien moeten wij onze onderdrukkers daarvoor bedanken, want toen zij ons verboden te schrijven en te spreken, hebben we tekens bedacht om onze boodschappen over te brengen.'
'Over tekens gesproken. Wat mij mateloos intrigeert is de verzetscultuur van de volksklasse. Al die codes die zijn ontwikkeld om in geheimtaal te spreken. Het zijn verdorie weer de vrouwen die met hun hoofddoekentaal in de slaventijd boodschappen overbrachten. En de mannen daarmee redden van de ondergang.

Ik zeg je, we moeten zuinig zijn op wat we nog hebben. Alles gaat verloren, als wij het niet vastleggen.'
'Mijn grootmoeder heeft een scheepskist vol naftalineballen. Weet je wat erin zit? Doeken, ellen stof, echte katoen, gesteven en wel, met gomma. Bij uitzondering maakt ze die kist open. Dan kijkt die vrouw trots. Je weet wel waarom.'
'Is het de erfenis van haar moeder misschien? Of, zijn het de stofjes die ze in haar jeugd heeft gedragen?'
'Nou, ze zijn voornamelijk van haar eigen grootmoeder geweest. Die is huisslavin geweest. Er zitten ook sieraden in die kist. Van die grote gouden boeien, en munten.'
'Je grootmoeder moet die dingen dragen in plaats van ze te bewaren.'
'Dat doet ze af en toe. Bij speciale gelegenheden. Wanneer één van haar vriendinnen jarig is, dan moet je haar zien. Dan is haar verschijning één sociale code. Mevrouw gaat op stap, a

wer' en prodo ede, compleet met strikrand. Ze houdt van haar prois ede met lila-rand. Dan moet je haar zien gaan. A uma tya den suma ede gwe. Die vrouw is tof man. Ze spuit odeur, poedert met Eclat tussen haar borsten zo, dan doopt ze het puntje van haar zakdoek in die fles Boldoot 4711. Wanneer ze klaar is om de straat op te gaan, kijkt ze nog even in de driedelige spiegel. Let them talk, oma. Ze lacht. Don't touch me, en de prodo misi verdwijnt wiegend uit het zicht.'

'O, wat een zaligheid. Zulke vrouwen. Het is jammer dat sommige zo zuinig zijn met hun informatie. Ze nemen een heleboel geheimen mee in hun kist.'

'We komen er wel achter. Het kost een beetje tijd, maar we komen er wel achter.'

'Pasensi, pasensi, no.'

'Efu yu abi pasensi fu piri bita amandra, dan yu sa dringi wan switi orsyadu.'

'San, yu nak' wan odo.'

'Ik heb je gewaarschuwd, vrouw. Jij dacht dat ik verhollandst was.'

'Schep niet op, je kan het uit boeken halen en uit je hoofd leren.'

'And so what? Dat maakt een bepaalde behoefte meer dan duidelijk. Als ouders hun kinderen bepaalde cultuurgoederen hebben onthouden, dan moeten die kinderen dat maar uit boeken halen.'

'Hamer je er daarom op dat dingen moeten worden vastgelegd?'

'Hè, hè, je hebt het door.'

Zylena stond op en deed het licht aan.

'Zullen we de tafel afdekken en in de woonkamer gaan zitten?'

'Ja, laten we in de voorzaal gaan zitten.'

Ze stonden op en terwijl ze de tafel afdekten, praatten ze verder.

'Dat is zo een prachtig woord, hè. De voorzaal. Je zou zweren dat het om een immense ruimte gaat. Soms is het niet meer dan een kamertje van twee bij drie, waarin ook nog geslapen wordt. De slaapzaal.'

'Het zijn die idiote begrippen die we kritiekloos van de onderdrukkers hebben overgenomen. Eigenlijk is het bedroevend. Die mensen woonden in hun koloniale houten herenhuizen, met zaal zus en zaal zo. Terecht zalen, waar gedineerd, gedanst werd. Zalen die onze voormoeders schoonmaakten op hun blote knieën. En na het harde werken liepen onze oudjes naar hun eigen huis, door de felle zon, om daar het huishouden voort te zetten en hun lichaam 's avonds op een canapé te ruste te leggen. In hùn voorzaal. Ay baya.'

'Hoe durft men te zeggen dat zwarte mensen lui zijn? Kijk in de zomer naar de knieën van oudere zwarte vrouwen. Wat je ziet is hoe hard ze hebben gewerkt in de vorm van een dikke laag eelt.'

'En wat dacht je van de handen van sommige vrouwen. Die handen zijn grove schuur geworden. Hun handen zijn als kokosvezels zo ruw.'

'Weet je waar ik opeens aan moet denken. Je brengt mij op iets eigenaardigs. Ik vraag mij af waarom in deze tijd van schaarste wij vanuit Nederland zoveel spullen sturen naar Suriname. Zonder na te denken of die dingen wel nut hebben. Neem nou iets als schuurmiddel. De aarde geeft ons zand, lemmetje, zure oranje en kokosvezels. Wij hebben onze grootmoeders die pannen daarmee zien schoonmaken, totdat ze blonken in de zon. En dan kopen wij synthetische rommel, waaraan conserveringsmiddelen worden toegevoegd en we sturen in een milieu-onvriendelijke verpakking deze troep naar de mensen en de grond die ons dierbaar zijn. En wanneer we met vakantie naar huis gaan, en we zien die plastic troep in de rivieren en kreken drijven, dan hebben we nog het lef te zeggen dat het in Suriname nog niet tot de mensen is doorgedrongen zich bewust te zijn van een schoon milieu.'

Zylena en Wanda schoten in de lach.

'Over pakketten gesproken. Ik ga me bijna schuldig voelen. Wil je mij morgen helpen een doos met levensmiddelen weg te brengen?

Ik heb die spullen in de schuur staan, het is een kwestie van snel inpakken.'

'Jij ook al? Stuur jij ook de troep waar we het net over hadden?'

'Nee, natuurlijk niet. Ik ben niet gek.'

'Ik dacht al. Je kent de gevolgen, maar je doet mee aan de malligheid.'

'No man, je zal zien wat ik stuur. Ik moet wel bekennen dat ik teveel snoep heb ingekocht.'

'En tandpasta, en tandenborstels?'

'Hoe raad je het. Toch moet ik toegeven dat het een vreemd mechanisme is. Heel uitgebalanceerd begin ik te kopen, heel verantwoord en met het volle verstand. Terwijl ik door de supermarkt loop, zie ik meer en meer wat ze in Suriname echt nodig hebben en onbetaalbaar of niet verkrijgbaar is. Dan breekt mijn hart en gaat de emotionele poort open. Bea Vianen schreef de roman 'Ik eet, ik eet tot ik niet meer kan,' en ik, ik koop, ik koop tot ik niet meer kan. Want ik houd pas op met inslaan wanneer de wagen tjokvol is. Eens heb ik het zelfs gepresteerd mijn eigen boodschappen te vergeten, zo werd ik in beslag genomen door behoeften van verwanten in het thuisland.'

'Maar, hoe weet jij, die hier zit, wat die mensen echt nodig hebben?'

'Dat haal ik uit de krant. Iedere week staat het erin. Of ze laten het weten. Daar hebben ze geen moeite mee.'

'Er zijn heel wat mensen die misbruik maken van de situatie. Kijk je een beetje uit, dat je je niet laat strikken.'
'Ik stuur niet elke maand zo'n doos. Ik moet ook eten toch. Mijn familie heeft het niet echt nodig, vriendinnen ook niet, maar af en toe een aardigheidje, waarom niet. Het is een gebaar van medeleven in de strijd voor een menswaardiger bestaan. Het is geen kattepis wat die kleine toplaag ons volk flikt. Kijk die oude vrouwtjes. Wat krijgen zij per maand. Hoeveel is hun A.O.V..? Daar kunnen ze niet eens een dak boven hun hoofd van betalen. Alles wat deze oudjes van ons krijgen "na wan pisi gowtu". Ze hebben geen pensioen, niets.'
'Ik begin niet aan dat feest. Om te beginnen heb ik er het geld niet voor en volgens mij belazeren ze de heleboel. Je hoort de gekste verhalen. Sommige mensen gaan zo ver dat ze brieven sturen compleet met namen van merkartikelen die hun voorkeur hebben.

Het idee dat ze mij zo ver zouden krijgen. Suriname is een rijk land, misschien wel het rijkste aan grondstoffen. We moeten zaden sturen. Laat ze planten. Laten ze in Suriname met hun handen de aarde bewerken. Nee, het is toch gemakkelijker zo. Je gaat zitten achter een gewichtig bureau of een mooie tafel en dan schrijf je aan je kennissen hoe je pinaart en bijna dood gaat van ergernis, omdat alles te duur is. Surinamers worden zo nooit selfsupporting. Mensen die hun auto great op het erf parkeren, of die een geweldige bloementuin hebben aangelegd, laten die mensen de grond omspitten en groente kweken, en vruchtbomen planten. Niemand hoeft honger te lijden in Suriname. Kip is duur. Verdomme, neem kuikens, kweek kippen en af en toe slacht je er één. Voor kalkoenen en eenden geldt hetzelfde. Of ze kunnen gaan vissen. Surinamers zijn intelligente mensen, dat weet je. Dus waarom zouden ze zich in Suriname druk maken om hun eerste levensbehoeften als wij, met gedeformeerde hersenen en Westerse ogen de zielige bevolking te hulp schieten. Je moet over dat ding nadenken.'

'Wat je daar zegt, gaat toch niet voor iedereen op. Bovendien zijn we een verwend volk. Schaarste kenden we niet. De winkels stonden altijd barstens vol.'

'Voor de rijken, ja.'

'Suriname hoorde tot de rijke landen van het continent. Met de komst van de militairen en de opschorting van de ontwikkelingsgelden uit Nederland is het land heel snel achteruitgegaan. De oude politiek was een corrupte bende, maar het volk had tenminste nog te eten. Hoe dan ook. Nu pinaart het volk. Mensen gaan dood. Ziekenhuizen zijn vervuild, de apparatuur raakt defect en kan niet worden hersteld. Er zijn geen medicijnen. Have a heart, we kunnen de feiten toch niet aanhoren en niets doen. En wie zich laat misbruiken, wil dat zelf. Niemand pakt ons aan het handje en zegt dat we dit of dat moeten doen. We bepalen zelf, naar onze draagkracht, wat we sturen. Die verantwoording ligt bij onszelf.'

'Misschien omdat ikzelf pinaar en mijn dubbeltjes moet omdraaien om rond te komen. Toch geloof ik niet dat ik erin zou trappen.

En tenslotte. Zij wonen relaxed in de zon. Wij leven hier in de kou tussen racisten. We worden vernederd, iedere dag te schande gemaakt, voor schut gezet. Alle frustraties die witte mensen hebben, worden op ons afgereageerd. Dan moet ik mijn rug ook nog komen breken voor mensen in Suriname, die op hun gat zitten. No way.'

Zylena lachte.

'Je bent me een portret.'

'Zullen we de tafel nu maar afruimen en voor gaan zitten?'

'Moet ik je helpen met afwassen?'

'Nee. Laat maar staan. Ik doe het in de vaatwasser.'

'Ik wil whisky.'

'Zomaar? Als je weer dronken wordt, ga je morgen niet voor me kunnen koken. Zal ik je voortaan anders Whiskable noemen in plaats van Kissable.'

'Geef me whisky, no.'

'Ik ga je niks geven. Schenk het zelf in. Ik wil de schuld daar niet van dragen.'

'Ik heb het van jou geleerd.'

'Geef mij de schuld van alles wat slecht voor je is.'

Zylena zette de glazen op de vloer neer. Ze liep naar de stereo en zette een kaseko van Funmasters op. Zodra de muziek door de kamer klonk, begon ze met haar schouders te schudden.

'Niet zo, man. Hoe dans je zo. Van welke stam ben jij afkomstig. Laat me je leren hoe het moet.'

'Mijn familie bestaat niet uit feestneuzen. Ze feesten wel, maar meer met hun boeken.'

Zylena danste vrolijk verder, terwijl ze sprak. Wanda stond op, deed haar schoenen uit. Ze gaf een fantastische show weg, deed onder het dansen haar trui uit. Benen, armen, schouders, alles vloeide ritmisch in elkaar over en op het juiste moment hielden ledematen stil of werden ze actief.

'Je maakt me dronken,' riep Zylena.

'Doe mee,' en Wanda maakte een gebaar met haar arm om Zylena die op de vloer was gaan zitten, erbij te halen.

'No man, vrouw. Dans jij. Ik geniet van je.'

'Kom, laat me je leren, no.'

'Straks, straks,' en Zylena nam een grote slok van haar whisky.

'Wie wordt hier dronken. Jij of ik. Repeat dat nummer voor me.'

'We moeten rekening houden met de buren.'

Wanda maakte een grote tyuri, pakte snel haar glas en nam ook een slok.

'Ik heb niet gezegd dat je de muziek harder moet zetten. Repeat, repeat, woman. En kom dansen, vrouw. Kom je roots voelen.'

Zylena spoelde de band terug en draaide Boto Lai Keba opnieuw. Toen ging ze voor Wanda staan.

'Ga achter me staan en doe mee. Zweet, zweet uit, vrouw.'

'Je gaat te snel, Whiskable.'

'Wat voor een zwarte ben jij, man.'

'Een hele bijzondere toch. Ik heb andere kwaliteiten.'

Zylena trok haar neusvleugels op.

'Kom voor me staan, laat me je leiden, gudu.'

'Plaag me niet, man.'

'Het wordt tijd om het te leren, want als we gaan stappen, moeten we de show stelen.'

'Dan ga je lang wachten hoor.'

'Kom, kom, we staan onze tijd te verdoen. Die plaat wacht niet.'

'Er zijn nog meer nummers. Zal ik Mooi Lobi draaien?'

'Oké. En dan houd jij vanaf nu je mond. Als je danst, moet je je mond houden. Hoe wil je anders genieten.'

'Tot uw orders, baas.'

Ze dansten het ene na het andere nummer. Zylena ging nauwelijks naar feesten. Ze hield meer van gezellig babbelen in de huiskamer, of bij mooi weer op het strand. Wanda was een echt fuifnummer. Ze had door al haar problemen zolang niet gedanst en nu wist ze van geen ophouden. In haar roes nam ze Zylena mee, die steeds losser werd. De vrouwen dansten naar elkaar toe en van elkaar af, hun handen strekten zich afwisselend naar de aarde en de hemel. Opeens begon Zylena hevig met haar lichaam te schudden,

ze greep naar haar glas en ze dronk het in één keer leeg. Haar voeten gingen snel over de vloer, ze zakte door haar knieën, bracht haar schouderbladen naar de vloer. Wanda

haalde een theedoek uit de keuken en ze begon voor Zylena te waaien.
 'Baas boven baas.'
 'Ik ben dronken, geloof ik.'
 'Zeker weten. Sta op van de vloer en ga op een stoel zitten.'
Wanda hielp Zylena overeind. Ze deed haar handen in haar zij en trots zei ze: 'Je bent een snelle leerling,' en ze lachte dat ze een huis kon vullen.
 'Je moet vaker dansen. Dan hoef je het niet op één avond te willen inhalen. Je yeye had het nodig.'
 'Ik ga slapen. Ik ben kapot.'
 'We kunnen morgen uitslapen. Jij hoeft toch alleen maar die doos te vullen?'
 'Welk doosje wil je vullen.'
 'Van jou.'
 'Mijn god, je bent grof. Zal wel van de drank zijn.'
 'Weet je dat ik steeds meer van je ga houden. Laten we vrijen.'
 'Ik heb rust nodig, Wanda. En ik ben een beetje aangeschoten. Ik wil niet vrijen. Ga slapen.'
 'Wil je me niet meer?'
 'Doe niet zo stom. We hebben al een keer gevreeën. Daar hebben we allebei een mooie herinnering aan.'
 'Je valt toch op vrouwen.'
 'So what. Jij gaat toch ook niet met elke man naar bed.'
 'Dat is wat anders. Ik ga nooit meer met een man naar bed. Ik heb het nooit prettig gevonden. Ik weet nu zeker dat ik van vrouwen houd en dat ik naast een vrouw wakker wil worden en dat ik met minstens één wil vrijen.'
 'Je weet hoe ik erover denk. Ik heb je brief beantwoord. Een totale relatie met jou zie ik vooralsnog niet zitten. Daar ben ik niet aan toe. Je moet niet denken dat ik je afstoot of zo, maar ik heb geen behoefte aan, laten we zeggen, een vaste partner.'

'Wil je geen zekerheid?'
'Met al je ervaringen ben je behoorlijk onvolwassen. Zekerheid, waar heb je het over.'
'Garantie dan.'
'Nog erger. Garantie speelt pas een rol wanneer iets kapot gaat. Wij zijn nergens aan begonnen, laat staan dat we het afmaken. Van garantie is geen sprake. Laten we gaan slapen.'
'Mag ik bij je liggen?'
'Kom maar.'
'Mag ik je vasthouden?'
'Houd op.'
'Mag ik je in slaap strelen?'
'Ik ga op zolder slapen. Daar stoort niemand mij.'
'Bij die stomme poezen van je.'
'Ja, daag.'
Wanda lag nog heel lang wakker. Ze dacht dat vrouwen die van vrouwen hielden met al hun vriendinnen naar bed gingen, als zich daartoe een gelegenheid voordeed. De warmte waarmee ze zich omringd voelde, kon volgens haar alleen worden gecreëerd bij vrouwen zoals Zylena. Met vriendinnen die relaties met mannen hadden, sprak ze voornamelijk over de nieuwste mode, over rolpatronen en onderdrukking in de relatie vrouw-man. Die zaken waren in de relatie met Zylena helemaal niet aan de orde. Ze had het gevoel dat gelijkwaardigheid zo vanzelfsprekend was, dat het geen punt van gesprek of zelfs discussie kon zijn. Er was een nieuwe wereld voor haar opengegaan, terwijl ze al maanden dacht dat de zon was gaan slapen. Haar zijn ging een reis maken binnen het universum. De tijd was aangebroken om zichzelf opnieuw te definiëren. Niet langer de vrouw te zijn die per se kinderen moest baren, een huishouden zo efficiënt mogelijk draaien en de ondergeschikte van een man zijn. Machtsverhoudingen, gebaseerd op een onderdrukkersmodel waren vanaf nu

verleden tijd. Een duidelijk zelfbeeld schetsen was de opdracht die ze zichzelf gaf. Haar innerlijk had allang een einde gemaakt aan het stelsel van rangorde, dat haar een plek gaf in de onderste gelederen van maatschappelijk functioneren. En de mannen die haar van die plaats wilden overtuigen, waren naar de achtergrond verdwenen. Sterker nog, zij maakten geen deel meer uit van het systeem dat haar dwong de aandacht van mannen op zich te vestigen en daarmee de rivale te zijn van andere vrouwen. Ze wist wel beter. Ze was bondgenote van vrouwen geworden, zo intens, dat ze zelfs haar seksualiteit met een vrouw wilde delen. Ze lag wakker in het bed van de vrouw voor wie ze dronken was geworden en haar hoofd liep over van gedachten. Haar liefde voor vrouwen was in feite al aanwezig, maar ze had zichzelf grenzen opgelegd. Haar verbondenheid met vrouwen ging niet verder dan geestelijke intimiteit en daarbij hoorde de vanzelfsprekende lijfelijkheid die zwarte mensen eigen is. Ze had gearmd gelopen, hand in hand zelfs, met een vriendin aan wie ze zowat al haar geheimen had verteld. Toen heetten ze 'Jantje nanga tarra' en niemand, geen familielid, geen buur, die het in zijn hoofd haalde om hen mati of lesbisch te noemen. En zijzelf had daar ook nooit over nagedacht. Nu ze zich zo bewust was van haar seksualiteit, zag ze nieuwe problemen. De omgang met vriendinnen die eerst zo gewoon was, leek haar opeens een probleem. Ze zou zichzelf herkenbaar maken voor andere vrouwen die van vrouwen houden en dus zou ze op zijn minst haar moeder op de hoogte moeten stellen.

Angst bekroop haar bij die gedachte. Haar moeder was een vrome geest in de kerk geworden en ze had mensen eens over twee mannen horen zeggen dat ze ziek waren. Omdat die mannen alles samen deden en ook een huishouden deelden. Men zei dat de deuren van de kerk voor hen open moesten blijven, zodat God de kans kreeg ze te genezen. Ze had altijd al naar die mannen gekeken, vol aandacht.

Misschien had ze in hen onbewust een model gezien. Het waren weliswaar mannen, maar mensen van hetzelfde geslacht die voor elkaar hadden gekozen en dat ook aan de buitenwereld lieten merken. En hoe zat het met haar tante Jacoba? Die zag eruit als een man. Ze droeg altijd broeken, een beetje strak in het kruis. Ze had meestal een pet met een klep op haar hoofd en in haar mond een alanya tiki, een stokje van een citrusplant. En ze speelde gitaar, overal waar ze wel en niet werd uitgenodigd.

Tante Jacoba werd meestal vergezeld van een andere vrouw, die jaren jonger leek, maar dat kon aan haar kleding liggen. Die vrouw was in tegenstelling tot tante Jacoba, uitgedost. Ze droeg bloemetjesjurken, hoge hakken in de kleur die bij haar jurk paste, een tas in haar hand en om haar pols droeg ze een grote gouden boei, die tante Jacoba soms ook om had. Als tante Jacoba klaar was met spelen, stond die vrouw op en bracht ze haar een groot glas bier.

Men zei dat tante Jacoba en die vriendin als man en vrouw leefden. En waarschijnlijk omdat tante Jacoba broeken droeg, had Wanda aangenomen dat zij de man was en die vriendin de vrouw.

Ze voedden ook samen de kinderen van die vriendin op. Het merkwaardige was dat niemand over die vrouwen had gezegd dat de deuren van de kerk voor ze moesten openblijven. Men vond dat zeker gewoon dat die twee vrouwen samenleefden. Wanda had zich nooit in die relatie verdiept, daar was ze te jong voor. Ze had er nu een beetje spijt van, omdat ze ook verder wilde met een vrouw. Ze zat met nog een probleem. Tante Jacoba en haar vriendin waren voor de buitenwereld man en vrouw, alleen omdat de één broeken droeg en de ander jurken. Hoe zou dat moeten worden georganiseerd met een vrouw als Zylena. Ze had Zylena altijd in een broek gezien. Maar Zylena zag er niet mannelijk uit en ze deed ook niet alsof ze een man was. En Wanda wilde absoluut niet de man spelen. Ze waren toch gewoon vrouwen. Ze kwam tot de conclusie dat mensen zomaar een etiket hadden opgeplakt op wat ze van de buitenkant zagen. Met een glimlach op haar gezicht viel ze eindelijk in slaap.

'Wat een feest was het gisteren, hè. Ik had lange tijd niet gedanst. Ik heb ook een beetje spierpijn, geloof ik.'

'Ik dans soms in mijn eentje thuis. Om alle ellende van me af te schudden.'

Wanda lachte haar warme volle lach. Met plakband, een schaar, een viltstift en plastic zakjes, gingen ze naar de schuur om de doos met levensmiddelen in te pakken.

'San, zoveel dingen stuur je. Waar ga je alles laten.'

'In die doos. Daar, tegen de muur. We moeten hem even uitvouwen en de bodem stevig dichtplakken. Of wil jij dat alvast doen, dan begin ik de spullen te sorteren.'

'Hoe bedoel je sorteren. Je hoeft ze er toch alleen maar in te zetten.'

'No man, het moet wel met een beetje beleid, anders gaan sommige dingen kapot. En dat zou zonde zijn van zo'n verre reis.'

'Wil je mij niet even sturen in plaats van al die dingen?'

'Wat ga je daar doen. Je bent hier amper.'

'Een appeltje schillen met mijn moeder. Ik heb haar nog steeds niet geschreven. Die vrouw gaat een lange brief van me krijgen.

Ze gaat nog meer schrikken. Ze gaat zichzelf vervloeken dat ze niet op mijn baby's wilde passen. Deze ramp gaat ze niet doorstaan.'

'Meisje, laat je moeder waar ze is, hoor. Plak die doos en geef me die schaar.'

'Je geeft jezelf een hoop werk om alles zo bij elkaar te zoeken.'

'Je doet het of je doet het niet. Het is toch zonde, als er een brief komt, waarin staat dat ze hebben gehuild, omdat die olie heeft gelekt op die suiker of zo.'

'Daarom zet je die suiker in plastic zakjes, no?'

'Ay, als dat ding bost, dan hoeven ze niet te huilen.'

'I tya den, man.'

'We moeten opschieten. Weet je hoe laat het al is. We moeten nog boodschappen halen. Je zou voor me koken, toch.'

'Dat vergeet je niet, no.'

Zylena wreef over haar buik.

'Deze vrouw houdt van lekker eten.'

'Je kan het hebben.'

'Jij ook toch.'

'No man, mijn buik is te dik.'

'Houd op met nonsens. Het is een echte vrouwengekte. Die buik, altijd die buik.'

'Het oog wil ook wat.'

'Welk oog?'

'Jouw oog bijvoorbeeld.'

'Meisje, geef me die koffie aan. En maak jij je vooral druk om de lijn. Wat maakt het nou uit hoe iemand eruit ziet. Het gaat toch om het innerlijk. Het zijn mannen, altijd mannen en het zullen altijd mannen blijven die ons voorschrijven aan welke eisen we moeten voldoen om erbij te horen. Je moet je daar niet aan storen. Waarom zien vrouwen elkaar als rivalen. Omdat ze willen beantwoorden aan wat voor mannen legitiem is. Luister, zolang jij je in je eigen lijf prettig voelt, ben je aan niemand verantwoording schuldig. En zeker niet aan een heteroseksistische maatschappij waar mannen de dienst uitmaken en vrouwen hun zelfbeeld afleiden uit de ogen van die mannen. Vrouwen worden door mannen gedoogd, maar niet erkend. Vrouwen van onze tijd moeten daar verandering in brengen.'

'Mi gado, ik dacht dat we even wat spullen gingen inpakken. Je bent geen gemakkelijke tante.'

'Nou, je zult mij wat dit soort dingen betreft, nog wel leren kennen als een zeer ongemakkelijke tante. Ik heb geen goedkeuring nodig van de andere sekse om te kunnen bestaan. Geen enkele vrouw heeft die goedkeuring nodig. Knoop dat in je oor. Wil je me nog wat spullen aangeven voor die doos.'

'Wat wil je?'

'Die blikjes bruine bonen, of nee, doe die worstjes maar en die ham.'

'Je verwent die mensen, meisje. Merkartikelen stuur je, zo.'

'Ik ga geen troep sturen. Niet omdat ze het daar niet hebben, moet ik rotzooi sturen.'

'Ze zullen je dankbaar zijn. Wil je mij niet adopteren?'

'Geef die zwarte zak eens.'

Wanda brulde van het lachen.

'Waarom lach je zo.'

'Zo een mooie zak hebben ze in Suriname niet. Het wordt een boodschappentas.'

'Suriname zit vol zwarte zakken. Kijk wat ze van het land hebben gemaakt. Daarom staan wij nu hier.'

'Zulke dingen moet je niet zeggen.'

'Ik zeg je, Suriname zit vol zwarte zakken: ministers, zakenlui, militairen en poederjongens. Die zakenlui laten hun levensmiddelen invliegen. Ook zo'n trend. Sinaasappels hangen daar aan de bomen, maar de hoge heren laten hun orange juice invliegen uit Miami. Het is toch te zot.

En de militaire staf die roept maar: "Druk geld in plaats van kranten." Het is echt een grote komedie daar. Weet je wat zo'n plastic tasje in Suriname kost. Vijftig cent. En als je buiten de winkel staat, scheurt dat ding en rollen al je boodschappen over straat. Weet je wat iemand laatst meemaakte.'

'Vertel, vertel.'

'Ze stond in één van die supermarkten in de rij om te betalen. Ze had een meloen gekocht voor vijfentwintig gulden en wat lemmetjes om voor die kinderen zuurwater te maken. Er stond een vrouw voor haar in de rij. Plotseling zag ze van alles langs de kassa's vliegen. Die vrouw schold de caissière uit, terwijl die arme stakker met vierhonderd gulden naar huis gaat.

Die vrouw had één stukje Pears Soap gepakt, zonder op de prijs te letten. Verder had ze een zakje met tamarindekoekjes en een bosje klaroen. Ze moest achtenvijftig gulden betalen. Dus die vrouw schrok zo van de prijs, dat ze de hele handel, plus alles wat onder handbereik was, naar het hoofd van die caissière slingerde. Iedereen begon te lachen. Maar ze gaven die vrouw gelijk.'

'Natuurlijk.'

'Het mooiste van de grap is dat die vrouw met haar groente en haar tamarindekoekjes de winkel uitliep en geen cent betaalde.'

'Mooi.'

'Die vrouwen moeten in opstand komen. Dan zal je zien hoe snel ze die prijzen gaan zakken.'

'Ach, ze zijn niet georganiseerd. Ze durven de straat niet op als puntje bij paaltje komt. Ze zijn bang en geef ze ongelijk. Ze hebben kinderen. Ze gaan hun leven niet op het spel zetten. En ze zijn moe geworden van al die beloftes van de hoge heren.'

'Hé, kijk, een witte zak.'
'Wat zit erin?'
'Geen idee. Kijk even voor me.'
'Servetten.'

'Kom, laat me die witte zak in die doos zetten. Kijk wat erop staat: Hebbes.'

De vrouwen kwamen niet meer bij van het lachen.

'No man, die zak niet. We sturen geen witte zakken naar Suriname. Die zijn al gevuld uit Suriname vertrokken. Met goud, met hout, met bauxiet, met geld.'

'En, wat dacht je van die witte zakken die met mooie Surinaamse meiden zijn vertrokken. Hun sekssymbool, hun exotisch toetje, warm en zoet als gekookte kastanje.'

'Als kind vroeg ik me al af, waarom zo een jonge meid met een Jantje mee naar Holland ging. Ik vond Jantjes echte kaaskoppen. Zo lelijk, en zo'n domme uitstraling.'

'Al die lelijke dienstplichtige soldaten werden naar Suriname gestuurd.'

'En die meiden lieten hun hoofd echt op hol brengen.'

'Omdat het witte mannen waren. Ze moesten hun kleur toch ophalen. Tan, wat dacht jij wat. Als je een Jantje had versierd, dan had je het gemaakt. Dan ging je naar Holland, naar het paradijs. En of Jantje nou witte wenkbrauwen, gele kaastanden of uientenen had, Jantje was wit. En dat telde.'

'Moi boi fu Dada. Mijn reet.'

'Kijk no. Ik krijg niet alles in die doos. Een volgende keer moet ik een grotere kopen.'

'Of je moet minder sturen.'

'Ik denk dat ik dat wc-papier eruit haal. Dan kan ik die pindakaas, chocoladepasta en die salami zetten. Dat hebben ze harder nodig om die kinderen hun brood te beleggen.'

'Ik wou niks zeggen, maar wie stuurt er nou toiletpapier.'

'Ik. Weet je wat een rolletje daar kost. Tien tot twaalf gulden al.'

'En als jij blijft sturen, dan kost het over twee maanden twintig gulden. Hoera voor de Surinaamse economie. Lang leve de liquiditeitspositie van de zakkenvullers.'

'Je spot.'
'Niets dan de waarheid. De Surinamers met hun blauwe paspoorten in Suriname geloven in wonderen, die vanuit Nederland zullen geschieden. Vroeger heette het dat bij God en in Suriname alles mogelijk was. Die uitdrukking is een beetje veranderd. Nu is het dat bij God en vanuit Nederland alles mogelijk is. Surinamers kunnen in hun schommelstoel op hun balkon zitten en denken aan wat een volgend pakket hen brengen zal.'
'Het lijkt wel een verzoekplatenprogramma. U vraagt, wij draaien. Ze lachen ons toch gewoon in onze gezichten uit. We helpen de economie van dat land naar de verdoemenis. Wij zijn medeverantwoordelijk voor de puinzooi.'
'Ons land is al failliet. Het geld is niets waard. Wie wil er nog handel drijven met Suriname. Als er geen import is, is er ook geen export. We blijven gewoon met onze voorraden zitten.'
Zylena's stem klonk zangerig bij deze zinnen.
'Holland verdient miljarden aan die pakketten. En wie worden er hier rijk van? Hollanders.'
'Dan hadden ambitieuze Surinamers er eerder bij moeten zijn.'
'Het is niet te hopen dat die komedie nog heel lang zal duren.'
'Kijk wat we vergeten zijn. Dat snoep. Het moet er echt nog in. We kunnen niet alleen die lege zak met die afbeelding er bovenop leggen. Dat is geestelijke mishandeling. Als een kind díe zak te pakken krijgt en er zit niets in, dan jaagt hij zijn moeder op kosten en wordt die vrouw gek.'
'Die vrouw is nog gekker, als ze dat dure snoep koopt.'
'Een kind is een kind.'
'Wacht, ik prop het in die hoek. We zijn toch met zijn tweeën.

Ik druk op het deksel, dan plak jij het dicht.'
'Ga erop zitten. Dat doe je met een koffer ook.'
'En dan?'
'Nou, dan wordt hij toch platter. Dan kun je die flappen beter tegen elkaar aandrukken.'

Wanda en Zylena tilden de doos samen op en zetten hem in de auto. Ze reden naar de pakketdienst, waar ze de formaliteiten afhandelden. Eenmaal in de Schilderswijk, haalden ze boodschappen bij één van de vele tropische winkels. Omdat Wanda voor Zylena zou koken, moest Zylena buiten blijven staan.

'Anders is het geen verrassing meer' had Wanda gezegd.

Nauwelijks was Wanda in de winkel, of ze rende naar buiten.

'Ben je gezakrold. Wat is er?'
'Mijn tante. Uit Amsterdam. Die strontzak. Wat doet ze hier. Ze moet in Amsterdam blijven.'
'Die tante die je heeft opgevangen?'
'Ja.'

Wanda keek schichtig om zich heen.

'Kom weg, Zylena. Ik wil niet dat ze me ziet.'
'Heb je iets op je kerfstok? Die vrouw is zo goed voor je geweest.'
'Goed geweest? Ze heeft me opgedonderd. Ik heb het je toch verteld. Je moet me geloven.'

Wanda was op van de zenuwen.

'Als je niets te verbergen hebt, hoef je niet zo te schrikken.'
'Kom weg, man.'
'Ik kijk of ik iemand zie. Hoe ziet ze eruit. Ik wil haar gezicht zien.'
'Ze is oninteressant, man. Als je niet meegaat, vind je me niet terug in die drukte. Ik ga weg hoor.'

Zylena keek achterom. Ze had geen idee hoe de tante van

Wanda eruit zag. Dit soort reacties van Wanda vond ze zo vreemd. Wanda stapte stevig door, totdat ze langs een broodjeszaak kwamen. Alsof er niets was gebeurd, stelde ze voor een broodje bakkeljauw te halen. Met volle kauwende monden en een tas vol Surinaamse spullen, begaven ze zich naar de auto en reden even later naar het huis van Zylena terug.

's Avonds aten ze gele erwten moksi aleysi met zoutvlees, rundvlees, garnalen en varkensstaartjes. Zelfs koolblaadjes had Wanda erdoor gedaan. Zylena had nog nooit moksi aleysi met zoveel toespijs gegeten. Ze kende het gerecht met bakkeljauw, of met zoutvlees, of met gedroogde garnalen, maar niet deze waarin vlees en vis waren verwerkt. Haar grootmoeder had haar als kind verteld dat moksi aleysi heel vroeger kost van de armen was en dat er niet zoveel zoutvlees of vis doorheen hoefde. De smaak van het eten, daar ging het om, die moest goed zijn. En om een goede moksi aleysi klaar te maken, moest je een speciale hand hebben. Haar oma zei altijd: 'Je kan extra bouillonblok zetten, of meer uien, maar als je die hand niet hebt voor dat ding, kan je proberen, het gaat je niet lukken. Je kan het bij mij komen eten, als je groot bent.' Zylena vond het zo heerlijk, dat zij zich overat en na het eten lui op de bank ging liggen met de knoop van haar broek open. Wanda zette een pot thee.

'Om door te spoelen,' zei ze, toen ze Zylena een kopje gaf.

Ze lazen kranten en wisselden berichten uit. Afrikaanse muziek van Toumani Diabata vulde de kamer. De telefoon ging. Kristel informeerde of Zylena thuis was. Ze wilde langs komen.

'Kon je niet zeggen, dat je al bezoek had.'

'Wat maakt het uit. Het kan alleen maar gezelliger worden.'

'Ik had nog met je willen praten.'

'Dat kan toch.'

'Je denkt toch niet, dat ik dat doe waar die vriendin bij zit.'
'Is het zo belangrijk?'
Wanda keek met een blik die geen verdere uitleg behoefde, zoals Surinaamse vrouwen dat doen wanneer ze naar hun idee duidelijk zijn in hun boodschap.
'Morgen dan?'
Wanda gaf geen antwoord. Ze stond op, nam een krant en een boek mee en ze verdween naar boven. Zylena vond haar reactie nogal merkwaardig. Ze weigerde te geloven dat Wanda om een onschuldig vriendinnenbezoek jaloers kon zijn. Er moest iets zijn dat haar heel hoog zat. Waarom had ze niet eerder aangekondigd dat ze een gesprek wilde hebben? Ze was toch ook zomaar komen binnenvallen. Ze deed alsof haar waardigheid werd aangetast. Als ze op deze manier aandacht wilde trekken, werkte het alleen maar in haar nadeel. Zylena was trouwens niet van plan zich aan zulk idioot gedrag te storen. Ze las verder uit een boek, maar ze was slechts half geconcentreerd. Toen de bel ging en ze opstond om de deur open te doen, verscheen Wanda in beeld met de vraag wat Kristel kwam doen.
'Gewoon op bezoek. Net zoals jij onverwacht aankomt, komt zij ook even langs. Zij belt tenminste op. Het is godverdomme mijn huis. Als het je niet bevalt, wat doe je hier dan nog!'
'Ik wist dat je met de vijand heulde.'
Wanda liep stampvoetend naar boven. Haar angst voor katten leek acuut geweken. Zylena vertelde aan Kristel dat Wanda op bezoek was, maar dat ze zich uit protest boven had teruggetrokken.
'Van mij hoeft ze geen concurrentie te verwachten. Heb je haar dat niet gezegd. Fijne relatie zo.'
'Het is niet wat je denkt. Ik was even in de wolken, maar ze heeft zoveel rare trekjes. Het wordt niets tussen ons. Ik kan

haar ook niet wegsturen. Ze heeft zoveel ellende meegemaakt. Ik zou niet in haar schoenen willen staan. Ik moet haar opvangen, hoewel het moeilijk is. Ze staat steeds zonder te bellen voor de deur.'

'Je moet haar uitleggen, dat je op je privacy bent gesteld.'
'Dat heb ik al gedaan.'
'Dan moet je haar niet iedere keer binnenlaten.'
'Dat kan ik niet opbrengen. Ik vind haar zielig.'
'Dat voelt ze zeker aan.'
'Misschien.'
'Die Zylena met haar zorgenkind.'
'Zo jong is ze niet. We schelen, geloof ik, vier jaar.'
'Ik blijf niet lang. Ik neem een bakje koffie en ik ga.'
Zylena zette koffie.
'Gaat het feestje van Diana nog door? Ik dacht dat je daarvoor kwam.'

'We moeten iets leuks verzinnen. Een mens wordt maar een keer veertig.'

'Ik wil wel naar het feest, maar ik heb geen puf om mee te doen met een verrassing.'

'Het plan ligt er al. Ik heb de beste vriendinnen van Diana gepolst. Het lijkt ons leuk om een pianiste te huren. Het is de bedoeling dat een van ons Diana meeneemt. Ze gaat uit eten en als ze thuiskomt, en het licht aandoet, dan zit de kamer vol mensen.'

'Leuk. Een surprise party.'
'Juist. Denk je dat je iets lekkers kunt klaarmaken? Drank is al geregeld. Kun jij pasteitjes maken?'
'Wat doe jij?'
'Ik maak een makreelsalade. Olwen maakt gehaktballetjes. Dus als jij pasteitjes maakt, dan is er van alles wat. O ja, Sanne zorgt voor wat kaas. Goed, hè.'
'Wanneer is het feest precies?'

'Tegen de zomer.'

'Dat is zo ver weg.'

'Omdat het een verrassing is, moet het nu geregeld worden. Stel je voor dat alles is geregeld en Diana flikt het ons, dat ze haar verjaardag bij haar oma in Oostenrijk viert.'

'Ze heeft geen stuiver. Ze is net verhuisd.'

'Voor een korte vakantie heeft ze misschien wel geld. Het is goedkoper dan een verjaardag vieren.'

'Goed. Ik doe mee.'

'Ik twijfelde er niet aan.'

'Wil je nog koffie?'

'Nee, ga je zorgenkind vertroetelen. Ik ga naar huis. Ik kom nog onder de zonnebank, voordat de lente begint.'

'Prima.'

Kristel zette de vuile kopjes op de aanrecht. Zij en Zylena liepen naar de voordeur.

'Pas je goed op jezelf?' vroeg Kristel.

'Altijd al gedaan. Daag.'

'Daag. Nog bedankt, hè.'

Wanda kwam niet te voorschijn. Zylena nam aan dat ze achter het bureau in slaap was gevallen. Ze draaide prachtige ballads van Anita Baker, brandde wierook en schonk zichzelf witte wijn in. Ze dook in het boek 'Mijn straat heeft geen naam' van Sandra Young. Calypso zat bij haar op schoot en Merengue lag in haar knieholte. Opeens riep Wanda dat ze ging slapen. Zylena wenste haar welterusten. Toen ze zelf naar bed ging, lag Wanda niet op de slaapkamer. Zylena ging op de studeerkamer kijken. Daar lag Wanda op de vloer op een dekbed en met een duster om haar lichaam. Zylena wekte haar en zei dat ze op bed moest gaan liggen.

'Donder op, je ziet toch dat ik slaap.'

'Je kunt hier niet blijven liggen.'

'Als kind heb ik ook op de vloer gelegen.'

'Maar je bent geen kind meer en er staat een bed. Bovendien is het hier koud. Je krijgt nog een blaasontsteking.'

'Dat zou je willen. Ik krijg niets. Morgen ga ik naar mijn eigen strontkamer.'

'Gedraag je. Je lijkt wel niet goed bij je hoofd. Hoe lang ben je van plan hier te blijven?'

'Als je niet wil dat ik hier blijf, zeg het dan.'

'Zo duidelijk was jij niet, dat je hier wilde... wonen.'

'Ik heb je toch gezegd, dat ik niet op die kamer kan blijven. Ik word daar gek. Ik schrik van elk geluid.'

'Hier kun je niet wonen. Een paar dagen, een weekend, dat is geen probleem, maar je kunt hier niet intrekken.'

'Hoor d'r voor me. Je kunt hier niet intrekken. Sinds wanneer gaan zwarte mensen zo met elkaar om.'

'Ik geloof in individuen. Ik ben er zo één die van haar vrijheid houdt. Dus, laat me voor de laatste keer duidelijk zijn. Je mag hier komen, een paar dagen blijven, maar daarna heb ik lucht nodig.'

'Barst met je lucht, met je huis, met je auto, met je alles.'

'Ik zal het onthouden.'

Zylena lachte dunnetjes.

'Doe me een lol en ga op bed liggen. Ik wil niet dat je hier ziek wordt.'

'Je zou me moeten verplegen. Dat kost tijd, no.'

'Wat ben jij een akelig mens. Gisteren was het o zo gezellig, vanmorgen staan we samen de economie van ons land te bekritiseren, vanmiddag kook je voor me en nu staan we hier ruzie te maken. Omdat een vriendin van mij op bezoek komt. Ik ben niet van plan mijn vrienden voor jou buiten de deur te houden. Zelfs niet wanneer jij je een hele nacht zou opsluiten. Het is de laatste keer dat ik zeg dat je moet ophouden met die flauwekul. Mijn vrienden had ik al, voordat jij van mijn bestaan afwist. Kristel komt hier om een feestje te bespreken en je doet alsof de wereld vergaat.'

'Wat voor feest?'

'Dat hoef jij niet te weten. Dan had je beneden moeten blijven.'

'Ik wist dat je iets met haar had.'

'Ja. Meer dan met jou. Naar tevredenheid?'

'Je bent niet te vertrouwen.'

'Ik ga slapen. Ik sta mijn tijd te verdoen. Als je gekalmeerd bent, zie ik je in bed. En anders, tot morgen en slaap lekker hier op de koude vloer.'

Nauwelijks lag Zylena op bed, of Wanda kwam de slaapkamer binnen.

'Slaap je?,' vroeg ze.

'Natuurlijk niet.'

'Sorry. Ik heb me aangesteld.'

'Misdragen,' zei Zylena.

'Ik voel me zo onzeker bij jou. En tegelijk heel vertrouwd. Ik weet niet wat het is. Kun je me vergeven?'

'Er valt niets te vergeven. Je bent gewoon ziekelijk jaloers. Ga slapen.'

'Word jij nooit boos?'

'Ja, natuurlijk word ik boos. Ga toch slapen.'

Het werd stil.

'Ik denk dat het beter is morgen naar huis te gaan.'

'Ga slapen.'

Wanda legde haar arm om Zylena. Zo vielen ze in slaap. De volgende ochtend vond Zylena een briefje op tafel waarop stond: Het leek mij beter te vertrekken. Je zult geen last meer van mij hebben. Ik heb een vroege trein genomen.

Het briefje was niet ondertekend. Nogal confuus over de gang van zaken, liep Zylena zekerheidshalve door het huis om zich ervan te overtuigen dat het geen geintje was. Ze kon niet vermoeden dat de ontdekking die Wanda had gedaan, van vrouwen te houden en daarmee uit te stijgen boven wat ze van huis had meegekregen, een openbaring was die haar beangstigde. En dat ze ieder voorval aangreep om haar onzekerheid daarop af te reageren. Uiterlijk was ze een krachtige vrouw, vol dynamiek en erotiek. Leerde je haar kennen, dan bleek ze zo labiel als de koersen in landen met een zwakke economie. Het was misschien niet zo vreemd, omdat het jeugdtrauma en het trauma van de abortus werden versterkt door de afwijzing van de mannen die ze in haar leven had toegelaten. Wanda moest van zichzelf gaan leren houden als een soort van eerste levensbehoefte, een noodzakelijkheid om met zichzelf in evenwicht te komen. Wanneer er een nieuwe tegenslag kwam, moest ze die zien als een deel van het harmonische geheel, waar ze naar op weg was. Wanda had zoveel mogelijkheden, maar ze benutte ze verkeerd. Bij alles ging ze uit van het negatieve, het vernietigende, in plaats van het positieve, de opbouwende kracht die zoveel vreugde geeft aan het bestaan en weerstand biedt aan nieuwe tegenslagen. En tegenslagen zouden er ongetwijfeld komen. Want ze was bezig zich zeer kwetsbaar op te stellen, niet alleen naar Zylena toe, maar naar de hele wereld. Ze was zich bewust geworden van wat in haar diepere ik leefde. Het verlangen naar een vrouw van wie ze vanuit haar diepste zijn kon houden, zou ze door niets of niemand meer laten onderdrukken. Ze was niet langer van plan zich neer te leggen bij de wensen van haar dierbare familie, die haar met zekere intervallen ondervroeg, vissend naar het antwoord op de vraag wanneer ze met een huwbare man thuis zou komen.

Ze had zichzelf in bochten gewrongen, daarmee zichzelf ontkend, zonder zich bewust te zijn van de gevolgen. Een stille, maar sterke poging tot zelfvernietiging.

Ze zou zichzelf geen geweld meer aandoen omwille van de familie. Wat Wanda te doen stond, was het aanbrengen van structuur in haar leven, opdat de hang naar kamikaze zou verdwijnen, in plaats van zich te concentreren op zoiets tijdelijks als verliefdheid. Ze was op de eerste de beste lesbische vrouw die ze tegenkwam in Nederland en bij wie ze haar hart kon luchten, verliefd geworden. Wanneer Zylena het verlangen van Wanda zou beantwoorden en hun zoektocht zou eindigen op een doodlopende weg die hen zou dwingen rechtsomkeer te maken en een ander spoor te volgen, zou al het nieuwe, dat zo wezenlijk voor Wanda was geworden, in een enorme put vallen. In plaats van bruggen te slaan tussen hun werelden, zouden ze verdrinken in de pijnput die geen van beiden wilde. Hun creativiteit zou daarmee worden gesmoord en hun mislukte relatie zou een voedingsbodem vormen voor mannen die uitkeken naar de mislukking om deze te gebruiken voor het bekrachtigen van de devaluatie van intieme vrouwenvriendschappen.

Zylena had langdurige relaties achter de rug. Eerst twee jaar met een vrouw die ze op vakantie ontmoette en die toevallig in een dorp vlakbij haar huis woonde. Ze kwamen elkaar dagelijks op het strand tegen, maakten strandwandelingen samen, dronken koffie en tegen het einde van de vakantie was het gewoonte geworden alle uitstapjes samen te ondernemen. Ze wisselden adressen uit bij het afscheidsdiner en nog geen maand later belden zij elkaar haast dagelijks, totdat zij als naïevelingen besloten dat de één bij de ander zou intrekken. Ze gingen niet zo ver de huur van het onbewoonde gemeubileerde huis op te zeggen. Een goede kennis trok in de flat in. Twee jaar later kon zij haar spullen inpakken om naar een kamer te verhuizen. Zylena en haar geliefde hadden de relatie beëindigd. De vanzelfsprekendheid waaruit hun besluit te gaan samenleven was voortgevloeid, bleek niet overeen te stemmen met de tradities die ieder van hen meedroeg.

Helaas, zoals het gaat tussen verliefden die bezig zijn elkaar als geliefden te ontdekken, waren ook zij in de eerste fase blind als gedoofde straatlantaarns. En toen het licht vaag begon te schijnen, zagen zij langzaam maar zeker het gordijn van eeuwige pijn openschuiven. Hun vraag-en-antwoordspel bestond uit knipogen, schouderklopjes, omhelzingen, en in bed werden alle voor- en najaarsstormen door een grote orkaan gereconstrueerd tot een wanhopig zelfbehoud. Ze riepen elkaars naam als een welkome opluchting.

Maar bij daglicht kwamen oude pijnen weer boven. Toen de vriendin bij Zylena introk, had Zylena Dettol en een nieuwe bezem gekocht en gaf ze het huis een grote beurt. Op de balk boven de voordeur had ze een cent gelegd om het nieuwe geluk te vieren.

De avond daarvoor hadden ze wierook gebrand in alle kamers van het huis van de vriendin. En de vriendin had geklaagd dat haar mooie witte gordijnen vuil zouden worden. Zylena had lachend opgemerkt dat haar witte ziel in dat huis zou achterblijven wanneer ze wegging zonder het te bewieroken. 'Zonder ziel kun je niet vertrekken' en Zylena deed wat ze moest doen. De vriendin had bedenkelijk gekeken en opgemerkt: 'Als je de Voodoo maar laat, wanneer we samenwonen.'

Of neem nou het bezoek dat de ouders van die vriendin aan hen brachten. Ze hadden van Zylena gehoord, haar naam een bijzondere gevonden. Om welke reden dan ook, ze hadden geen vragen gesteld. Volgens afspraak deed Zylena de deur open. Ze heette de ouders van haar vriendin welkom. De ouders aarzelden hun voet over de drempel te zetten. Ze keken elkaar vol verwarring aan. 'Ik geloof dat we voor de verkeerde deur staan,' zei de vader wat onzeker.

'We komen voor Niek, Monique. Die woont hier niet zo lang.'

'Dan staat u voor het juiste adres. Komt u binnen.'

Zylena stak haar hand naar de moeder uit, maar de vrouw deed alsof ze het niet begreep. 'U wilt mijn jas. O, wat aardig, alstublieft.' De vader en moeder liepen als verdwaalde wezens voorzichtig naar de woonkamer. 'Ha meid' zei de vader toen Monique uit de bank opstond. 'We dachten dat we bij het verkeerde huis hadden aangebeld' zei de moeder. 'Wat een leuke flat heb je. Enig ingericht. Manou geeft warmte. Het is zeer sfeervol.'

'Mam, het zijn mijn spullen niet,' en Monique knipoogde naar Zylena. 'Jullie hebben al kennis gemaakt met elkaar? Dat is nou de vrouw met de bijzondere naam.'

Monique stond vol trots in de kamer. Ze straalde. Haar geluk duurde maar even.

'Waarom heb je ons niet op de hoogte gesteld dat ze zwart is?' vroeg de vader toen Zylena naar de keuken was om koffie te zetten. Hij keek streng.

'Had het wat uitgemaakt?' vroeg Monique.

Haar vader gaf geen antwoord. Hij ging in de fauteuil zitten.

De ouders van Monique waren er inmiddels aan gewend geraakt dat haar geliefden vrouwen waren. Of zij haar keuze accepteerden, betwijfelde ze. Respect hadden ze getoond en dat vond ze voldoende. Maar wat er nu gebeurde was onvoorzien. Hoe konden háár ouders háár geliefde vanwege haar huidskleur onzichtbaar willen maken. Ze moesten eens weten, hoeveel ze van elkaar leerden en dat ze van plan waren een voorbeeld te worden voor anderen in interraciale relaties. Ze hadden plannen om een nieuwe beweging op te zetten, waarvan de hele samenleving zou leren. Ook haar ouders dus. Alle onvolkomenheden zouden ter discussie worden gesteld en de wereld zou veranderen. Monique had gelijk.

Dé wereld, hun wereld veranderde, mede door zulke onverwachte ingrijpende gebeurtenissen. Een verbintenis die in naam van de liefde was gesloten, werd ontbonden. Met het afschuwelijkste wapen hadden Monique en Zylena afscheid van elkaar genomen. Samen hadden ze de spullen van Monique uitgezocht, zwijgend legden ze de inboedel in koffers, dozen en plastic zakken. Onuitgesproken woorden cirkelden als een wreed wapen boven hun hoofden. Vastberaden te zullen overleven en niet zichzelf te verliezen, bleef Zylena achter in een schijnbaar eeuwigdurende stilte en verdween Monique achter de horizon van een nooit eindigend verlangen.

Met een trage glimlach in het heldere augustus maanlicht, begon de nieuwe inspiratie voor Zylena. Op het strand aan de Westkust van Barbados, ontmoette ze een vrouw die Nederlands sprak. Ze stonden op hetzelfde moment bij de ijsventer. Zylena vond haar Engels accent verdacht en ze vroeg haar: 'Hello miss, where do you come from? Are you Dutch?' De vrouw zei totaal verbouwereerd: 'Yes.'

'Dan kunnen we in het Nederlands met elkaar converseren.' Gedurende de rest van hun verblijf op het eiland trokken ze met elkaar op. Ze huurden een auto om het eiland te doorkruisen.

Ze hoorden van de plaatselijke bevolking dat jongeren niet meer op het land wilden werken, maar dat ze streefden naar banen in de ambtenarij. Dat deze omslag fataal was voor de suikerplantages, die er verwaarloosd bij lagen en dat dat grote gevolgen had voor de economie. Want het eiland was afhankelijk van de suiker en suikerprodukten. Later, op de dag van Zylena's vertrek, vertelde een oude taxichauffeur dat de jeugd geen 'Do nothing jobs' meer wilde doen, zoals in de landbouw werken en dat van december tot april er grote werkloosheid heerste op het eiland.

'De jeugd wil mooie stropdassen en overhemden dragen,' lachte de tandeloze chauffeur.

De vrouw die zich Ann noemde en later Annabel bleek te heten, beloofde Zylena spoedig op te bellen. Ze schreven elkaars telefoonnummer op en bijna een half jaar na hun vakantie werd het contact hervat. Ze woonden op bijna honderdvijftig kilometer van elkaar en ze belden elkaar regelmatig. Ze spraken af op een zaterdagmiddag in Utrecht om te lunchen. Dat lag centraal en voorkwam een boel overleg. Het nieuwe contact was zo vertrouwd en ze hadden elkaar meer te vertellen dan op één middag mogelijk was. Aan corresponderen hoefden ze niet te beginnen. Ann hekelde schrijven. Dan moesten ze telefoonvriendinnen worden. Ze voerden gesprekken variërend van één tot anderhalf uur: over het weer en wat ze zoal gedaan hadden, over de ergernissen aan de inhoud van dag- en weekbladen, zelfs boeken en films werden uitgebreid besproken. Het werd van de gekke en toen de onvermijdelijk hoge telefoonrekeningen bij beide vrouwen in de brievenbus gleden als teken van trouw in de vriendschap, maakten zij zich niet druk, maar lachten minutenlang aan de hoorns die hen verbonden. Ze besloten weekendafspraken te maken. Die waren uiteindelijk goedkoper dan de telefoonnota's, die afstand alleen via een draad dichter bij bracht. Zylena ging als eerste op bezoek bij haar Zuiderbuur. Vanaf het moment dat ze het huis betrad, rook ze aan het interieur dat Ann lesbisch was. Ze was verrast en een beetje verward tegelijk. Ze hadden nooit over hun seksualiteit gepraat en Ann was zo uitgesproken vrouwelijk, in tegenstelling tot wat Zylena van witte potten in het algemeen gewend was. Ann had schouderlang donkerblond krullend haar en ze droeg afwisselend jurken, bloesjes en rokken of pantalons. Haar kleding liet ze van het weer afhangen. Zylena had zwarte krullen en ze droeg altijd broeken. De eerste keer dat Zylena bij Ann binnenkwam, merkte Ann haar verwarring. Ze vroeg: 'Wat sta je toch te kijken.'

'Ik ruik vrouwen die van vrouwen houden,' had Zylena geantwoord.

Ann schoot in de lach, omhelsde Zylena en ze zei:

'Een tegenvaller? Maak dan dat je wegkomt.' En ze lachte nog harder. Ze pakte Zylena bij de hand en leidde haar naar de kamer.

'En, hoe vind je mijn huis?'

'Lesbisch,' antwoordde Zylena droog.

'Leg eens uit,' zei Ann.

'De posters bij binnenkomst. De teksten vragen niet om uitleg.

En al die schilderijen aan de muur.'

Zylena bleef rondkijken.

'Mijn ondeugendste hobby, Zylena. Ik schilder in mijn vrije tijd.'

'Interessant.'

'Heb jij oog voor vrouwen?'

'Zou je me niet eerst wat te drinken aanbieden, Annabel.'

'Maar natuurlijk. Een sapje, koffie, thee.'

'Een pilsje, als je dat hebt.'

Zylena ging voor een schilderij staan, draaide zich om.

'Om je vraag te beantwoorden. Hoe raad je het. Ik val op dames.'

'Op het roze vrouwvolk. Proost.' En Ann maakte twee blikjes open.

Ze zaten tegenover elkaar op het kleed op de vloer.

'Hoe moet ik weten, dat jij een pot bent' zei Zylena, zuchtend van opluchting.

'Je had op Barbados beter op me moeten letten.' Ann schoof naar Zylena toe. Ze hadden niet eerder zo dichtbij elkaar zitten praten. Zylena vertelde over haar eerste liefde en hoe rasverschil een einde had gemaakt aan die relatie. Ann had een relatie van vier jaar achter de rug. Daarvoor reisde ze iedere veertien dagen naar Duitsland, totdat ze erachter kwam dat haar vriendin in haar eigen stad een minnares had. Ze verbrak de relatie, rookte als een ketter en ze begon de peuken te verzamelen. Ze plakte ze op een doek, haalde verf en sinds een paar jaar leefde ze in eenzaamheid aan de rand van een groot bos, in een huisje dat haar ouders hun enige dochter hadden nagelaten. Ze verborg haar verdriet in de schilderijen, die haar zoveel bevrediging gaven, dat ze leek vergeten te zijn dat er nog echte vrouwen bestonden dan die in haar doeken. Toen ze Zylena voor het eerst ontmoette, had het haar direct geraakt. Misschien was het de rechtstreekse vraag op het strand geweest. Misschien was het de open blik waarmee Zylena in de wereld stond. Of haar onconventionele levenshouding. Hoe dan ook, hun ontmoeting was een verademing voor haar. Na de vakantie had ze zich katerig gevoeld. Want, Zylena was zwart, zij wit en wie weet welke problemen zij zich bij voorbaat op de hals zou halen. Vrienden had ze niet, haar ouders waren dood. Maar de buurt en de hele godvergeten maatschappij. Ze had nog geen relatie met Zylena en ze had al problemen. Ze was zwaar op de hand, besloot ze en voordat ze Zylena uitnodigde te komen logeren, deed ze verwoede pogingen haar te schilderen van de foto's die ze op Barbados had gemaakt.

Ze gingen buitenshuis eten: kikkerbilletjes en pizza. Ann voelde zich misselijk en wilde na het eten meteen naar huis. Toen ze thuis waren en Ann het licht van de slaapkamer aandeed, zag Zylena welke gedaante Ann van haar had gemaakt. Ze deed alsof ze niets van zichzelf herkende. In bed vroeg Ann aan Zylena of zij zichzelf niet aan de muur had zien hangen.

'Je bent krankzinnig bezig. Je bent aan ontspanning toe' zei Zylena.

'Hoe weet jij dat. Ik ben bovendien verliefd op je, of zoiets.'

'Dat kan toch niet.'
'Waarom niet.'
'Nou, dat kan gewoon niet. Ik ben niet aan iets nieuws toe. Bovendien, je overvalt me mateloos.'
'Ik wil met je naar bed,' sprak Ann snel.
'Om het bed of om de liefde,' zei Zylena.
'Om jou. Ik vind je bloedmooi,' fluisterde Ann.'
'Onzin. Heb jij wel eens in de spiegel gekeken. Jij ziet er ook beeldschoon uit,' vleide Zylena.
'Wat houdt ons dan tegen in deze lichte nacht,' hield Ann aan.

Zylena ging rechtop in bed zitten. Ze werd een beetje nerveus. Ze had behoefte aan warmte en tederheid, maar dit kwam zo onverwacht. In plaats van te blijven liggen, kroop Ann op haar knieën naast haar. Ze wilde niets liever dan in hun diepten duiken. Ze wilde Zylena ontdekken. Die nacht. Zylena voelde Ann's knieën tegen haar bovenbeen. Toen licht trillende vingers om haar hals en haar schouders. Ze hoorde haar hart bonken als een heipaal die in de grond werd geslagen. Ze probeerde haar ogen te sluiten. Ze wilde het even niet weten. Ze voelde de adem van Ann dichterbij komen. Ze rook haar parfum.

'Kom,' zei Ann.
Zylena zei niets. Ze was licht en zwaar tegelijk.
'Ik wil met je slapen. Al maanden. Mag het?' probeerde Ann en terwijl ze dat vroeg streelden haar vingers Zylena's gezicht. Ze vroeg zich af hoe het zou voelen, of ze geen spijt zou krijgen, of schuldgevoel, of wat ze er ook voor mocht invullen. Toen schakelde ze haar verstand uit, liet zich achterover op bed vallen, alsof ze de marathon had gelopen. Ann ging bovenop haar liggen en hun lippen vonden elkaar. Ze hielpen elkaar uit hun nachthemd, dat, zo zou later blijken, zij beiden speciaal voor deze logeerpartij hadden gekocht. In die lichte

nacht bewonderden zij elkaar. Zonder omwegen kuste Ann de borsten van Zylena, die haar handen in Ann's haar drukte. Toen draaide Zylena op haar zij, pakte de hand van Ann, legde die op haar donzige haar en wreef met haar vingers over Ann's hand. Ze trok haar benen iets op, maakte een lichte draaibeweging van het licht af, dat in de kamer scheen. Haar gezicht verdween tussen Ann's benen, die als watten aanvoelden. Ze likte haar, verdween in de diepte, terwijl ze voelde dat Ann haar tong snel heen en weer ging op haar clitoris. Dronken van geil en lichaamsgeur werden ze later door het ochtendlicht gewekt. De liefde van Ann was uit de doeken gekropen en lag met heldere, bestuderende ogen in bed.

Gefascineerd keek Zylena naar haar zelfportret. Ze voelde zich kwetsbaar, maar zelfverzekerd. Het was de eerste keer in haar leven dat ze een vrouw had toegelaten met haar te vrijen zonder haar goed te kennen.

Met Monique was het zo ver nooit gekomen. Zij nam altijd de leiding en wanneer Monique verzadigd en wel uitgeblust in bed lag, en haar natte poentje voelde, zei ze haar dat ze al klaargekomen was, terwijl ze Monique in verrukking had gebracht.

Dat was niet altijd zo, maar ze had er vrede mee, wanneer Monique voldaan naast haar in slaap viel. Bovendien had ze klaarkomen nog nooit zaligmakend gevonden. Nu had Ann met al haar rondingen en al haar welvingen als een volleerde pot haar met zoveel golven overspoeld en laten aanspoelen aan een kust waar hongerende vrouwenmonden zonder huiver gestild werden. Zylena had een nieuw stukje in zichzelf ontdekt.

Jaren hielden Ann en Zylena hun ontdekkingsreizen vol. De hele wereld kon de vrouwen op pad zien gaan. Door de week werkten ze hard. Zylena studeerde af als literatuurwetenschapster en Ann had in een ander ziekenhuis haar baan als gynaecologe voortgezet.

Hun weekenden waren druk en vol met theaterbezoek en de bioscoop en af en toe een kroegentocht. Soms huurden ze een huisje om in de natuur tot rust te komen. Vrienden maakten ze niet. Ze hadden elkaar eeuwige trouw beloofd, maar de hoes waar ze zich door lieten omhullen, zwol op en scheurde.

Hun levens die van telefoondraden en spoorrails aan mekaar werden geweven, gingen een eigen weg. Er vielen grote gaten, alsof de bliksem was ingeslagen, als een plotselinge flits van een camera. Afstand en ambitie waren niet langer te combineren met amoureuze uitstapjes. In zichzelf groeiend, hadden ze niet in de gaten dat ze ook uit elkaar groeiden. Ze hebben elkaar nooit meer gebeld, beseffend dat elkaar aantrekken ook betekent elkaar los kunnen laten.

Midden in de lente stond Wanda onverwacht voor de deur. Het was nog geen elf uur 's ochtends. Zylena sliep uit van een vermoeiend weekend, waarin ze een Afrikaanse schrijfster had vergezeld tijdens interviews met lastige persmensen, die op het onbeschofte af vragen stelden en een ander soort respect toonden dan dat wat de schrijfster gewend was. Omdat ze ook als tolk had opgetreden en onopvallend de al te bemoeizuchtige mensen met steken onder water probeerde te attenderen op hun brutaliteit die in de Afrikaanse cultuur niet op prijs werd gesteld, was ze bekaf. De schrijfster had haar waardering voor de zorg uitgesproken en haar huisadres in het zojuist vertaalde boek opgeschreven, als teken van vertrouwen en bedoeld als uitnodiging aan het indrukwekkende continent. Nog in een roes van wat Zylena als een groot feest had ervaren, hoorde ze in de verte de bel.

Moeizaam kwam ze overeind, vroeg zich af waar ze zich bevond, liep duf naar het raam en keek naar buiten. Ze was klaarwakker toen ze Wanda herkende. Ze tikte tegen het raam, zodat Wanda wist dat ze er aankwam. Op dat moment hoorde ze weer de bel. Nu duidelijker.

Slaperig liep ze naar beneden en opende de deur.

'Kom ik ongelegen?' vroeg Wanda zenuwachtig.

'Hier, ze zijn voor jou,' en ze gaf Zylena een bos bloemen.

'Ik ga direct weg.'

Het liefst zag Zylena haar ook weggaan, al was het alleen maar omdat ze dagen nodig leek te hebben om bij te komen van haar uitstapjes met de schrijfster.

'Nu je hier bent, kom binnen,' zei Zylena.

'Ik kom ongelegen, no,' bevestigde Wanda voor zichzelf.

'Ja, eigenlijk wel, maar ik moest toch mijn bed uit. Ik moet van alles doen.'

'Ik blijf niet lang.'

'Kom nou binnen. Je vat nog kou.'

Zylena zette een pot thee voor Wanda. De bloemen vergat ze in de hal. Ze bleven zonder water in het papier liggen, totdat Wanda Zylena eraan herinnerde dat dat de enige reden was om even langs te komen.

'Het is idioot van me. Ik blijf niet, maar ik moest die bloemen komen brengen.'

'Van wie?' en Zylena stond op om ze in een vaas te zetten.

'Ze zijn prachtig. Waar heb ik dat aan verdiend?'

'Stel geen moeilijke vragen.'

'Goed. Ik zal ervan genieten.'

Wanda was niet erg spraakzaam. Ze voelde zich nog steeds doodongelukkig op haar kamer en dat was van haar gezicht af te lezen. Het wilde deze keer niet lukken een nieuwe kamer te vinden en dat beïnvloedde haar studiezin. Ze volgde weliswaar colleges, maar het schoot niet op. Ze kon zich niet concentreren.

De herrieschopper woonde er nog steeds en de hele omgeving maakte haar depressief. Ze voelde zich opgesloten en van de wereld geïsoleerd. Ze negeerde iedereen met wie zij de voordeur deelde en de jongeren die op dezelfde etage woonden, vond ze allemaal vreemd. De één hield witte muizen en had een cavia en het beest hield Wanda uit haar slaap. De ander had katten op een kamer van drie bij vier en dat vond ze ook maar niks.

'Als ik naar die kerel kijk, moet ik kotsen,' zei ze, en ze keek alsof ze in zure melk was gebaad. Weer een ander speelde volgens Wanda de hoer, omdat ze had gemerkt dat het meisje 's avonds wegging en 's morgens vroeg thuiskwam. Er was ook een jongen die in plaats van gordijnen, tientallen kruisen geknipt uit witte katoenen lakens, in tal van afmetingen voor zijn raam had hangen. En met jou gaat het redelijk?' vroeg Zylena, Wanda voelde aan dat Zylena haar ervaringen ongeloofwaardig vond en ze wist zich opnieuw beledigd.

'Niemand gelooft mij. Niemand,' zei ze wanhopig.

'Het klinkt ook zo ellendig. Maak je nooit iets leuks mee. Iets waaraan je vreugde beleeft, ook al is het maar een klein beetje.'

'Ik ben voor het noodlot geboren.'

Wanda zuchtte en ze trappelde even met haar benen.

'Gebruik je ogen beter. Kijk naar buiten. Zie de bloemen. Lach om de gekte van mensen.'

Zylena vertelde aan Wanda hoe ze in haar eentje ontzettend gelachen had, toen ze in de tram zat in Amsterdam, op weg naar het Centraal Station. Bij de Dam stond een man in lompen. Hij zou een zwerver kunnen zijn. Hij droeg een donkerblauwe broek die met een touw om zijn middel bleef zitten, een bordeauxrode tot op de draad versleten wollen trui, met daaronder een t-shirt dat ooit geel geweest moest zijn. Op zijn hoofd droeg hij een grijze muts vol gaten, die stijf stond van het stof. Zijn lange vette haar werd er voor een deel door bedekt. In de plooien van zijn roze handen nestelde vuil. Dat het mogelijk was, dat in een wereldstad als Amsterdam mensen zo vervuild konden rondlopen, zonder dat iemand daartegen in opstand kwam of ze meenam naar het Leger des Heils. De man keek omhoog naar het bordje waarop 'Damrak' stond en hij zong 'Damme-rak, Damme-rak, Damme-rak, Damme-rak'. Zolang de tram bij het stoplicht stilstond, zette hij zijn deuntje voort. Zylena had bij zichzelf mee geneuried: 'Pommerak, pommerak, pommerak, pommerak,' de peervormige roze vrucht met sappig vruchtvlees, die haar grootmoeder van de boom plukte en in een pan tot jam stoofde. Of ze raapte de vrucht van onder de boom op, veegde het zand eraf en at hem op. Die man had haar met zijn toneelstuk in het hart van Amsterdam naar Suriname teruggebracht.

'In dit land moet je de humor zelf zoeken. Die ligt op straat en brengt je naar huis terug. Als je wilt. Dus, gebruik je ogen beter.'

Ze schoten in de lach en het ijs was daarmee gebroken.

'Wil jij iets plezierigs doen?,' vroeg Zylena.

'Hangt er vanaf hòe plezierig,' zei Wanda, die toch nog enigszins gespannen was.

'Als jij bij de bakker verderop, die weet je te vinden, hè, op mijn kosten aardbeienvlaai haalt, ga ik snel onder de douche en iets behoorlijks aantrekken.'

'Ik ben juist afgevallen.'

Zylena ging niet op die opmerking in, om te voorkomen dat Wanda haar drama's verder zou schetsen.

'Ik wil wel aardbeienvlaai halen, maar ik trakteer. Tenslotte breek ik in je tijd in.'

'Mijn portemonnee ligt op tafel,' en Zylena liep in de richting van de badkamer.

'En als het uitverkocht is?' riep Wanda.

'Dan neem je maar wat jij lekker vindt,' riep Zylena terug.

Toen ze onder de douche stond, bedacht Zylena Wanda voor te stellen haar naar huis te rijden. De afspraak die ze voor de middag had, was niet echt urgent en kon worden opgeschoven naar een ander tijdstip. Ze vergat haar vermoeidheid en ze begon zelfs aan een avondje uit te denken. Ze stapte onder de douche vandaan, liep naar het bad, draaide de mengkraan open en ging ontspannen achterover in de kuip liggen, in badschuim met de geur van lavendel. Ze bekeek haar lichaam, dat aardig strak in zijn vel zat, hoewel ze nooit echt aan sport had gedaan. En ze bevestigde voor zichzelf dat zwarte mensen van nature een stevigere huid hadden, dankzij het voedsel dat de aarde hen schonk en het natuurlijke licht van de zon dat op de gewassen scheen. Ze maakte zich zorgen om de huid van in Europa opgroeiende kinderen die gevoed werden met Olvarit en Almiron, in plaats van met vers geprakte tayerblad, pompoen en Chinese tayer, of bananenmeel met uierwarme koeiemelk tot pap gekookt. Als kind had ze borden vol pap gegeten, zoveel zelfs dat ze een prijs had gewonnen in de babyshow, waarin ze de harten stal met haar bolle wangen met kuiltjes erin. Haar moeder had voor die gelegenheid extra geld uitgegeven, werd haar verteld. Ze droeg een roodgeruit jurkje, met veel smokwerk aan de voorkant en een wit schortje van echte katoen, waarop een banaantje was geborduurd.

Haar haar was in twee vlechten gevlochten, met een scheiding in het midden. Haar moeder had de scheiding zolang opnieuw gemaakt, totdat deze recht en precies over het midden van haar hoofd liep. Haar vlechten werden strak op hun plaats gehouden door bruine gespen, die nauwelijks zichtbaar waren en waaromheen een lint in een prachtige vlindervormige strik liep. En om in stijl te blijven had haar moeder net zolang gezocht, totdat ze het lint vond dat de kleur van het jurkje benaderde. En natuurlijk waren de strikjes van geruite stof. Ze droeg rode bijpassende schoentjes met bandjes en stevige gespen, die te strak vastzaten uit angst dat ze het schoeisel onderweg zou kunnen verliezen. Zelfs haar sokjes waren rood, afgezet met wit kant. In die tijd kon je in Suriname alles kopen, als je er het geld voor had.

Tegenwoordig kon je sparen wat je wilde, het land en de mensen waren zo veranderd. Al had je nog zoveel geld, de spullen waren er eenvoudig niet en wanneer ze er wel waren, was de prijs zo hoog, dat je je bijna schaamde ze te kopen. Ja, de mensen waren veranderd. Het was haar tijdens haar vakantie thuis opgevallen dat mensen die elkaar goed kenden, niet meer spontaan wat lekkers of iets leuks aan elkaar weggaven. Alles werd bewaard in kasten die opeens sleutels hadden gekregen. En wanneer een kennis of vriend zei dat hij iets dringend nodig had maar het nergens kon krijgen, waren zij die het hoorden, slechts toehoorders en deden ze alsof zij het ook niet hadden. Zelfs al was het tegendeel waar. De jeugd heeft de toekomst. Maar hoe zat het met de jeugd van Suriname? Waar moest die naar uitkijken? Aan wie moest die zich optrekken? Sinds de militairen de macht overnamen, waren er nauwelijks inspirerende voorbeelden meer.

Zylena hoorde Wanda in de keuken rommelen. Ze haastte zich uit bad.

Terwijl Wanda twee flinke punten uit de vlaai sneed, beloofde ze zichzelf op een dag Zylena met een boyo te zullen verrassen. In Nederland kon je al jaren de meeste tropische produkten krijgen. Op zaterdagen leken de grote markten, zoals de Albert Cuyp in Amsterdam en de Haagse Mart, een minicarnavalsfeest. De Amsterdamse Straatweg in Utrecht en de Rotterdamse Kruiskade deden daar niet voor onder. Je kon het zo gek niet bedenken of het produkt dat je nodig had, lag er. Cassave, schoongemaakt en diepgevroren of als verse knollen, kokos, waternoten of droge noten, zelfs in slierten gesneden en ingevroren, deze twee hoofdingrediënten van één van Suriname's lekkerste koeken, lagen te kust en te keur in de winkels en op de markten. Het was opvallend dat de meeste winkels gedreven werden door Hindostanen en Turken. Zelfs de winkels met een uitgebreide sortering aan haarprodukten, werden gerund door landgenoten die de produkten niet gebruikten.

Synthetisch haar, waarmee sommige vrouwen hun haar invlechten, van licht blond tot gitzwart. Haarstukjes van echt haar voor maar liefst tachtig gulden per streng. Je had er wel minstens zes van nodig voor een behoorlijk resultaat, had ze de winkelier tegen een klant horen zeggen, toen ze er een potje haarvet ging halen.

Want, haarvet en voldoende wasbeurten met veel crème waren het geheim om het haar te laten groeien. Vroeger gebruikte haar moeder Petroleum Jelly, soms vermengd met zuivere vaseline.

Of, wanneer er een oom uit het district Coronie kwam en kokosolie meenam, vermengde haar moeder deze met vaseline, wreef het mengsel warm in haar handen en dan gleden haar vingers door het haar van Wanda. Dat was een moment dat ze zich als prettig herinnerde. Het was zo intiem. Haar moeder wreef met haar middel vinger haarvet op de hoofdhuid. 'Om er beter in te trekken,' zei ze dan. Wanneer Wanda tijdens het kammen 'au' riep, zei haar moeder: 'Wil je dat ik je echt pijn doe?' En dan tikte ze met de grote kam op Wanda's hoofdhuid en ze vertelde dat haar oma die haar hele jeugd haar haar had gekamd, haar met de kam op haar schouders tikte, wanneer ze piepte, omdat het uitkammen pijn deed.

De moeder van Wanda sprak niet veel. Maar, wanneer ze het haar van haar dochter kamde en dat gebeurde tweemaal per dag, informeerde ze naar het huiswerk, of het nog steeds goed ging op school, wat ze later wilde worden. Leren was heel belangrijk.

Alle moeders wilden dat hun dochters het beter zouden hebben dan zijzelf. 'Ze moeten het verder schoppen dan ik' en ze stimuleerden hun kinderen hun best te doen op school. Ze beloofden hen dat ze ze naar het buitenland zouden sturen om verder te studeren, omdat Suriname toen nog geen universiteit had. Er was wel een lerarenopleiding waar je allerlei middelbare akten kon behalen in onder andere Biologie, Engels, Nederlands en Wiskunde. Toch hadden de meeste ouders een droom hun kinderen naar vooral Nederland te sturen en in een enkel geval naar de Verenigde Staten van Amerika om een titel te halen, op zijn minst die van doctorandus. Wanneer de droom niet uitkwam, omdat het kind van heimwee ziek werd en het niet naar huis durfde te schrijven, bang een boze brief te zullen ontvangen waarin stond 'We hebben je niet weggestuurd om daar ziek te worden. Zorg dat je naar de dokter gaat en dat je beter wordt om te gaan leren,' raakten de ouders teleurgesteld en beschouwden hun kind als mislukt. Vrijwel nooit adviseerden zij hun kind de studie te onderbreken voor een korte vakantie, omdat ze de reis niet konden betalen. Sparen voor een enkele reis ging nog net en ze hoopten dat de studiebeurs, zo die nog niet was toegekend, in Nederland wel los zou komen.

De ouders die wel de studie van hun kind zelf bekostigden, hadden thuis meestal nog andere monden te voeden. Een retourtje heimwee overwinnen zat er voor het studerende kind niet in. Het was dus zwemmen of verzuipen. Wie zwom werd groots binnengehaald, want voor het jaar van de Onafhankelijkheid in negentienvijfenzeventig, en mondjesmaat daarna, gingen afgestudeerde Surinamers aan Hoge Scholen en Universiteiten naar hun geboorteland terug. Toen was er nog geloof in de wederopbouw.

Zij die het Hollandse avontuur niet overleefden, gingen niet terug. Die schande konden ze hun familie niet aandoen. Zij bleven in Nederland wonen, zochten en vonden soms werk, anderen gingen in therapie en pakten later weer een studie op. De allerzwaksten raakten aan de drugs. Net als Jeffrey, die je mee naar huis zou willen nemen om hem in bad te stoppen. Hij had de Algemene Middelbare School met goede resultaten gehaald, kwam naar Nederland om Scheikunde te studeren. Hij had er een tien voor op zijn lijst en daarmee sleepte hij een beurs van de Suralco in de wacht. Nu liep hij in de Bijlmer, verwaarloosd en aan de drugs. In het ghetto waar de gemeente Amsterdam de flats heeft volgepropt met bevolkingsgroepen waar ze zich geen raad mee weten. Jeffrey had geen contact meer met zijn mensen in Suriname.

Zij hadden wel zijn adres, maar er kwam nooit meer antwoord op hun brieven. Zijn moeder bleef geloven dat hij het te druk had met de studie en dat hij zijn familie op een dag zou verrassen met een telefoontje om aan te kondigen dat zijn opdracht was voltooid. Voor sommige moeders is het inderdaad beter te geloven en te volharden in wat ze verwachten, dan de werkelijkheid onder ogen te zien. Er zijn waarheden die beter niet kunnen worden uitgesproken. Ze zouden meer kwaad dan goed aanrichten. Ze zouden moeders sneller naar hun graf kunnen brengen. En dat alleen omdat haar kinderen niet werden wat zij van hen verwachtten. De vaders die eerst trots waren opgedoken, zouden zich weer achter hun drukke banen verschuilen en vergeten dat zij zonen hadden die naar hun vaderland zouden terugkeren om het land te komen regeren. Het is zo. Sommige waarheden kunnen beter niet worden uitgesproken.

's Avonds gingen Wanda en Zylena stappen. Ze waren eerst naar de kamer van Wanda gereden, zodat zij zich kon douchen en schone kleren kon dragen. Wanda straalde. Ze was nog nooit in een pottenbar geweest. Alleen maar vrouwen die de hele nacht door dronken en dansten, dacht ze. Ze zou zich vermaken. In eerste instantie had Wanda gehuiverd. Ze was bang dat ze een bekende zou tegenkomen, die haar zou verklikken. Zylena kon haar ervan overtuigen, dat zij nauwelijks zwarte vrouwen had gezien in de bars die zij schaars bezocht en dat die vrouwen zeker niet de intentie zouden hebben Wanda te verlinken. Hoewel Zylena zich in die bars nooit zo op haar gemak voelde, wilde ze Wanda toch de sfeer laten proeven. Ze had het gevoel dat de witte vrouwen haar als een pot honing zagen, waaraan ze allen met gemak konden likken. Ze hield er niet van dat de vrouwen zich aan haar vergaapten. De vrouwen in de bars leken eeuwig op zoek. Ze kleedden je uit waar je bij stond. En al die opmerkingen!

Ze had nog geen stap op de dansvloer gezet of de vrouwen spraken over haar wiegende heupen. Het zijn van die dingen die mensen beter denken te weten over anderen die er niet hetzelfde uitzien als zij. Zylena kon helemaal niet goed dansen. Ze hield er ook niet echt van. Ze genoot meer van toneelstukken en ze dook graag in boeken, niet alleen omdat dat vanwege haar werk moest, ze wilde haar horizon voortdurend verbreden.

In bars kreeg ze teveel drankjes aangeboden, een signaal om met haar te mogen dansen. Haar gevoel van eigenwaarde liep daardoor een deuk op. In familiekring werd ze steevast geplaagd geen gevoel voor ritme te hebben. En Wanda, met wie ze op stap ging, had zelfs al een poging gedaan haar een eerste dansles te geven.

Wanda zou nog wat kunnen beleven. Alle vrouwen zouden haar ten dans vragen. Haar gezicht was niet alleen nieuw, maar als ze zich zou overgeven aan de muziek, zouden de vrouwen dronken worden van haar bewegingen. Ze zouden een goedkoop avondje amusement hebben, genoot Zylena in zichzelf. Wanda zou niet alle drankjes die haar zouden worden aangeboden, kunnen opdrinken. Ze zou de glazen naar Zylena doorschuiven. Zylena zag het voor zich. Wanda zwierend over de dansvloer. Ze zou in extase geraken. Zoveel vrouwen.

Zoveel drank. Zoveel muziek om op te dansen.

'Kom, laten we dansen,' zei Wanda.

'Op dit nummer? Ik kan niet slijpen,' verontschuldigde Zylena zich.

'Je kan niet wat?!'

Wanda wist niet wat slijpen was.

'Ik kan niet slowen, schuren, hoe heet dat ding.'

'Ik leid je,' hield Wanda aan.

'We hebben net een drankje besteld.'

Zylena had er geen zin in.

'Dan bestellen we straks andere. Kom.'

Wanda legde één hand om Zylena's schouder en de andere hand legde ze in haar rug.

'Volg me, meer hoef je niet te doen,' zei Wanda vol vertrouwen. Ze keek uitdagend. Wanda was anderhalve kop groter dan Zylena. Ze droeg haar haar kort en ze gebruikte wat bescheiden make up. Haar volle lippen waren donkerrood geverfd en deden denken aan een vrouw uit één van de schilderijen van Ron Flu, een briljante, maar veel te bescheiden kunstschilder uit Suriname. Wanda droeg een blue jeans die ze net nieuw had gekocht, een geelbruine blouse waarvan de stof op namaakbatik leek. Glimmende lakschoenen sierden haar voeten. Zylena droeg haar haar in een vlecht die in een elastiek midden op haar hoofd begon en op haar rug zwierde.

Ze had ook een spijkerbroek aan, lila t-shirt en een kort jasje. Zwarte schoenen met gespen voltooiden haar outfit.

Ze dansten op het rustige nummer en daarna op een merengue, gezongen door Celia Cruz. Zylena vergat haar danscomplex, wist niet meer of zij geleid werd of dat zij moest leiden. Ze danste met Wanda. Ze danste met een andere zwarte vrouw in een witte pottenbar. Ze had zich in jaren niet zo goed gevoeld. Dat gold voor Wanda ook. De dansvloer was van hen. Niemand die op hun tenen ging staan. Ze hadden niet door, dat de vrouwen van de dansvloer waren gegaan en plaats hadden gemaakt voor hen. Toen de merengue was afgelopen, wachtten ze op het volgende swingende nummer. Hun lichamen raakten elkaar, ze hielden elkaar vast, als de steel een bloemknop.

Zylena liet haar pantser vallen, dat ze al jaren strak om haar lijf had getrokken. Wanda vergat de vernederingen en de schaamte die de wereld over haar had uitgestort. Een kleed van verwachting omhulde de vrouwen. Ze dansten uit hun cocon, de warme, warme lentenacht in. Hun kleding was nat van zweet, toen ze naar de bar liepen om een drankje te halen. Toen zagen ze pas dat ze de enigen op de dansvloer waren en dat de vrouwen naar hen hadden staan kijken.

'Van het huis,' zei de barvrouw, toen Wanda de pilsjes wilde betalen.

'Jullie zijn publiekstrekkers. Jullie moeten vaker komen.'

'Zijn jullie een stel?' vroeg iemand van wie alleen de stem verried dat ze een vrouw was. Wanda gaf geen antwoord.

'Zijn jullie ook zo?,' fluisterde een andere vrouw.

Wanda gaf geen antwoord en zocht de snelste weg terug naar Zylena. Die afstand leek zo groot, de vrouwen stonden als bewonderaars op haar pad. Wanda en Zylena zaten bij te komen met hun pilsje, toen twee vrouwen bij hen kwamen staan.

'Dat was niet misselijk,' begon de één.'

'Jullie kunnen er wat van,' zei de ander.

'Wat drinken jullie? Pils? Het volgende rondje is van mij.'

De vrouw stond op en kwam met een blad met vier pilsjes erop.

'Zo exotisch kunnen wij niet dansen,' ging de vrouw verder.

'Het zit ons niet in het bloed, hè. Jullie hebben dat van je eigen. Wij leren het nooit, geloof ik,' zei ze.

'Zeker weten,' zei de ander.

'Ik heb het op allerlei manieren geprobeerd. Op een dansschool. Met een stoel. Op een vloer die met was ingesmeerd was,' sprak ze snel.

'Ik gleed uit en verrekte mijn spieren,' en de vrouw drukte een hand in haar kruis.

Zylena en Wanda keken elkaar aan en begonnen hard te lachen.

'Het is geen gezicht, hè,' zei de ene vrouw zelfbevestigend.

'Blijf gewoon jezelf. Dat lijkt mij het beste,' zei Zylena.

Toen ze hun glas hadden leeggedronken, stonden de vrouwen op en gingen dansen op een nummer van Koos Alberts. Het zweet in de kleding van Zylena en Wanda plakte op hun huid. Ze besloten naar huis te gaan. Zwijgend van vermoeidheid of van verzadiging, reden ze door het stille, maar heldere centrum naar de rand van de stad waar Zylena woonde. Ze waren samen, maar toch alleen met hun gedachten. Hun geuren vulden de auto en hoewel ze behoorlijk hadden uitgezweet, hing de lucht van parfum, vermengd met deodorant en doucheschuim, als een betoverend luchtje om hen heen en maakte de auto tot een tempel die rust herbergde. Wanda keek via de spiegel naar Zylena, maar het was niet donker genoeg om onopvallend een glimp van haar gezicht op te vangen. Toen bleef ze staren naar Zylena's handen die het stuur van de auto stevig vasthielden. Wanda sukkelde in slaap. Zylena riep haar wakker.

'Zijn we al thuis?'
'Nee. Houd me gezelschap, voordat ik ook van vermoeidheid in slaap val.'
'Hoe lang geleden ben jij in die bar geweest?,' vroeg ze.
'Pfff. Ik weet het niet exact. Het is een poos geleden. Hoezo?'
'Het is mij meegevallen. Ik dacht dat die vrouwen ons niet met rust zouden laten.'
'Dat bepalen we toch zelf.'
'Kunnen we de volgende week weer gaan? Dan dansen we met ze, om hun hoofd op hol te brengen. Om ze gek te maken toch.'
'Zomaar wil je problemen gaan zoeken. Die vrouwen gaan je leren. Ze gaan je poentje pakken, wacht. Maar als je wilt, gaan we. De risico's zijn voor jouw rekening. Je moet mij later niet komen vertellen dat ik je in die dingen heb gebracht.'
'Ik laat me niet door de eerste de beste verleiden. Ben je vergeten hoe ik over jou denk. Laten we gaan, de volgende week.'
Wanda haar stem klonk vastberaden.
'Ik hoor je niet meer zeggen "Ik moet die witten niet". Vind je het spannend?' vroeg Zylena.
'Houd op met onzin. Ik wil gewoon mijn kiek gaan nemen.'
Toen ze het huis binnengingen, bekroop Zylena een soort angst. Ze had lijf aan lijf met Wanda gedanst en ze had zich als nooit tevoren zo dichtbij haar gevoeld. Het nieuwe gevoel maakte haar wanhopig en onzeker. Deze nacht zou Wanda weer bij haar slapen. Wat zou ze doen wanneer Wanda's huid de hare zou raken? Stel dat Wanda opnieuw met haar zou willen vrijen, haar uit de slaap zou houden met uitingen van genegenheid. Zou ze dan zo sterk zijn niet toe te geven aan de begeerte die zo plotseling kwam opzetten, dat ze zich als een

kind zo klein en onhandig voelde? De eerste keer dat Wanda zonder enige aanleiding het initiatief had genomen, was ze overbluft. Waarom dacht ze er eigenlijk over na? Waarom liet ze de dingen niet op hun beloop?

'Zullen we nog een drankje nemen?' vroeg Zylena aan Wanda.

'Mijn idee,' reageerde Wanda enthousiast.

Ze stond op om wat te drinken in te schenken, alsof het haar eigen huis was. Zylena was dankbaar om die actie van Wanda, want in haar hoofd waren knikkers aan het rollen en probeerde de één de ander in te halen om als overwinnaar uit het veld te komen. Zou het mogelijk zijn dat het vuur van Wanda haar hart had bereikt, na een gevecht waarin haar geest signalen uitzond tegen iedere verbintenis?

Het kon niet waar zijn. Zylena voelde voor de zekerheid aan haar voorhoofd. Het gloeide, maar niet van de koorts.

'Je bent zo stil. Ik ben anders van je gewend,' zei Wanda en Zylena schrok uit haar dwaling.

'Ik ben moe,' en ze maakte een nonchalant gebaar.

'Ik heb het gevoel dat mijn dag nog moet beginnen,' zei Wanda vol energie.

'Dat feest heeft je goed gedaan, hè.'

'Prachtig. Prachtig.' Wanda schudde met haar schouders.

'Zullen we doorfuiven,' en Wanda gaf Zylena een por.

'No man, ik ga in mijn slaap fuiven.'

In bed nam Wanda geen genoegen met een kus op haar wang. Ze draaide zich naar Zylena toe.

'Waarom zeg je niets?' vroeg Wanda, die verwachtte dat Zylena een opmerking zou maken om haar af te wijzen.

'Het is al heel laat,' reageerde Zylena onhandig.

'Ga op je buik liggen.'

'Daar ben ik te lui voor.'

Hoe bedoelde Zylena dat ze daar te lui voor was? Deze

vrouw had zoveel energie, dat ze er prat opging. De parfum van Zylena kwam dichterbij Wanda's neusvleugels. Het lichaam van Wanda dreef als chocoladesaus op een pannekoek, naar de navel van Zylena, die als een meertje lag te wachten op jonge visjes.

'Het kriebelt.'

'Ontspan, vrouwtje.'

Er werd een bed-dans uitgevoerd. De tepels van Wanda dansten hun merengue op de kleine, hoge borsten van Zylena. De stevige borsten van Wanda gleden ritmisch over Zylena's dijen, langs haar heupen tot aan haar kin. Even liet ze haar borsten de mond van Zylena bedekken. De lippen van Zylena weken uiteen en sabbelden aan Wanda's tepels. Hun harten klopten heviger. Wanda beet zachtjes in de oorlel van Zylena. Toen Wanda merkte dat Zylena heen en weer bewoog, als een korjaal die last heeft van de deiningen van het water, stak ze haar tong uit haar mond en draaide die rond in Zylena's oor.

'Nu moet je wel doorgaan,' zei Zylena.

'Ik had geen andere plannen,' zei Wanda zachtjes. Haar mond ging op zoek naar de vochtige grot. Ze zocht het spoor over Zylena's borsten die als strakke zandheuvels uitstaken. Haar neus vond de kaneelroute waarvan de geur leidde naar het tabakkleurige woud, dat dichtbegroeid lag in het onderland.

Op het ritme van de drums die hun harten waren, vonden hun warme, natte lichamen elkaar heviger. Als krulvarens ademden zij, terwijl Zylena als een bloeiende orchidee steeds verder openging en Wanda als een bij op de nectar afging.

'Wat een heerlijke diepte,' zei Wanda ademloos.

Toen gleden haar vingers in de kelk van de orchidee.

'Dat vind ik niet prettig,' zei Zylena.

Langzaam kropen de vingers van Wanda terug en likte zij

eraan als een fijnproefster. Op een haast eerbiedwaardige wijze had ze Zylena gebracht naar de trillingen van watervallen, de tintelingen van harde slagregens, de golven van onstuimige rivieren tot aan de ritmes uit het diepe oerwoud, waar het vroeg licht werd bij een plotselinge omslag van het weer.

De volgende ochtend bliksemde het. Hollandse regen tikte tegen het raam. Schouder aan schouder ontwaakten ze.

Zylena had afgesproken bij haar moeder te gaan brunchen. Ze dronk thee met Wanda, zette haar af bij het station en reed weg.

Enkele dagen later belde Wanda in alle vroegte Zylena haar bed uit. Wanda smeekte Zylena om snel naar haar kamer te komen. Geschrokken van de zwakke stem stapte Zylena in de auto en reed naar de kamer van Wanda. Het duurde even, voordat Wanda de deur opendeed.

'Ik ben ziek. Ik ga dood, denk ik.'

Met gebogen rug liep Wanda naar het bed terug. Ze had alleen een onderbroek aan en sokken aan haar voeten. Haar ogen stonden flets en ze klappertandde.

'Je moet naar een dokter, Wanda.'

'Niemand kan me helpen. Ik wil dood.'

'Jij wilt niet dood. Heb je wat gegeten? Heb je een pilletje geslikt?'

'Nee,' zei Wanda zachtjes.

Zylena ging naast haar op het matras op de vloer zitten.

'Wat is er toch met je?'

'Ik heb pijn. Hier.'

Wanda wees naar haar hart. Zylena schrok.

'Je moet naar de dokter.'

Wanda begon te huilen.

'Oh, Zylena, ik word gek. Ik wil dood. Ik voel dat ik gek word. Ik ga liever dood.'

'Waar is je ziekenfondskaart?'
'Daar ergens.'
Wanda wees naar een tafel waarop van alles lag.
'Heb je een arts in de buurt? Waar zit je huisarts?'
'Hier om de hoek.'
'Zal ik even opbellen en vragen of we langs kunnen komen?'
'Het gaat niet helpen. Ik ben ziek. Ik wil dood. Ik wil niemand tot last zijn. Ik wil dood, Zylena.'
'Waar vind ik het telefoonnummer van je huisarts?'
'Op die kaart,' zei Wanda met een beverig stemmetje. Haar hand trilde.
'Je hoeft niet te bellen. We kunnen gewoon gaan.'
'Laten we gaan dan. Zal ik je helpen met aankleden?'
'Ja,' zei de piepstem.
Ze liepen langzaam en gearmd naar buiten. Wanda liep krom en Zylena ondersteunde haar naar de auto. Het regende en het waaide hard.
'Dit is niet goed, Wanda. Heb je het vaker?'
'Heel vaak. Er zijn geen medicijnen tegen deze pijn. Ze willen dat ik mij laat opnemen.'
'Wie? Ben je al eerder met deze klacht bij een dokter geweest?! Hoe heet het wat je hebt?'
'Weet ik niet. Zij weten het ook niet.'
'Je moet me even uitleggen hoe ik moet rijden om bij die dokter te komen.'
'Rechtdoor en met de bocht mee. Na het stoplicht rechtsaf. Dan zijn we er.'
Even later zaten ze bij de huisarts. Aan de arm van Zylena liep Wanda met gebogen rug de wachtkamer binnen. Ze kreunde van de pijn.
De dokter vroeg wat ze precies voelde en wanneer de pijn was begonnen. Het gesprek duurde zeker tien minuten. Tot

vreugde van Zylena zei Wanda tegen de dokter, dat ze zelf dacht dat het een mentale kwestie was.

'Altijd als ik psychische problemen heb, krijg ik het. De vorige huisdokter kon ook niets vinden. Dat weet u toch. Mijn gegevens liggen hier.'

'Ik schrijf je wat pillen voor tegen de pijn. We zullen eerst maar de pijn onderdrukken. Ik geef je een verwijsbrief voor het RIAGG. Het beste is om er zo snel mogelijk langs te gaan en met een deskundige te praten. Ik heb in de brief gezet, dat een gesprek met een psycholoog mij een goede zaak lijkt. Als de medicijnen niet helpen, moet je onmiddellijk terugkomen.'

'Ik ga langs geen enkele psycholoog,' kwam Wanda in opstand.

'Kan ze niet eerst de pillenkuur proberen?' mengde Zylena zich in het gesprek.

'Zijn jullie goede vrienden?' informeerde de arts.

'Ja,' zei Wanda.'

'Mag zij het horen?' vroeg de arts.

'Ja,' zei Wanda.

'Zij is al eens hier geweest. Ze heeft last van depressies. Het zal haar goed doen met iemand te praten die ver van haar af staat.'

'Ik ga niet met witte mensen praten,' zei Wanda.

'Er zijn ook zwarte therapeuten. Als je dat per se wilt. Dat kan ik niet voor je regelen. Vraag het bij het RIAGG. Maar het belangrijkste moet uit jezelf komen.'

'Ik heb u niet zomaar als huisarts genomen. U bent een vrouw, en u bent zwart. U moet toch beter weten.'

'Ga het recept halen, maak de kuur af en daarna zie ik je op het spreekuur terug. Afgesproken?,' zei de huisarts.

'Ja, dat is goed,' zei Wanda.

'Houdt u haar een beetje in de peiling?' vroeg de arts aan Zylena.

'Ik probeer het,' zei Zylena.

Ze haalden de pillen bij de apotheek. Het waren net paaseieren.

'Zulke grote pillen zou ik nooit door mijn keel krijgen,' zei Zylena weinig opbeurend.

'Je went eraan,' zei Wanda koeltjes.

'Lucht het een beetje op nu je bij de dokter bent geweest?'

'Een beetje, maar ik geloof niet in die rotzooi.'

'Het is te proberen toch.'

'Ik loop al jaren met mijn klachten. Ik slik al jaren pillen. Niets helpt. Ik ben niet geschikt om op aarde te leven.'

'Wel, dan moet je het hogerop gaan zoeken. Ik vind je een aanstelster. Je hebt die nieuwe pillen niet eens geprobeerd en je weet het effect al.'

Zylena hield even haar mond.

'Weet je wat we doen? We pakken wat spullen van je in, inclusief die rode snoepjes natuurlijk. Je gaat met mij mee en na de kuur breng ik je persoonlijk naar de dokter.

Gewoon volgens afspraak.'

'Doe niet, alsof je mijn moeder bent.'

'Die was niet aardig,' zei je.

'Dat is mijn zaak.'

'Oké, zeg me wat ik moet inpakken en waar ik het kan vinden.'

In haar ene hand hield Zylena de tas van Wanda, aan haar andere arm hing Wanda, nog steeds krimpend van de pijn.

'Ik zal de stoel wat naar achteren zetten, zodat je kunt ontspannen en slapen.'

'Nee, ik wil rechtop zitten. Ik wil zien waar je me naartoe brengt.'

'Naar mijn huis, toch.'

'Lief van je, dat je kwam.'

Zylena vroeg zich af of de pillen hun werk begonnen te doen.

Ze kreeg zomaar een compliment van Wanda.

'Je hebt me toch gebeld. Het was zo wat een opdracht. Ik zou niet durven om niet te komen,' zei Zylena.

'Doe niet zo achterlijk, Zylena. Je moet niet lachen. Ik ben ziek.'

Zylena zei niets.

'Ik heb al meer dan zestienhonderd strepen geteld.'

'Hm, wat zeg je? Wat voor strepen heb je geteld?'

'Die witte lijnen op de weg.'

'Hoe kun je die nou tellen. Daar rijd ik toch te hard voor. Dat flitst aan je voorbij. Ik rijd harder dan honderd. Probeer een beetje te slapen, man.'

'Het is een afwijking van me. Ik tel alles wat op een rij staat.

Bomen, lantaarnpalen. Alles wat voorbijflitst.'

'Mijn god, hoeveel dingen heb jij eigenlijk. Het is teveel wat jou mankeert.'

'Ik tel alles. Voor de afleiding.'

'Een vreemde hobby.'

Ze zeiden niet veel meer. Zylena was geconcentreerd op de weg en het verkeer. Wanda had haar gezicht naar buiten gewend.

De dagen die daarop volgden, zouden gebeeldhouwd blijven in het geheugen van Zylena. De grote rode pillen hielpen niet. Wanda lag wanhopig van pijn op bed. Ze huilde, bibberde, vloekte. Zylena belde een vriendin op die psychiater was om te vragen of zij hulp kon bieden. Diezelfde avond nog gingen ze naar haar huis. Zylena had een boek meegenomen en zat in de woonkamer te lezen, terwijl Wanda met de vriendin in de praktijkruimte zat te praten. Na het gesprek werd Zylena erbij geroepen en demonstreerde de vriendin hoe magneetjes op acupunctuurpuntjes geplakt werden. Ze plakte er enkele op de huid van Wanda. De energiestroom in het lichaam zou veranderen en Wanda zou zich gauw iets beter voelen. Ook adviseerde de psychiater Wanda met haar voeten naar het Zuiden te slapen, voor meer rust in haar leven. De magneetjes waren zo klein als korrels goud. De psychiater gaf Wanda de aanbeveling de raad van de huisarts op te volgen en te gaan praten met een psycholoog van het RIAGG.

Op straat gekomen, draaide Wanda opeens in het rond.
'Hé, het gesprek heeft geholpen. Hoera.'
'Ja, het heeft mij goed gedaan.'
'Zie je wel, je moet met deskundigen praten om met jezelf in het reine te komen. Je huisarts had gelijk, meisje.'
'Zal ik naar die psycholoog gaan? Ga je met me mee?'
'Je moet niet aan mij vragen of je naar die psycholoog zal gaan. Maar, als je het op prijs stelt, ga ik mee.'

Op verzoek van Wanda wachtte Zylena bij het RIAGG buiten in de auto. Binnen een kwartier verscheen Wanda bij de auto. Ze gebaarde naar Zylena dat ze het portier moest opendoen. Zylena draaide het raam helemaal open.
'Nu al? Dat is vlot.'
'Doe die deur voor mij open, man,' snauwde Wanda.
Zylena deed de deur van de auto open.
'Wat is er gebeurd. Wat hebben ze met je gedaan?'
'Die fucking witte gaat me niet kunnen helpen. Ik ga mijn dingen niet aan die witman vertellen, dat hij het later tegen mij gaat gebruiken.'
'Zou jij niet een keertje ophouden met dat godvergeten gedoe over witmannen. Ik word er doodziek van.'
'Breng me naar mijn kamer. En laat me alleen. Laat me stikken.'
'Je maakt jezelf ziek, Wanda. Doe een keer normaal. Wat

moet ik hiermee. Gebruik je verstand, trut. Als je niet bij machte bent jezelf te analyseren, dan moet een ander dat voor je doen. En die ander zit niet in mijn persoon. Je vlucht voor jezelf. Iedere keer opnieuw. De hele wereld heeft het gedaan, behalve jij. Ik ben geen emmer waarin je kunt blijven kotsen.'

'Ik zeg toch dat je me moet laten stikken.'

'Ik wil je helpen, maar jij wil niet geholpen worden. Mijn tijd voor jou heeft zijn grens bereikt.'

'Jullie die hier allang wonen, hebben nooit tijd, behalve als jullie voordeel ruiken. Net als die ptata's.'

'Dit houdt op, Wanda. Als ik zeg dat het ophoudt, dan houdt het ook voor altijd op. Ik laat me dicteren noch chanteren door jou.'

'Breng me naar mijn kamer.'

Het bleef stil in de auto, totdat ze bij de kamer van Wanda waren.

'Weet je zeker dat je hier alleen wilt zijn?'

Wanda antwoordde niet.

'Zullen we je plantjes water geven? De post uit de bus halen? En dan naar mijn huis gaan? Je kunt hier niet in je eentje achterblijven. Ik laat je niet alleen. Je bent helemaal van streek.'

'Het kan me geen moer schelen.'

'Mij wel.'

'Mij wel,' herhaalde Wanda treiterend.

Zylena gaf de plantjes water. Ze bleef voor het raam staan en keek naar buiten. Wanda pakte haar reistas in.

'Op wie sta je te wachten?,' vroeg Wanda.

'Op jou. Ga je mee of niet.'

'Ik ga mee. Dat zie je toch. Ben je blind.'

Zylena zuchtte. Wanda had haar in haar macht. Zylena was bang. Toch kon ze Wanda in deze toestand niet achterlaten. Ze gingen weer naar de auto en reden weg.

'Ik geloof dat ik niets meer van je snap. Je weet niet wat je wilt. Je weet niet wat je hebt. Je verwacht van mij een wonder. Ondertussen weet je dat ik je in deze situatie niet laat ronddobberen. Als je geen deskundige hulp wilt, ga je naar de knoppen, Wanda. Neem nou aan wat ik zeg.'

'Je ziet toch zelf, dat niemand mij kan helpen. Ik ben teveel op deze wereld. Vanaf mijn geboorte. Niemand wil me, niemand gelooft me.'

'Ga een keer naakt voor de spiegel staan. Kijk een keer naar jezelf. Durf te zien waar je fout zit, waar je goed zit.'

'Ik ga niet voor de spiegel staan. Mijn benen hebben geen vorm. Wat aan de achterkant hoort te zitten, heb ik aan de voorkant. Je maakt me belachelijk.'

'Als jij dat vindt, zal ik het niet meer tegenspreken. Waarom neem ik je eigenlijk mee naar mijn huis? Bij de eerste de beste afslag ga ik van de snelweg af en rijd ik terug naar je kamer. Dat is beter.'

Zylena wist voor zichzelf dat ze dat niet zou doen.

'Nee, asjeblieft. Laat me niet in de steek. Weet jij een vrouw die me kan helpen? Ik moet een zwarte vrouw hebben die me helpt.'

'Wat maakt het nou uit wie je helpt. Een vrouw, een man, wit of zwart. Je moet beter worden. Daar gaat het om.'

'Die witte mensen gaan mij nooit begrijpen. Ze hebben er geen idee van hoe ik mij voel in dit land. Ze zijn veel te nuchter om ook maar iets van mijn gevoel te snappen.'

'Ik heb een witte huisarts. Ik vertrouw haar voor honderd procent. Ze is heel menselijk, heeft alle tijd voor haar patiënten. Ze heeft me zelfs aan medicijnen geholpen, toen mijn oudtante in Suriname ernstig ziek was. Ik ben met die brief naar haar toegegaan. Ik heb een stukje voorgelezen. Diezelfde avond mocht ik een pakketje pillen bij haar thuis ophalen. Je moet in mensen geloven, Wanda. Dankzij mijn huisarts heeft mijn oudtante nog van haar oude dag kunnen genieten. Je zegt dat Surinamers te emotioneel reageren op de decembermoorden, maar jij spant de kroon wanneer het om Hollanders gaat. Iemand die zo'n hekel heeft aan witte mensen, moet niet naar Nederland komen. Maar, laten we geen oude koeien uit de sloot halen. Ik ga iemand bellen die jou misschien verder kan helpen.'

'Je hoeft me niet te helpen. Ik heb je niets gevraagd. Doe maar alsof ik niet besta.'

'Hoe dan?'

Zylena lachte geforceerd.

Thuisgekomen belde ze een kennis op. Ze wist dat deze baat had gehad bij een alternatieve geneeswijze. Ze hoefde niet uit te leggen waarom ze het adres wilde hebben. Ze kreeg het onmiddellijk.

'Een laatste poging, Wanda. Ik – weet – het – ook – niet – meer.'

'Wie is die vrouw? Waar zit ze. In welke stad. Is ze echt goed?'

'Ik weet niet wie ze is. Ik ken haar niet. Ik heb het telefoonnummer. Asjeblieft,' en Zylena gaf het papiertje met het nummer erop aan Wanda.

'Je kunt ook 's avonds bellen. Probeer het maar meteen. Hoe eerder je daar terecht kunt, hoe beter.'

Zylena ging aan haar taken werken. Wanda ging met wat boeken op de bank liggen.

Later in bed.

'Ik heb gebeld,' zei Wanda aarzelend.

'Ik hoop dat ze je kan helpen. Wat zei ze? Kun je er gauw terecht?'

'Morgen.'

'Mooi.'

'Ze klonk aardig. Maar ze is wit. Dat had je me niet gezegd.'

'Denk daar niet aan. Ga er vanuit dat ze je hulp kan bieden. Probeer je te ontspannen en ga wat slapen.'

'Ik heb zin in een echte fuif.'

Zylena maakte een tyuri.

'Je kunt amper op je benen staan, dan wil je fuiven. Maak eerst een rechte rug, loop zonder te wankelen en te krimpen van de pijn. Dan haal ik de Pleasure voor je, dat blad waarin alle feesten staan. Dan kun je gaan dansen tot bam. Wie weet ontmoet je daar de man of vrouw naar wie je op zoek bent.'

'Ik ben naar niemand op zoek. Ik heb genoeg aan mezelf. Ik heb mezelf niet eens gevonden.'

Wanda draaide zich naar Zylena toe, alsof ze nergens meer last van had. Met haar grote handen pakte ze Zylena vast en ze riep: 'Jij wilt me toch niet.'

'Laat me los en ga slapen,' zei Zylena streng.

'Je wijst me af.'

'Dat is aan alles te merken, nietwaar. Ik kom niet naar je huis, als je mij nodig hebt. Ik doe geen moeite voor je om iemand te vinden die je kan helpen. Gaan we opnieuw beginnen? Je moet morgen naar die vrouw. In hemelsnaam. Ga slapen.'

'Welterusten.'

Wanda viel vrijwel meteen in slaap. Zylena vroeg zich af waarom Wanda steeds tegen haar uitviel, terwijl ze het goed bedoelde. Ze wilde Wanda helpen, maar niet ten koste van zichzelf.

De therapeute keek de vrouwen aan. Toen wees ze naar Wanda.

'Jij bent degene die voor behandeling komt, hè. We zullen een glimlach op je gezicht toveren.'

Wanda glimlachte.

'Dat is al beter.'

'De vrouw pakte een hand van Wanda.

'Ja, dat wordt al lichter. Gebruik je medicijnen?'

'Nee. Ik had iets gekregen maar het hielp niet. Ik ben ermee gestopt.'

'Het is verder niet van belang. Wat wij gaan doen, is praten om te kijken waar die spanningen vandaan komen. Je bent heel erg verkrampt.'

De therapeute liep om Wanda heen.

'Doe je schoenen uit. Ik zet de stoel achterover, zodat jij kunt ontspannen en wij elkaar nog net kunnen zien. Ik vertrouw jou en jij vertrouwt mij. Zo is het toch?'

Wanda lachte bescheiden.

Terwijl de vrouw de voeten van Wanda met crème insmeerde en masseerde, stelde ze voortdurend vragen. Hoe oud Wanda was, waar haar ouders woonden en of ze nog bij elkaar waren. Hoe lang ze in Nederland woonde en waarom. Of het Wanda beviel. Wanda bleef rustig onder het vragenvuur. De vrouw wilde ook weten of Wanda vaak keelpijn had of dat ze ooit geopereerd was. Wanda vertelde dat haar amandelen waren geknipt, zoals bij de meeste kinderen.

'Dat moet het zijn. Niets aan de hand.'

De vriendelijke vrouw bracht met de massage Wanda heel erg op haar gemak. Wanda moest heel erg plassen.

'Dat is goed. Ga maar naar het toilet,' zei de vrouw.

Wanda ging op blote voeten naar de wc.

'Ik moest verschrikkelijk plassen.'

'Dat is de bedoeling. Kom maar liggen.'

Wanda moest haar ogen sluiten. Plotseling begon ze te trillen.

'Wat doet u?,' vroeg Zylena.

De vrouw wenkte Zylena met haar hoofd om geen vragen te stellen.

Opeens zei Wanda: 'Ja, daar. Daarzo. Ik zie het.'
Zylena ging rechtop zitten voor wat komen ging.
'Wat zie je?' zei de vrouw.
'Niets,' zei Wanda.
'Heb je kinderen?' vroeg de vrouw.
'Nee,' en Wanda begon te snikken.
'Je zou ze wel willen hebben,' vervolgde de vrouw.
'Ik weet het niet,' huilde Wanda.
'Hoe vaak ben je zwanger geweest?' wilde de vrouw weten.
Wanda schokte hevig.
'Twee keer. Nee, een keer van twee,' zei Wanda met trillende stem.
'Ik zie een abortus die niet eenvoudig is verlopen. Klopt dat?'
'Ja-a. Ja-a. Bent u ook helderziende?'
'Ik heb bepaalde gaven. Daar ben ik in de loop der jaren achtergekomen. Wil je over de abortus praten?'
'Nee.'
'Ik zal het je vertellen. Je was zwanger van een man van wie je niet hield. Hij wilde dat kind ook niet. Toen raakte je in paniek. Je moeder heeft een rol gespeeld. Ik weet nog niet welke.

Je hebt tegen je zin een abortus gepleegd. Tegen je zin, omdat je katholiek bent gedoopt.'
Wanda schokte, alsof ze stroomstoten kreeg. Zylena kon het nauwelijks aanzien. Ze kreeg er kippevel van. Ze stond op, maar de vrouw wenkte haar weer te gaan zitten.
'Ik zie ook een vrouw. Een zwarte vrouw met heel veel krullen.

Je kamde haar haar, want zelf kon ze het niet. Je hebt afscheid van haar moeten nemen. Vond je dat moeilijk?'
'Ja. Waarom vraagt u me zulke dingen?'
Wanda bleef snikken en schokken.

Zylena vroeg zich af of zij de vrouw was die werd bedoeld. Het kon niet, omdat Wanda haar haar niet kamde en ook omdat ze geen afscheid van elkaar hadden genomen.

'Je hield van die vrouw en zij hield van jou.'

De therapeute hield even op met masseren. Ze legde haar handen in elkaar en zei: 'Die oorbellen, wil je die uitdoen. Meestal hoeven mijn cliënten dat niet. Het is voor het eerst. Ik heb er geen vrede mee. Ik heb er een vreemd gevoel bij. Ik zie zelfs oorlog. Die oorbellen moet je niet meer dragen. Voorlopig niet. Ze zeggen iets van die vrouw.'

'Zij heeft ze voor me gemaakt.'

Toen wist Zylena zeker dat zij er niet mee bedoeld werd.

'Ze zijn heel mooi, maar bewaar ze een poosje.'

'Ze heeft ze onder moeilijke omstandigheden gemaakt.'

'Ik zie krijgers. Speren, schilden.'

'Ze was op de vlucht. Ze heeft me bang gemaakt. Ik had een geheime relatie met haar en ze zei dat een ingebouwde camera ons had gefilmd onder het vrijen. Vrienden van haar zeiden dat de geheime dienst ons in de gaten hield. We liepen gevaar, zij meer dan ik. Ik zou na mijn studie naar Suriname teruggaan. Zij had geen keus. Zij moest daar blijven. Ze was politiek vluchteling. Misschien is ze dood. Misschien hebben ze haar vermoord. Ik heb haar brieven geschreven. Ik heb haar bandjes gestuurd met mijn stem erop. Ze heeft nooit iets van zich laten horen. Zou ze dood zijn? Misschien leeft ze.'

Wanda snikte onophoudelijk. De vrouw zei dat het goed was om te huilen en ook dat ze alleen kwijt moest, wat ze echt kwijt wilde.

De vrouw masseerde haar voeten verder. Wanda moest weer vreselijk plassen. Ze ging meteen. Ze mocht het van de vrouw niet ophouden.

'Die abortus, daar kom je wel overheen. En dat met die vriendin zal ook slijten. Ik zie in jouw leven een man. Waar hij zich bevindt, weet ik niet. Op een dag zal je hem ontmoeten. Het kan iets worden, maar ook niets. Kinderen kun je ook nog krijgen, als je dat wilt. Alleen die oorbellen, die moet je voorlopig wegstoppen. Beloof je dat? Geef ze vast aan je vriendin.'

De vrouw keek naar Zylena.

'Zijn jullie hartsvriendinnen?'

'We kennen elkaar nog niet zolang, maar wel intens,' zei Zylena.

'Ik heb haar al mijn tories verteld,' zei Wanda.

'Wat zijn tories?,' vroeg de vrouw.

'O, mijn hele geschiedenis,' zei Wanda.

'Een volgende keer wil ik met jou alleen spreken. Zijn jullie met de auto, op de fiets of met de bus?'

'Met de auto.'

'Ga wat leuks doen met zijn tweeën. Die zwarte kleding moet voorlopig ook in de kast. Je hebt beslist nog wat vrolijkers liggen.'

Wanda stond op uit de stoel. Ze keek hoopvol en met zekere trots naar de vrouw.

'Ik voel me een stuk beter,' en ze rekte zich uit.

'We zitten vlakbij het strand. Zullen we daar naartoe gaan?,' vroeg Zylena.

'Dat lijkt mij een goed idee,' zei de vrouw.

Ze knipoogde naar Wanda en Zylena. Ze deed de oorbellen in een zakje en gaf het aan Zylena. Ze maakte een nieuwe afspraak met Wanda. Toen bracht ze de vrouwen naar de deur. Buiten scheen de zon. Wanda, helemaal in het zwart gekleed, huppelde als een kind zo blij naar de auto.

'Ik voel mij goed,' jubelde ze, naast de auto springend.

'Houen zo. Houen zo. Ik ben aan frisse lucht en koffie toe,' riep Zylena zuchtend.

'Appelgebak, moccataart,' juichte Wanda.

'Coffee, Irish coffee, tea and honey,' vulde Zylena aan.
'Honey, I've no money,' grapte Wanda.
Wanda wist van geen ophouden haar blijdschap te tonen.
'Je bent niet wijs, meisje. Wie zou denken dat jij gisteren nog doodziek was. Hallo strand, we komen eraan.'
Gearmd liepen ze op het strand na te praten over de vrouw met de genezende handen.
'Dat is er een die de godinnen moeten bewaren.'
'Je haalt me de woorden uit de mond.'
'Je zal zulke handen hebben. Dan ben je voor altijd gezegend.'
'Ze zal zichzelf niet kunnen helpen, als zij in de problemen komt te zitten.'
'Zulke mensen kennen geen problemen.'
'Durf jij haar dat te vragen?'
'No man, je bent gek, no!'
'Mij ziet ze niet meer. Ik kan het niet vragen.'
'Dan heb je pech, vrouw bemoei.'
'Ge-eh, je voelt je goed, no?'
'Pas op, of ik vloer je.'
'Ik heb op karate gezeten.'
'Stoer. Zeg dat tegen die kerels, wanneer ze je gaan komen versieren.'
'Ik heb echt op karate gezeten, maar ik weet niets meer. Beter zo?'
'Laten we terugwandelen en wat gaan gebruiken. Ik heb honger gekregen. Die vrouw is te gek. Ze verricht wonderen. Ze is ook helderziend. Ik ga haar vragen hoe mijn toekomst eruit ziet.'
'Ay, het gaat echt beter met je.'
Schouder aan schouder zaten ze in het warme zand waarin late badgasten aan het einde van de lente hun voeten afwikkelden. Onder een medeplichtige maan keerde het zoute wa-

ter dat de sporen meenam en een zilverkleurig randje achterliet.

Ze aten gebak, dronken koffie en thee en reden met toeristische snelheid naar huis terug. Wanda besloot naar haar kamer terug te gaan om daar weer helemaal tot zichzelf te komen. Zylena ging bij Kristel logeren om even bij te tanken.

Een week later belde Wanda bij Zylena aan. Ze was naar de therapeute geweest.

'Die vrouw heeft me van de ondergang gered. Ze verricht echt wonderen. Ik kan iedereen haar aanbevelen. Ik kan de wereld weer aan. Over twee weken ga ik naar de universiteit terug. Er begint een nieuw blok. De tentamens die ik heb gemist, doe ik in het najaar. Ik ga de totale schade inhalen. De wereld is van mij.'

Wanda draaide in het rond.

'Het doet me goed je zo gelukkig te zien.'
'Wat heb je met mijn oorbellen gedaan?'
'Bewaard.'
'Als de katten ze maar niet kapot maken.'
'Zelfs ik kan er nauwelijks bij.'
'Die beesten komen overal.'
'Niet bij jouw oorbellen. Geloof mij nou maar. Die beesten zijn niet in jou geïnteresseerd en evenmin in je oorbellen. Blijf je hier eten, logeren? Wat zijn je plannen?'

'Als je het goed vindt, blijf ik tot morgen. Ik moet mijn kamer een grote beurt gaan geven. Ik heb zin om mensen uit te nodigen. Ik wil die anderen ook weer eens ontmoeten. Ik ga ze opbellen om langs te komen.'

'Welke anderen?'
'Sylvana en Fauzia.'
'Daar zeg je wat. Sinds die praatavond bij Jessye thuis heb ik geen contact meer met hen gehad. Mijn sociale contacten zijn op de achtergrond geraakt. Alles draaide om jou.

Vreemd, hoe je ergens in verstrikt kunt raken, zonder dat je het helemaal door hebt.'

'Ik wil Sylvana en Fauzia echt gauw zien.'

'Niets houd je tegen, toch.'

'Kom je ook wanneer ik hun vraag?'

'Dat hangt ervan af. Op welke dag en om hoe laat. Als ik geen andere afspraken heb, ben ik van de partij.'

'Ik ga mijn leven anders inrichten. Ik ga een heleboel leuke dingen doen.'

'Fantastisch, vrouwtje. Ik ben blij dat te horen.'

'Ja man, ik ga mezelf niet meer zo opfokken. Ik ga mijn leven niet meer verzuren.'

'Wanneer ga je dat nieuwe leven beginnen?'

'Hoezo? Ik moet opdonderen uit je huis, no?'

Zylena nam gas terug. Wanda was niet beter.

'Moet ik je in de watten leggen? Ik mag het toch wel vragen?'

'Ja, natuurlijk. Maar het klinkt sarcastisch.'

'No man.'

De telefoon ging over.

'Hoi, dat is lang geleden. Dit is een coïncidentie. We noemden net je naam. Je bent duur hoor.'

'Met wie ben je daar, zo alleen?'

Aan de andere kant van de lijn lachte Fauzia ondeugend.

'Kissable is hier. Ik zal je haar zo geven.'

'Wie is dat nou alweer? Een nieuwe ster, no?'

'No man, je hebt mij zelf kennis met haar laten maken.'

'Ik ken geen enkele Kissable. Sortu keskesi sani na disi?'

'Wacht, wacht even. Je krijgt haar zelf.'

Zylena riep Wanda om aan de telefoon te komen.

'Kissable, Fauzia voor je aan de lijn.'

Wanda stond op en nam de hoorn over.

'Hé, Fautz, fa yu tan. Long time no see.'

Fauzia herkende de stem van Wanda meteen.

'Tan, na yu. In wat voor billen heb je je naam veranderd?'

'Vind je Kissable niet mooi, dan?'

'Het is even wennen. Yu dati, yu law compleet. Zo'n mooie naam heeft je moeder je gegeven, dan verander je dat ding. Zomaar zo. Wat heb je op je kerfstok dat je onder pseudoniem gaat?'

'Zylena plaagt me hoor. Ik had mijn naam tijdelijk veranderd, omdat ik anoniem wilde zijn op mijn oude adres. Maar ik ben allang verhuisd, dus het is weer gewoon Wanda.'

'Ik dacht al, is mevrouw zo gewichtig geworden.

Je logeert een beetje bij Zyleentje, no?'

'Meisje, ik ben baldadig ziek geweest. Ik was bijna dood.'

'Waarom heb je mij niet gewaarschuwd. Ik had langs kunnen komen.'

'Zylena heeft me geholpen. Ze heeft goed voor me gezorgd. Ik zou niet weten wat ik zonder haar zou moeten doen.'

'Ay, zo is ze. Die schat.'

'Ja baya, mijn geluk.'

'Wordt het spannend tussen jullie?'

'No man. Maar, vertel me, hoe gaat het met jou.'

'Comme si comme ça. Broko di broko da, meisje.'

'We moeten gauw wat afspreken. Ik bel je, zodra ik op mijn kamer terug ben. Wil je Zylena nog spreken?'

'Ja, geef me haar even.'

'Hoi, ik zie je binnenkort bij Wanda, hè. Alles goed met jou? Geen spannende ontwikkelingen of zo?'

'Niks te beleven hier, meisje. Het is zo druk op het werk. Als ik thuis ben, ben ik te moe om later naar buiten te gaan.'

'Je raakt nog overwerkt. Pas je wel een beetje op jezelf?'

Fauzia lachte hard.

'Ja, ik zorg goed voor mezelf. No span nanga mi. Eeh, ik ga

ophangen, want angri e kwinsi mi. Ik bel je nog wel. A bun?'
'A bun, ik zie je gauw. Groetjes. Daag.'
Zylena legde de hoorn erop.
'Ook toevallig, hè. Als je over de duivel spreekt, dan trap je op zijn staart.'
'Werkelijk.'
'Wat gaan wij vanavond eigenlijk eten. Zullen we een portie gaan halen? Ik begin honger te krijgen. Heb jij trek? Wat lust jij?'
'Het kan mij niet schelen.'
'Dat hebben ze niet.'
'Gewoon rijst-kip. Als het maar lekker is.'
'Zullen we meteen gaan?'
'Is goed.'
Na het eten zat Wanda weer eens met een glazige blik voor zich uit te kijken. Zylena aarzelde of ze er aandacht aan zou schenken. Toen Wanda ook met haar benen begon te schommelen, vroeg Zylena:
'Heb je teveel gegeten? Zit je maag vol?'
'Ik voel me niet goed.'
'Ga even naar de wc en probeer het uit te kotsen. Zouden ze er troep door gedaan hebben? Ik heb anders nergens last van, althans, nog niet.'
'Ik voel me niet goed. Het is niet van dat eten. Ik kan mezelf niet aan.'
'Jeetje, en je had goede voornemens morgen naar huis te gaan. Je zou je kamer gaan schoonmaken en zo. Hoe moet dat nou. Wil je soms nog een keer naar die therapeute.'
'Nee, ze kan mij niet meer helpen. Ik moet het met mezelf uitvechten. Ik denk dat ik toch liever alleen ben, helemaal teruggetrokken van iedereen, ook van jou. Ik moet er echt zelf uitkomen. Niemand kan me helpen. Ik zit vast met mezelf. Ik ben iedereen alleen maar tot last.'

'Dat is wat jij jezelf wijs maakt. Het is zonde dat je wegzakt. Ik wil niet dat je zinkt. Je kunt zoveel bereiken. Probeer wat sterker te zijn. Vecht waartegen je vechten moet. Pak een pen, begin te schrijven. Pak een gitaar, begin te tokkelen. Koop een conga, begin te drummen. Haal een doek en schilder. Koop Lego en bouw een droomkasteel. Doe in hemelsnaam iets. Koop een boek en lees dat anderen er erger aan toe zijn dan jij. Jij hebt tenminste je vrijheid. Lees alle boeken van zwarte vrouwen.'

'Ik heb al zoveel gelezen.'

'Dat weet ik, dat heb je eerder verteld. Begin opnieuw en lees met een andere houding. Trek je aan de personages op. Die vrouwen hebben de boeken voor jou geschreven.'

'Voor mij?'

'Natuurlijk. Voor jou.'

Zylena stond op en ze haalde *De tuinen van onze moeders* een boek van Alice Walker, uit een doos waarin ze extra exemplaren had liggen van boeken die ze al had. Ze stak haar arm uit en gaf het boek aan Wanda.

'Neem dit morgen alvast mee naar huis. Een cadeautje. Van mij. Of heb je dit al gelezen.'

'O, Zylena. Deze titel had ik nog niet. Ik heb voornamelijk studieboeken. Ik heb geen geld voor romans.'

'Je kunt lid worden van de bibliotheek. Dat kost bijna niks.'

'Bedankt, ik wilde het allang hebben.'

Wanda stond op en ze gaf Zylena een kus.

'Vind je het goed dat ik op bed ga liggen? Ik ben een beetje duizelig.'

'Stel je voor dat ik dat niet goed zou vinden. Welterusten alvast.'

'Ja,' bibberde Wanda opnieuw.

De volgende ochtend ging ze naar haar kamer. Zij en Zylena hadden afgesproken, dat Wanda mee zou gaan naar het feest van Diana. Dat viel in het aankomende weekend.

In een bonte rok en blouse stond Wanda voor de deur.

'Brrr. Heb je het niet koud? Zo warm is het niet. Kom binnen. Je ziet er prachtig uit, meid. Geel staat je goed. Hoe heb je dat voor elkaar gekregen met je haar? Wat heb je ermee gedaan? Ben je naar de kapper geweest?'

'Hoe kan ik geld voor de kapper hebben. Mijn eigen handen, meisje.'

'Kun je van mijn haar ook iets bijzonders maken?'

'Vandaag niet meer. Ik ga mijn goede kleren niet bederven.'

'Ach. Zo kan het ook. Ik kan niets met mijn haar doen. Ik ben zo onhandig.'

'Als ik je haar ga doen, ga ik je een spiegel geven om mee te kijken. Het is niet zo moeilijk.'

'Wil je wat drinken?'

'Hoe laat gaan we naar dat feest?'

'Over een klein uur.'

'Dan drink ik daar. Ik heb op het station een blikje sinas genomen.'

'Hoe gaat het met de studie? Heb je nog wat kunnen doen?'

'Houd op. Herinner me er niet aan. Ik geloof dat ik ga stoppen. Ik denk dat ik naar Afrika ga.'

'Zomaar? Zonder doel? Hoe kom je aan geld voor zo'n verre reis?'

'Als ik het echt niet meer uithoud hier, ga ik desnoods weer op Schiphol werken. Als het moet, werk ik zeven dagen in de week.'

'Je bent stom dat je die studie opgeeft. Doe een tentamen en kijk wat je ervoor haalt. Je hebt collegegeld betaald, boeken gekocht. Je bent toch niet voor niks door de kou gegaan om colleges te volgen.'

'Ik zal zien wat ik doe.'
Wanda zag een afgedekte schaal op de aanrecht.
'Wat voor lekkers heb je daar?'
'Pasteitjes. Voor het feest van Diana.'
'Heeft ze je gevraagd om ze te maken?'
'Nee. Zij niet. Kristel coördineert het. Diana weet niet dat er een feestje bij haar thuis is. Het is een surprise party. Het wordt een grote verrassing.'
'Zijn er veel mensen uitgenodigd?'
'Ik schat in dat de kamer vol zal zitten.'
'Moet iedereen iets klaarmaken?'
Zylena voelde de achterdocht van Wanda.
'Ik denk het niet. Kristel heeft een paar mensen aan het werk gezet.'
'Die Hollanders hebben je gevonden, no, om voor ze te werken.'
'Ik vond het leuk om te doen. Het gaat jou bovendien niets aan.'
'Als ze mij maar niet vragen om in de keuken te helpen.'
'Wees daar niet bang voor. Dat gebeurt niet.'
'Gaan ze dansen?'
'Hoe kan ik dat nu al weten. Kristel heeft me ingefluisterd dat er een pianiste zal zijn. Zij zal de toon aangeven, de sfeer maken. Misschien kunnen we meezingen en wie weet kun jij dansen. Je wilt die mensen laten zien hoe je kunt dansen, no?'
'Ik ben nog nooit naar een Hollands feest geweest. Ik ben benieuwd.'
'Je moet niet verwachten, dat het zo uitbundig wordt gevierd als bij een Surinaamse bigi yari. Men zal voornamelijk met elkaar keuvelen. Het kan heel gezellig worden hoor. Als die idiote Fleur er is, wordt het lachen. Die tapt zichzelf volkomen leeg. Die meid is gestoord.'
'Hollandse humor. Ik ben benieuwd.'

'Zullen we zo langzamerhand gaan?'

'A bun.'

Het was donker bij het huis van Diana. Dat zat in de planning en Zylena wist dat. Ze belde aan. Niemand anders dan Fleur deed de deur open.

'Hallo, heerlijke negerzoen van me. Kom gauw binnen. We zitten achter. Heb je je liefje meegenomen?'

'Dit is Wanda.'

'Hoi, Wanda. Je staat in het donker, maar ik zie je wel. Kom binnen, meisjes.'

Wanda en Zylena liepen achter Fleur aan. Wanda kneep Zylena in haar rug. Zylena reageerde niet. In de achterkamer schemerde het. Bij kaarslicht zat een groep mensen te babbelen.

'Hallo, dames. Leuk dat je bent gekomen, Wanda. Ga maar ergens zitten. Nu is er nog plek. Zijn dat de pasteitjes, Zylena?,' vroeg Kristel.

'Helemaal goed. Moet ik die schaal in de keuken zetten?'

'Geef die maar aan mij. Met deze gulzige lui weet je het nooit.'

Zylena gaf de schaal aan Kristel. Ze ging naast Fleur zitten.

'Schenk jij mij niets te drinken in?,' plaagde Zylena.

'Mevrouw komt als laatste binnen en wil als eerste op haar wenken bediend worden. Tot uw orders.'

Fleur sprong op en ze maakte een buiging. Ze ging naar de tafel waar de flessen drank op stonden, schonk twee glaasjes witte wijn in, en liep er voorzichtig mee naar de achterkamer terug.

'Mevrouw,' en ze maakte een kniebuiging voor Zylena.

'Zoals het hoort,' lachte Zylena.

'Proost. Op het feestvarken dat er niet is. Dat het een bonte avond mag worden. Gedronken zal er worden, vandaag. Diana wordt maar een keer veertig. En we vieren maar een keer een feestje voor haar op onze kosten. Proost op de wijn die ik zelf heb meegebracht. Een hoera voor Kristel, de superregelaarster. Waar is ze? Kristel, waar ben je?'

'Hier,' riep Kristel.

'Dacht ik het niet. Ze zit stiekem in de keuken die schalen leeg te eten. Komt Diana straks binnen, mag ze de lege schalen afwassen. We moeten die Kristel in de gaten houden. Het is haar niet aan te zien, maar ze kan bunkeren.'

'Wanda, heeft Fleur jou niets te drinken gebracht? Neem het haar niet kwalijk. Als Fleur Zylena ziet, sloofi ze zich altijd voor haar uit. Ze bereikt er niets mee. Die Fleur. Wanda, zeg het maar. Ook een wijntje? Rood, wit?' vroeg Kristel.

'Als het niet teveel moeite is, wit,' zei Wanda.

Kristel liep naar de tafel. Op dat moment hoorden de gasten de sleutel in het sleutelgat. Kristel liep snel terug en ging gauw zitten. Ze fluisterden dat zodra het licht aanging, er gezongen zou worden: 'Er is er een jarig, hoera'. Diana kon haar ogen niet geloven. Ze stond ademloos te kijken.

'Wat is hier aan de hand?,' vroeg ze.

'Happy birthday to you, happy birthday to you,' begon Fleur met haar hese stem.

'Nou ja! Nu gaat er iets bij mij dagen. Ze keek naar Yvette, met wie ze uit eten was geweest. Dit is een complot. Ik ben erin getrapt. Alle mensen, ik zou mijn veertigste verjaardag niet vieren. Dit is het toppunt.'

De pianiste speelde enkele verjaardagsnummers en de vriendinnen van Diana zongen opnieuw. Diana keek om zich heen. Ze was onder de indruk. Ze bleef staan, totdat de pianiste ophield met spelen. Toen liep ze naar de keuken, keek rond, en ging weer naar binnen.

'Wat wil je drinken, Diana?,' vroeg Yvette.

'Een groot glas bier om dit te bevatten. Hoe hebben jullie dat toch gedaan. Wie zit hier achter? Die pak ik terug. Niemand heeft zich versproken. Het is onmogelijk.'

Yvette bracht Diana een glas bier.

'Ik heb net met de feestcommissie overlegd en we hebben besloten dat iedereen maar doet, alsof die thuis is. Wie wat wil eten of drinken, gaat het zelf halen.'

Er werd druk gepraat en tussendoor speelde de pianiste een nummer. Soms op verzoek. Zylena haalde een glaasje wijn voor Wanda.

'Hoe vind je het?' vroeg Zylena.

Wanda zei niets.

'Vind je het gezellig?' vroeg Zylena wat luider.

Wanda hield haar mond dicht.

'Wil je naar huis?' vroeg Zylena.

Wanda draaide zich om.

'Als je het niet naar je zin hebt, moet je het zeggen,' zei Zylena.

'Laat me,' zei Wanda.

'Zal ik een pasteitje voor je halen?' vroeg Zylena.

'Ik hoef niets. Ga met je vriendinnen praten. Het zijn jouw vriendinnen,' zei Wanda.

'Vermaak je je dan?' vroeg Zylena.

'Ik zie wel,' zei Wanda.

'Goed. Ik ga even met Yvette babbelen. Ik kom zo weer bij jou. Je hebt zoveel te vertellen. Begin een gesprek met iemand.'

'Ik zie wel.'

Zylena zag hoe Wanda het glas wijn in een keer leeg dronk. Ze maakte zich zorgen om wat komen ging. Terwijl ze met Yvette zat te praten, hoopte ze dat een aanval van Wanda achterwege zou blijven. Toen zag ze dat Wanda opstond en nog een glas wijn inschonk. Zylena hield haar hart vast. Yvette merkte er niets van. De spanning bij Zylena liep terug, toen Kristel naast Wanda ging zitten. Tenslotte waren die twee niet vreemd voor elkaar. En Kristel was een onderhoudend type, dat wel een poosje met Wanda zou zitten kletsen. Juist toen Zylena zich wat meer op haar gemak voelde, ontstond er enige commotie rond de hoek waar Wanda zat.

'Zylena. Kom. Vlug. Er is iets met Wanda,' riep Kristel.

Zylena sprong op van haar stoel. Wanda leek totaal van de wereld.

'Wanda. Wat is er? Voel je je niet lekker?' vroeg Zylena.

'De wijn?' aarzelde Fleur.

'Het zou kunnen,' zei Zylena.

'Is er iets gezegd dat haar niet beviel?' vroeg Zylena, terwijl ze naar Kristel keek.

'Nee. Niet dat ik weet. Ik zei dat ik zwarte vrouwen meestal heel mooi vind,' zei Kristel. 'Ze vertelde over haar studie. Ik vroeg of ik nog wat te drinken kon halen voor haar. Toen ik terugkwam met haar glas, pakte ze het ruw uit mijn hand. Kijk, de wijn zit in mijn mouw. Haar ogen begonnen te draaien. Heel eng. Ze zei: "Ik weet dat ik lelijk ben. Je hoeft niet zo lang naar me te kijken." Zo bedoelde ik het niet. We moeten iets doen.'

'Het is niet de eerste keer. Het komt wel goed. Kunnen jullie helpen haar naar de buitendeur te brengen. Voor wat frisse lucht,' zei Zylena.

Het stuiptrekken was opgehouden en het leek alsof Wanda was flauwgevallen.

'Gaat het, Wanda. Ik ben het. Zylena. Wat is er met je? Voel je je niet goed? Heb je te snel gedronken?,' vroeg Zylena.

Wanda gaf geen antwoord. Haar ogen draaiden. Zylena zei niets. Ze wreef de linkerpols van Wanda.

'Laat me los,' verraste Wanda haar.

'Gelukkig. Je bent bij bewustzijn. We maakten ons zorgen. Gaat het weer?,' vroeg Zylena.

'Breng me naar huis,' viel Wanda uit.

'Wil je niet rustig bijkomen?'
'Breng me naar huis, man.'
'Ik ga Diana groeten. Ik ben zo terug. Zal ik een jas te leen vragen? Zo kun je niet naar buiten. Je bent hartstikke slap.'
'Ik wil geen geleende jas. Ik kan zo gaan.'
Zylena kwam snel terug. Diana en Kristel liepen mee.
'Sterkte, Wanda,' zei Diana. 'Een volgende keer rustig aan met alcohol, hè.'
Zylena wenkte Diana om verder niets te zeggen.
'Meid. We doen het nog eens dunnetjes over. Het was binnen ook veel te warm,' zei Kristel.
Ze gaf Wanda een kus op haar wang, en zei: 'Jammer dat je zo vroeg weg gaat. Het leukste moet nog komen.'
'De polonaise,' lachte Diana.
'Die dansen wij straks in onze droom,' zei Zylena.
'Sterkte nogmaals. Tot ziens,' en Diana liep naar haar gasten terug.
'Zylena, bedankt, hè. De pasteitjes zijn heerlijk. Pas goed op Wanda. We bellen. Goed?! Doei,' en Kristel deed de voordeur dicht.
In de auto vroeg Zylena aan Wanda wat er plotseling was gebeurd, dat ze niet goed werd.
'Ik ben niet goed. Ik word nooit meer goed.'
'Leg je hoofd tegen de hoofdsteun. Dat is beter voor je.'
'Rijd, man. Breng me naar huis.'
Zylena gaf geen antwoord en reed rustig naar haar huis terug. Ze vond het spijtig dat de avond was verpest. Er spookte van alles door haar hoofd. Ze had met Wanda gevreeën en dat had hen dichterbij elkaar gebracht. Het ene moment koesterde ze de omgang met Wanda, het andere moment maakte de onvoorspelbare houding van Wanda haar huiverig. Wanda had genoeg in haar mars om verder te komen, maar ze verspilde haar kracht en energie aan futiliteiten. Zoals Wanda

nu in de wereld stond, ging ze er onderdoor.

Bij het huis van Zylena aangekomen, stapte Wanda moeizaam uit de auto. Ze wilde niet dat Zylena haar ondersteunde. Met haar armen schuin over elkaar, liep ze licht voorover gebogen de kamer binnen.

'Wil je meteen gaan slapen, of zal ik wat te drinken voor je inschenken?,' vroeg Zylena.

'Je kan me water geven,' zei Wanda.

Ze zaten tegenover elkaar. Zylena keek Wanda vragend aan.

'Wat had je toch opeens?'

'Je moet me niet meer vragen om met je naar jouw feestjes te gaan. Die mensen weten niet hoe het hoort. Ik heb de hele avond daar gezeten. Ze hebben me niets te drinken gegeven. Niemand sprak met me. Niemand bemoeide zich met me.'

'Het is niet helemaal waar wat je zegt. Kristel zou een wijntje voor je halen. Toen ging de bel. Diana kwam thuis. Kristel is het daarna vergeten. Dat kan gebeuren.'

'Je neemt het al weer op voor die ptata's.'

'Jij had ook een gesprek kunnen beginnen. Je zat te wachten, totdat zij naar jou toekwamen. Jij kunt ook eens initiatief nemen. Daar ben je te beroerd voor.'

'Je hebt zeker niet gehoord wat die zogenaamde moppentapster tegen me zei, toen ik naast je stond. Ze kan oprotten met haar negerzoenen.'

'Je moet niet alles zo hoog opnemen. Je bent zwaar op de hand. Als je Fleur zou kennen, zou je om haar kunnen lachen.'

'En die geweldige vriendin van je, Kristel. Ze kijkt me aan met dat lelijke hoofd van haar. Dan zegt ze dat ze zwarte vrouwen mooi vindt. Ze wilde me gewoon voor schut zetten. Ik pik die dingen niet meer. Altijd halen ze stronterij met me uit.'

'Kristel vindt je toevallig een mooie meid. Dat heeft ze al de eerste keer dat ze je zag, gezegd. Ze zal het ook zo bedoelen. Als jij zo doorgaat met iedereen te wantrouwen, dan kun je wel inpakken.'

'Ik moet inpakken, ja. Ik moet weg uit dit verschrikkelijke land. Ik weet niet hoe ik de fout heb kunnen maken om naar Nederland te komen. Ik moet mijn plan uitvoeren. Ik ga naar Afrika.'

Zylena zat Wanda stomverbaasd aan te kijken. Plotseling leek Wanda helemaal beter.

'Zullen we eerst samen op vakantie gaan? Over twee jaar bijvoorbeeld. Dan heb ik geld gespaard. Van al mijn onderbetaalde baantjes. Ga je mee?'

'Ik kan niets met je plannen. Ongeacht of je wel of geen liquide middelen hebt over twee jaar.'

'Ik ken het Caraïbisch Gebied op mijn tien vingers. Ik zal je met trots laten zien waar ik gestudeerd heb.'

'Twee jaar is ver weg, Wanda. Er kan van alles gebeuren. Ik kan wel dood zijn.'

'Bij mij ben je veilig. We worden samen honderdtachtig.'

'Het idee. Nee. Ik moet er niet aan denken.'

'Tussen ons gaat het nooit uit.'

'Wat gaat nooit uit. Het is niet eens aan.'

Zylena verwachtte hel en donder.

'We hebben een relatie. Hoe kan je zeggen dat het niet eens aan is.'

Wanda zette haar handen in haar zij. Zylena zat op de bank en ze keek zorgelijk. Ze moest Wanda duidelijk maken dat ze geen eeuwigheidsrelatie met haar wilde, maar in haar achterhoofd speelde de opvliegendheid van Wanda mee.

'We hebben inderdaad een relatie, maar niet in de zin, zoals jij die voor ons bedenkt. Ik heb ook een stem. Ik wil niet zo intiem met je zijn. We zijn in de eerste plaats vriendinnen, zo voel ik het tussen ons, maar we zijn geen geliefden. Daar is meer voor nodig. Bij mij in ieder geval. Ik ben niet verliefd op je.'

Wanda zwaaide met haar vinger in het gezicht van Zylena.

'Je bent niet verliefd op me, no! Waarom heb je dan met me gevreeën?'

Wanda verhief haar stem en ze liep in de richting van Zylena.

'Het gebeurde. We waren er blijkbaar allebei aan toe. Ik had er tegen kunnen vechten, maar ik ben ook van vlees en bloed. Je wist dat ik er niet om zat te springen, maar mijn weerstand was, laten we zeggen, onvoldoende. Ik vond het ook niet onplezierig. Maar om nou te zeggen dat die vrijage een levensverzekering is, mijn god, nee. Dan ben je zwaar onderverzekerd. Het spijt me. Dat geschreeuw en zo, als iets niet gaat zoals jij dat wilt. Soms ben ik bang van je.'

'Je gaat nog banger van me worden. Ik zal je leren wat bang zijn is.'

Zylena stond op. Ze wilde naar buiten lopen voor wat frisse lucht.

'Ga zitten.'

Wanda duwde haar terug in de stoel.

'Je hebt die fucking ptata-manieren overgenomen van die fucking ptata-vrouwen. Mijn lichaam deel ik alleen met mensen van wie ik houd. Waarom ben je met me naar bed gegaan, als je toch niet van me houdt. Je profiteert van mijn zwakte. Ik heb iemand nodig.'

Wanda's ogen schoten vuur. Zylena probeerde haar kalmte te bewaren.

'Dus je voelt niks voor me,' brieste Wanda.

Het leek alsof Wanda zichzelf oppompte, zoals gewichtheffers dat doen voordat ze de halter van de grond tillen. De maagspieren van Zylena trokken samen.

'Luister, laten we geen ruzie maken. De verhoudingen zijn duidelijk. Jij bent verliefd, ik niet. En, als je zo voor mij staat, heb ik zelfs geen zin meer om langer contact met je te hebben. Als je met vriendschap geen genoegen kunt nemen, dan lijkt het mij beter om elkaar in de toekomst niet zo vaak te zien, in ieder geval, de komende maanden, tot na de herfst of zo. Ook niet te bellen. Kun je hiermee dealen?'

'Je bent een echte moorkop. Je buitenkant is zwart. Maar je binnenkant is zo wit als eiwit. Witter dan eiwit, witter dan melk. Wil je dat ik een paar eieren naar je hoofd slenter, jij duivelin. Je wilde me gewoon neuken. Daarom mocht ik hier anytime komen. Ga met je ge-bla-bla-bla een theoretische verhandeling schrijven over wat je voelt en niet voelt. Stuur het op naar die schrijfster van je in Afrika, misschien kan je haar inspireren tot een heel boek over geflipte zwarte mensen die Duo Penotti en Bounty willen zijn. Ik ben een zwarte vrouw en je moet niet aan mijn zwarte dingen komen. Je hebt me gebruikt.'

Zylena liet de scheldkanonnade over zich heen komen. Wanda kon het niet uitstaan dat Zylena rustig bleef. Ze pakte Zylena bij haar schouders beet en ze schudde haar door elkaar. Daarna liep ze woest de kamer uit.

'Ik ga mijn biezen pakken. Ik ga weg van hier.'

Het liefst zag Zylena haar ook gaan. Ze slikte haar woorden in.

Ze dacht aan wat Wanda haar over haar familie had verteld en over haar ouders die sloegen. Dochters leken zo vaak op hun moeders, schoot het door haar hoofd. Ze wist van zichzelf dat ze heel wat trekjes vertoonde, die ze bij haar moeder ook had waargenomen. Wanneer ze zichzelf erop betrapte, dat ze gedrag vertoonde dat identiek aan dat van haar moeder was en dat haar bovendien niet wenselijk leek, probeerde ze er een volgende keer rekening mee te houden. Ze wilde voorkomen dat Wanda haar zou slaan, want ze wist zeker, dat ze haar in dat geval nooit meer zou willen zien.

Zylena stond op en ging op een andere stoel zitten. Ze vroeg zich af hoe ze Wanda zou kunnen helpen haar gevoelens te kanaliseren en hoe zijzelf haar gedachten het beste kon herschikken. In haar woedde een geheime pijn, terwijl ze zeker wist dat ze in ieder geval zichzelf zou beschermen. En omdat Wanda deel van haar bestaan was geworden, wilde ze, koste wat kost, desnoods tegen de stroom in, haar niet laten rondzwemmen in de put die haar ogen gegraven hadden, lang voor hun eerste ontmoeting.

Zylena ging naar de logeerkamer, waar Wanda zich had teruggetrokken.

'Hallo,' zei Zylena.

Wanda antwoordde niet.

'Mag ik binnenkomen,' vroeg Zylena.

'Donder op,' zei Wanda.

Ze was laaiend.

'Ik wil met je praten.'

Zylena bleef staan.

'Er valt nergens over te praten. Je hebt alles al gezegd. Maak me niet kwader. Sodemieter op.'

'Ik donder niet op. We moeten praten.'

'Het is toch uit.'

'Het is nooit aan geweest.'

'Ga uit mijn gezichtsveld.'

'Waar moet ik naartoe? Het is mijn huis.'

Zylena begon te lachen.

'Ga weg, ga weg,' en Wanda begon te huilen. Minutenlang.

Zylena bleef staan. Ze voelde zich gevangen in een fuik en beroofd van haar rust. Wanda ervaarde de gebeurtenis als een inbraak in de tempel die haar lichaam was. Ze leek te zijn vergeten dat ze er zelf op had aangestuurd, dat hun lichamen als sterke boomwortels boven de grond verstrengeld waren geraakt. Dat de zoete lucht van vanillestok die hen omhulde wel eens verstikkend zou kunnen zijn. Dat fijnzinnig vrouwenwerk, hoe zorgvuldig ook geweven, de kans liep te ontrafelen. Dat ze, zoekend naar richting, zou kunnen verdwalen in de chaos van draden die hartstocht, woede en angst vormen. Wanda deed alsof het einde van haar wereld dichterbij was gekomen. In plaats van vast te houden aan het zusterschap dat zich tussen haar en Zylena versterkte, riep ze door haar dwingende houding afstand op. Juist in een periode dat ze zo naar het nabije verlangde. Wanda voelde zich afgewezen op dezelfde manier, zoals haar moeder haar duidelijk had gemaakt dat zij de lelijkste van de kinderen was. Haar verleden dook weer op en ze zag zichzelf in de spiegel als het meisje waar alles aan ontbrak, het meisje met de grove, grote handen, het meisje met het veel te kroese haar, het meisje dat te lang en te groot was, het meisje dat te zwart was.

'Ik weet het. Ik weet het,' zei Wanda tegen Zylena.

'Mijn moeder heeft me altijd al gezegd dat ik niet deug. Ik ben waardeloos. Is dat wil je horen, toch.'

'Ik moet wat voorzichtiger met je omgaan, maar hoe dan ook, die buien van je beangstigen me,' zei Zylena.

'Wil je dat ik echt razend word,' en Wanda stond als een worstelaar in de laatste ronde van zijn gevecht.

'Zo ben ik. Zo praat ik. Als je vergeten bent, dat ze in dat land waar jij vandaan komt, zo praten, dan is dat jouw zaak. Dan moet je mij niet vermoeien met al die witman-shit van je,' zei Wanda.

'Er valt met jou geen zinvol gesprek te voeren.'

'Je hebt mij afgewezen. Verdomme.'

'Ik heb je niet afgewezen, maar wat jij wilt, kan ik niet opbrengen. Nu niet, en waarschijnlijk nooit.'

De kamer leek te zijn veranderd in een arena, waar rivalen elkaar met krachtstoten proberen te imponeren. Wanda voelde zich verraden toen Zylena haar erop wees, dat de pijn die ze voelde uit niet-verwerkte ervaringen kwam.

'Ik kan mijn boontjes zelf wel doppen.'

'Doe het dan. En probeer niet voor mij te denken.'

De spanning in de kamer steeg als bij het voorlezen van een vonnis over de toewijzing van de ouderlijke macht bij een echtscheiding. De woorden van Wanda kwamen aan als een hamerslag.

'Ik ga je vermoorden. Het is afgelopen. Je onderdrukt me. Altijd kom ik naar jou toe. Nooit kom jij naar mij,' en ze gooide een kussen in het gezicht van Zylena.

'Is dat kussen om mij te verdedigen tegen jouw moord met voorbedachte rade?,' vroeg Zylena, wier hart begon te bonken van angst. Ze was banger dan ooit, maar ze probeerde haar angst te verbergen. Ze zou nooit aan wie ook laten zien dat ze ergens of van iemand bang was. Het was er in haar opvoeding ingestampt om onder alle omstandigheden zo nuchter mogelijk te blijven, het hoofd koel te houden. Maar nu leek het, dat de bliksem zou inslaan. Dat er een natuurramp zou plaatsvinden. Dat een koel hoofd zou smelten. Haar ouders hadden haar op een andere manier weerbaar gemaakt tegen de maatschappij. Ze was beschermd omgeven met ouderlijke warmte. Met heel veel speelgoed en ontelbaar veel boeken kon ze zich samen met haar zussen vermaken. Er leken bij haar thuis nooit grote problemen. Haar ouders hadden samen een goedlopend advocatenkantoor dat ze later in Nederland voortzetten. De zorg voor de kinderen was goed geregeld. Een oppas die in Suriname inwoonde, en toen ze naar Nederland verhuisden was er de huishoudster van twaalf tot vier. Dan kwam haar moeder thuis en dronken ze thee. Als het huiswerk nog niet af was, keek haar moeder om welke leerstof het ging. Zonodig hielp ze de kinderen. Dan ging haar moeder koken. Tegen zessen of nog wat later, kwam haar vader thuis. Elke dag deden ze, voordat ze aan tafel gingen, een spelletje. Gewoon 'Mens erger je niet,' Rummikub of Domino. Soms ook Vreet na pot of Troef call, hoewel de ouders van Zylena niet veel moesten hebben van kaartspelen.

Een paar keer in de week gingen de meisjes naar hun clubs: paarddrijden en hockey. De oudste zus van Zylena had een hekel aan sport. Zij speelde piano en tekende graag. Eén of twee keer per jaar ging het gezin naar een andere stad. Meestal werd het een weekendje Antwerpen, met winkelen en soms een museumbezoek.

De grote vakantie bracht de familie altijd vier weken door in verre landen. De kinderen waren zelfs al in Indonesië geweest. Zylena vond het er wel leuk, maar ze verlangde toch weer naar Nederland. Ze was een beetje bang van ongedierte, ook al zag ze behalve honden, kippen, vogels en wat leguanen geen beesten waarvan je bang kon worden. Ze wilde voor de gekste dingen terug naar Nederland. Voor een portie frites met veel mayonaise. Voor salmiakdrop en voor de Hollandse vruchten. Wat een kind al niet beroeren kon om naar een ander land te verlangen.

Zylena zag opeens weer die dreigende ogen van Wanda. Ze keek Wanda strak aan.

'Je gelooft me niet, no. Ik ga je vermoorden,' gilde Wanda.

'Het leven is mooi, maar als jij het anders voor mij wilt... Ik kan je niet tegenhouden, zelfs al voel ik dat ik jou moèt beschermen tegen jezelf,' sprak Zylena, nog kalmer dan eerst.

'Doe dan iets,' en Wanda schudde Zylena door elkaar.

'Ik kan niets doen. Je bent geen boetseerklei die ik even kan kneden tot het beeld dat je van jezelf verlangt.'

Het was alsof Shiling Oil in Zylena's hoofd prikte.

'Je moeder heeft je verboden jezelf te zijn. Je moeder heeft je verboden je emoties te tonen. Die opvoeding van je is nep,' en Wanda sloeg alweer met het kussen in Zylena's gezicht.

'Nu is het afgelopen. Je gaat de deur uit. Of je gaat slapen,' zei Zylena streng. Ze was doodsbang.

'Hoe moet ik slapen. Ik kan niet slapen in dit huis. Morgenochtend vroeg ga ik naar huis. Ik neem de eerste trein.'

'Hoor je me? Jullie potten zijn erger dan mannen,' schreeuwde Wanda.

Zylena zweeg. Ze wilde niet dat de situatie zou escaleren.

'Ik ga weg voordat ik een moord pleeg,' dreigde Wanda weer.

Zylena's gedachten dwaalden naar de keuken. In de ene la lagen messen in diverse afmetingen, botte en scherpe. In de andere la lagen scharen in diverse lengten. En op zolder lag veel gereedschap. Ze huiverde. Stel je voor dat Wanda werkelijk buiten zichzelf zou geraken en een poging tot moord zou ondernemen. Nee, dat was bluf, suste ze haar bonkende hoofd en hart.

Als Wanda haar lichamelijk schade wilde toebrengen, dan was ze allang opgestaan om haar kokende krater uit te kotsen in de vorm van metaal dat brandt in de huid van een vijandige vreemdeling. Ze nam zich voor geen woord meer te zeggen, bedreigd of niet bedreigd, verdrietig om de bittere diepe wond die een nieuw litteken zou achterlaten en enigszins opgelucht bij de gedachte dat Wanda de volgende ochtend haar huis zou verlaten. Met een gebroken gezicht, waarin de sporen van de vernieling van die dag liepen, viel Zylena in slaap.

'Doe niet alsof je slaapt,' zei Wanda na enige tijd.

Maar Zylena sliep. Wanda zuchtte. Ze voelde zich bedrogen. Zij zou nooit iemand in haar bestaan hebben toegelaten, wanneer ze niet het gevoel had met die geliefde een monument van leven te kunnen bouwen. Nu Zylena niet aan haar verwachtingen voldeed, zou Wanda het web dat ze had geweven voor hun beiden, kapot slaan, zoals kleine kinderen doen met het huis van een kwetsbare spin. Zonder nadenken kapot maken wat een bijdrage kan leveren aan een rijker bestaan als mens. Met haar vingers knoopte Wanda een net om Zylena te vangen en haar te roosteren op het vuur dat eens voor haar was begonnen te branden. In verwarring nam de slaap haar in bescherming.

De werelden van Wanda en Zylena waren zo verschillend, dat het er niet naar uitzag dat ze vriendinnen zouden kunnen blijven. Hoewel hun geschiedenis als zwarte vrouw gemeenschapszin en verbondenheid zou vermoeden, bleek het tegendeel waar te zijn.

Wanda verloor teveel energie op haar zoektocht naar zichzelf. De vernederingen en de afwijzingen die wezenlijk onderdeel van haar bestaan vormden, hadden een fatale werking. Het negatieve beeld dat ze van zichzelf had, werd gevoed door iedere opmerking die niet in haar straatje paste, in het bijzonder wanneer die opmerking uit de koker van een zwarte zuster kwam of uit die van een westerse mens. Haar moeder had haar een spiegel voorgehouden naar het beeld van de witte mensen. Ze had al zo vaak gehoord dat ze te lelijk, te zwart was en niet deugde. De jarenlange zwerftocht had haar als een reizende vreemde in contact gebracht met Zylena.

Zylena, ook een zwarte vrouw, maar met een totaal andere achtergrond. Haar moeder had haar juist voorgehouden dat ze mooi was en trots moest zijn op alles wat ze had en dat ze naar het beste in de wereld moest streven.

De ervaring dat iemand zo minachtend over zichzelf kon zijn, was schokkend voor Zylena. Nooit eerder had ze beseft dat het superioriteitsdenken zo'n diepe invloed op iemand kon hebben, dat die ander zichzelf vernietigde in plaats van de opgelopen frustraties te erkennen en daar iets mee te doen.

Wanda had geprobeerd zichzelf een andere spiegel voor te houden in de persoon van Zylena. Maar de opvattingen die Zylena had, strookten niet met die van Wanda. Zylena wees Wanda af. Uit zelfbehoud. De pijn kwam hard aan. Aan wie zou Wanda zich moeten optrekken, nu ze het gevoel kreeg dat zelfs een zwarte zuster haar liet vallen? Wanda had Zylena op een voetstuk geplaatst. Zylena begreep opeens haar opmerking: 'Ik wil zijn zoals jij bent.' Wanda bedoelde waarschijnlijk het grote gevoel van eigenwaarde dat Zylena, gesteund door haar familie, had opgebouwd. Zylena was geen vrouw die zich druk maakte om de afmetingen van haar kenmerken van uiterlijk schoon. Sterker nog, ze had nog nooit meegemaakt dat een compliment voor dikke lippen, grote handen en platte neuzen als minderwaardig werd ervaren door sommige zwarte mensen. Ze herinnerde zich het moment waarop ze tegen Wanda had gezegd 'Wat heb je toch heerlijke volle, dikke lippen,' en dat haar interpretatie van schoonheid haar niet in dank werd afgenomen.

Wanda had woest gereageerd: 'Ja, alleen die van jou zijn goed.' Nu Zylena bezig was afstand te nemen van Wanda, realiseerde zij zich, dat Wanda zich liet opfokken door de opmerkingen van haar moeder en dat ze de woorden van Zylena als een belediging had ervaren. Zylena was niet van plan om ooit aan Wanda uit te leggen hoe prachtig zij die lippen vond, vooral wanneer Wanda ze met lippenstift accentueerde. Zylena vond Wanda opeens zo belachelijk. Haar geduld voor Wanda was op en dat wilde ze tenslotte aan Wanda kwijt. Ze zou de eerste de beste gelegenheid daartoe aangrijpen. Wanda haar negatieve zelfbeeld zat zo diep geworteld, dat ze op eigen kracht niet open kon staan voor veranderingen. In stilte beoordeelde ze zichzelf naar het beeld van een andere zwarte vrouw, maar tegelijkertijd werd ze daarin geblokkeerd en verslechterde haar zelfbeeld. Telkens wanneer ze met iemand iets opbouwde, maakte ze het zelf kapot. Ze leek niet bij machte om te gaan met de pijnen uit haar verleden, en zo projecteerde ze haar eigen pijnen op de mensen die dichterbij haar ziel kwamen, wat ook haar mening bevestigde dat de mensen in de Westerse samenleving slecht zijn.

Hoe meer ze werd geconfronteerd met de manier waarop Zylena in de wereld stond, hoe minder zij zichzelf vond. Hoe minder zij zichzelf vond, hoe meer ze Zylena beschouwde als de put waaruit haar pijn opsteeg.

Behalve dat het leven van Wanda alleen maar uit ellende leek te bestaan, was ze niet opgewassen tegen de eenzaamheid waarmee ze werd geconfronteerd. In Suriname, waar mensen elkaar vaker buiten ontmoetten, kon Wanda alleen wonen. Ze kreeg zoveel aandacht van haar omgeving, dat ze de mensen eerder bij zich vandaan moest houden, dan ze naar zich toetrekken. Iedereen stond even stil om een babbeltje met haar te maken. Wanda had gestudeerd en dat werd door de buurt hoog gewaardeerd. In het land der blinden is éénoog koning. Enkele oudere vrouwen in haar straat riepen de hulp van Wanda in, wanneer zij ergens mee vastliepen. Het varieerde van hoge telefoonnota's waar ze niets van begrepen tot aan een lekkende meter van de waterleiding. Wanda ging dan met de vrouwen op pad om uit te zoeken wat er aan de hand was. Als de zaak duidelijk was, toonden de vrouwen hun dankbaarheid met pannetjes eten, fruit, of zelfs een lapje stof.

Wanda woonde naar haar studie alleen in een huisje. Mede om die reden was ze in haar straat onderwerp van gesprek. Soms positief, soms negatief. Zo benauwend als aandacht in Suriname kon zijn, zo dodelijk was de kilte in Nederland. Wanda raakte steeds verder in verwarring. Ook al had haar moeder haar als een ongewenst kind behandeld, wat haar nú overkwam, leek alle vorige ervaringen te overstijgen. Wanda voelde zich als een navelstreng die na een miskraam op een veldje ergens achteraf in een sloot wordt gegooid. Er ontstond een plotselinge drang bij haar om haar moeder op te bellen. Ze raakte in paniek, want door de vele verhuizingen was ze een deel van haar papieren kwijtgeraakt. Ze ging zitten onder de palmboom die ze in het tuincentrum had gekocht. Ze deed haar ogen dicht, dacht diep na en probeerde zo wat herinneringen op te roepen. De telefoon stond pal naast het raam op een houten tafeltje. Terwijl ze sprak, kon ze naar buiten kijken, zodat niets haar ontging. De telefoonklapper lag onder de telefoon en bijna nooit werd hij geopend, omdat ze de nummers van de mensen met wie ze lang en regelmatig belde, uit haar hoofd kende. Nu wist ze het nummer van haar moeder niet meer. Ze dacht bij zichzelf: 'Als ik bij Grace thuiszat en mijn moeder opbelde met een smoes over het huiswerk dat we maar niet snapten, welk nummer draaide ik ook alweer. Het begon met een zeven,' wist ze opeens. 'O ja, het geboortejaar van mijn overleden grootvader. Daarmee eindigde het nummer. Wanneer werd die duivel geboren?'

Hij was een duivel, want bij zijn dood bleek hij meer dan zeventig kinderen te hebben verwekt. En bij leven had hij daarover gezwegen. Achttien vrouwen had die man gehad. Geen ander die het hem na kon doen. Haar grootmoeder wist dat haar man uitliep, maar ach, dat kleine pensioen was voor haar en ze suste zichzelf met de woorden: 'zo zijn die beesten.'

Wanneer de oma van Wanda boos was, noemde ze haar man in het bijzijn van iedereen 'brandhout'. Dan stond de opa van Wanda op, deed zijn slippers aan, zette zijn hoed op, pakte zijn wandelstok en liep naar buiten. Soms kwam hij pas na dagen terug. 'Achttien acht en negentig'. Ja, ze had het. Het hele nummer. Alsof ze de loterij had gewonnen, sprong ze op en kreeg zowat een tak van de palmboom in haar oog.

Ze zou haar moeder spoedig bellen. Ze schreef het telefoonnummer op en ze moest naar de wc rennen van angst en blijdschap tegelijk. Waarom voelde ze zo'n drang haar moeder op te bellen? Haar moeder zou toch niet ziek zijn. Een zus in blijde verwachting? Een oma die op sterven lag? Een broer die ging trouwen? Ze wist het niet, maar ze werd er behoorlijk onrustig van. Hoe dan ook, ze wilde even thuis zijn. Ze verlangde naar de intimiteit die zoveel pijn verborg.

Ze rook de lakens waarop ze had gelegen, toen haar lichaam onder de striemen zat van de riem die haar vader gebruikte om hen, en vooral haar, tot de orde te roepen. De lakens die net zo gekreukt waren als zijzelf. Het kussen waarin ze zoveel tranen had gehuild en waarin ze van woede had gebeten. Haar moeder had haar voor die daad een extra pak slaag gegeven, vanwege het gat dat in de kussensloop was gekomen. En iedere keer had ze gezegd: 'Ik zal het niet meer doen'. Al wist ze niet goed wat ze niet meer zou doen, ze beloofde het niet meer te zullen doen. De souvenirs uit haar jeugd, zichtbare en onzichtbare littekens, ze waren alle bij haar gebleven. En ze werden opengereten, elk op een ander tijdstip. Het ene als een bevroren lichaamsdeel dat door de patholoog anatoom wordt doorgezaagd, het andere als droge klei, door de aarde gescheurd. Nu ze in Nederland verbleef, verlangde ze toch hartstochtelijk naar de omgeving, zo vol smet en eeuwig etterende wonden die familieleden op elkaar overdroegen.

Zo voelde ze dat tenminste. Er heerste een vloek op haar familie, hun gezin. Een broer was overleden bij een verkeersongeval.

Een zusje was in de rivier gevallen en de politie kwam thuis om aan de familie te vertellen, dat haar zusje in coma was geraakt. Tantes hadden aan het ziekbed gepraat en gebeden maar niets hielp. Zelfs de hulp van een bonuman die haar zusje een wasi kwam geven, was tevergeefs. Een paar dagen later was het zusje dood. Ze werd door de pater voorzien van de laatste Heilige Sacramenten. Een andere broer zat op de grote vaart. Hij had nooit meer iets van zich laten horen. Hij was ongetwijfeld ook dood, door de haaien verzwolgen. Was dat het misschien? Zou haar moeder uit angst voor de dood het nieuwe leven, dat Wanda wilde voortbrengen, schuwen? Dat was niet eens zo'n rare gedachte. Lag daar het geheim waarom haar moeder haar in de steek liet, toen ze om hulp riep. Ja, haar moeder was bang dat ook haar baby op een dag zou sterven. Dan zou ze de abortus met vreugde tegemoet hebben gezien. Ze vergiste zich. Haar moeder meende het goed met haar. Haar moeder had een voorzienige geest. Haar moeder wilde haar behoeden. Daarom weigerde ze de baby te willen opvoeden. De dood zou de baby op een dag komen halen. Ze had het antwoord gevonden. Ze had haar moeder verkeerd beoordeeld. Ze had wat goed te maken.

De volgende ochtend stond Wanda al om negen uur bij het postkantoor. Ze kocht een telefoonkaart van vijftig gulden en liep ermee naar buiten. Toen liep ze terug en kocht nog een kaart van vijftig gulden. Ze at liever witte rijst met zout of een gebakken ei dan haar moeder niet te bellen. De zomertijd was nog niet ingegaan. Dat betekende dat Wanda zeker vijf uur moest wachten. Want, als ze haar moeder op dit vroege tijdstip zou opbellen, was het enkele uren na middernacht. Haar moeder zou zich rot schrikken. Ze zou denken dat haar dochter op sterven lag. En er waren al teveel doden gevallen in hun gezin. Ze moest wachten, tot zeker één uur, half twee. Op haar kamer terug, kroop ze weer in bed. Ze viel in een diepe slaap. Even na drieën werd ze wakker. Versuft en verward. Het was alsof ze de deurbel hoorde. Er stond niemand toen ze ging kijken. Ze realiseerde zich dat ze haar moeder zou bellen. Vijftien min vier is elf. Nee, haar moeder was al van huis weg. Naar de markt om boodschappen te doen. Of naar Kwatta om groente te kopen, die ze in de straat weer verkocht om een beetje winst te maken, zodat ze wat centjes voor zichzelf kon verdienen. Haar moeder had ook een winkel-aan-huis, waar kinderen snoep en bollen konden kopen. Wanneer haar moeder ziek was, nam Wanda haar taak over, waardoor ze naast de dagelijkse dingen als het huis dweilen en het erf harken, haar huiswerk pas 's avonds kon maken. Zo kwam het voor, dat ze soms tot twee uur 's nachts nog zat te blokken en om vijf uur haar bed weer uit moest om de kleintjes te baden, te kleden, brood en thee voor ze klaar te maken. En, als dat niet genoeg was, bracht ze de zusjes en broertjes naar school en liep ze daarna nog vier kilometer door de ochtendzon om bij haar school te komen. Op houtvuur kookte Wanda een pot rijst. Haar moeder werkte 's middags van één tot drie op een fabriek, maar voordat ze van huis wegging, had ze hun toespijs, vlees of vis, en groente, al klaargemaakt. Er heerste altijd een grote bedrijvigheid in en rond het huis van hun familie. Haar vader werkte als landmeter. Wanneer hij naar het binnenland ging, was het niet alleen rustiger, maar ook vrediger in huis. Hij blafte tegen iedereen, net zoals hij in het bos schreeuwde tegen de bosnegers. Hij sprak altijd minachtend over hen, net als de meeste mensen in de stad tot aan de regeringsleiders toe. De bosnegers werden alleen maar gewaardeerd, wanneer de politici bijvoorbeeld hun stemmen nodig hadden om de verkiezingen te winnen of wanneer mannen, zoals de vader van Wanda, in het oerwoud verdwaalden of door slangen werden gebeten. De verhoudingen met het binnenland lagen nog schever dan die in de stad tussen rijk en arm. Een arm kind, afkomstig uit een gezin bestaande uit een moeder en acht kinderen, kon nog geluk hebben dat de mevrouw waar de moeder bij in dienst was, extra kleed-en-boekengeld gaf wanneer bleek dat het kind op school goed kon leren. Bij kinderen in het binnenland ging de stad er vanuit, dat ze te stom waren om verder dan tot honderd te tellen. Wanda's vader had eens tegen zijn vrouw gezegd: 'Wil je dat ik twee meisjes voor je meebreng uit het bos. Dan hoeven die van ons niet zo hard te werken.' Haar moeder had vele nare eigenschappen, maar ze had geantwoord:

'Als de president jou twee van je dochters vraagt, niet om met zijn zonen te trouwen, maar om hun schoenen te poetsen en hun bed op te maken, zou je ze laten gaan?'

Haar vader was er nooit meer over begonnen.

Rond middernacht rinkelde bij Zylena de telefoon. Een huilende Wanda die over haar moeder klaagde. In plaats van te vragen hoe het met haar gezondheid en de studie ging, was ze alleen geïnteresseerd in het antwoord op de vraag of ze al een vriend had en wanneer ze gingen trouwen. Ze luisterde helemaal niet naar Wanda, die probeerde ertussen te komen om te zeggen dat ze niet van plan was te gaan trouwen of samen te wonen, maar dat ze opnieuw met studeren was begonnen.

'Die vrouw is niet goed bij haar hoofd, Zylena. Ik begon te gillen dat ze moest luisteren en dat ze me geen onzin moest vragen, maar ze verdomde het gewoon. Bijna heb ik er spijt van dat ik haar heb gebeld. Komt ze me ook nog vragen wanneer we naar Suriname komen, want voor hun is het moeilijk om naar Holland te komen. Alles is duur daar en ze kunnen geen deviezen krijgen. Alsof ik het kan helpen. Het is toch verschrikkelijk, zo een moeder. Van mijn laatste geld heb ik die telefoonkaarten gekocht. Ik heb straks niet te vreten, dan komt ze me haar shit vragen. Ik ga haar nooit meer bellen.'

'Het klinkt heel lullig allemaal. Toch ben ik niet verbaasd. Het had erger gekund met een moeder als de jouwe. Je moeder kan niet plotseling veranderen. Ik kan mij voorstellen dat

je dat had gehoopt. Het is valse hoop. Ook mensen die zelf beweren dat ze veranderd zijn, moet je in de gaten houden. Iemand kan niet zomaar veranderen, dat is een proces van jaren. Laat niemand je wat wijs maken. Ik snap niet waarom je je moeder belt. Je wist wat ervan zou komen. Gaat het verder wel goed met je? Heb je je studieboeken al uit het stof gehaald of ben je nog aan het herstellen?'
'Geen van beiden. Ik ben met niets bezig. Met niets.'
'Dat is niet waar. Je bent met je moeder bezig. Je vindt het prettig om problemen te zoeken, no. Meisje, zet al je hebi's aan de kant. Ga studeren hoor. Of koop een fiets bij een junkie en ga door de omliggende dorpen fietsen. Waarvandaan bel je trouwens?'
'Ik sta in de telefooncel op het Centraal Station.'
'Zo ver van je kamer? Het is al zo laat.'
'Ja, die telefoonkaart kan ik in de telefooncel bij mij in de buurt nog niet gebruiken.'
'San, je bent deftig met je telefoonkaart. Luxe hoor. Zeg, zullen we dit gesprek beëindigen? Ik ben behoorlijk moe. Ik lag al op bed.'
'Zien wij elkaar nog eens?'
'Als jij dat op prijs stelt. Waarom niet.'
'Laat maar zitten.'
'Heb je plannen in deze richting te komen?'
'Eigenlijk niet. Over twee weken komen Sylvana en Fauzia langs. Kom jij ook?'
'Wanneer precies?'
'Zaterdag over twee weken.'
'Ik zal kijken of het lukt.'
'Kun jij een uurtje eerder komen? Zo tegen vieren. Ik wil je onder vier ogen spreken.'
'Wat heb ik nou weer op mijn kerfstok? Volgens mij heb je slaap.'

'Je hebt niets op je kerfstok. Ik wil gewoon met je praten. Daag.'
Wanda hing op.

Het was een mooie zaterdag. Midden in het goudgele gezicht van de zomer reed Zylena naar de stad waar Wanda haar vuur brandend probeerde te houden in de vluchtstrook van haar bestaan.

Het touw waarvan haar leven aan elkaar leek geknoopt, begon te splijten. Haar door slapeloze nachten zwaar beschimmelde hoofd, zweepte teksten door het universum. Geen ziel kon ze begrijpen.

Als een zeil in de wind ging Zylena met de lift naar de elfde etage van de flat. Als laserstralen verscheen Wanda in de deur.

'Verbrand mij niet. Ben ik te vroeg? Is het de verkeerde zaterdag?,' vroeg Zylena onzeker.

'Kom binnen,' dwongen de stralen van Wanda.

'Wat is hier aan de hand? Ik vind de sfeer die hier hangt niet prettig. Komen de anderen nog?'

'Ga zitten,' en de laserstralen werden op de muur achter Zylena gericht.

'Ik kan hier niet tegen, Wanda. Ik ga niet zitten, voordat je me zegt wat ik kan verwachten. Je vroeg zelf of ik eerder kwam.'

'Zit,' en Wanda duwde Zylena op een matras die op de vloer lag.

'Dit pik ik niet. Ik ben je huisdier niet. Je bent gek aan het worden. Wat bezielt je.'

'Alles bezielt me. Ik ben gek aan het worden. Jij hebt alles wat je wilt. Jij krijgt alles wat je wilt. Alles lukt jou. Mij lukt niets. Jij kunt op je ouders terugvallen. Ik heb niets en niemand. Jij zit op je troon en alles gaat, zoals jij het wilt.

Ik haat je.' Zylena stond op.

'Terug. Zit.'

'Ik ben je hondje niet. Ik laat mijn bewegingen niet door jou dicteren. En ik laat mij niet langer door jou uitdagen. Je moet maar snel terug naar die therapeute. Of zoek iemand anders om je ziel en zaligheid uit te storten. Probeer opnieuw medelijden op te wekken met je fantasieverhalen. Je bent een ster in het trekken van negatieve aandacht. Ik heb je helemaal door. Net op tijd. God bless.'

'Ik ga je breken. Ik ga het jou betaald zetten. Je hebt me belazerd. Je hebt me gebruikt.'

'Ik heb je al vaker over anderen horen zeggen, dat ze je gebruikt hebben. Je draagt een masker en je fantaseert erop los om je eigen karaktertegenstellingen te camoufleren. Al jouw verminkingen probeer je op je directe omgeving te projecteren. Zoveel tijd heb ik in je gestopt. Mijn sociale contacten heb ik verwaarloosd, omdat ik dacht dat jij mij harder nodig had. Goed, ik deed het uit vrije wil. Nu sta ik verdomme hier, omdat jij het hebt gevraagd. Ik lijk wel gek. Bezopen ben ik. Niet langer. Ik ga naar huis.'

Zylena deed een paar stappen in de richting van de deur. Toen pakte Wanda haar met beide handen beet.

'Je gaat niet weg. Ik wil het nu weten. Wil je een relatie met me of niet. Zeg het me. Nu.'

Wanda schudde Zylena door elkaar.

'Dacht je met dit spektakel iets te winnen? Je maakt het van kwaad tot erger. Ik heb geprobeerd een vriendin voor je te zijn. Meer dan dat kan ik je niet geven. Ik kan niet van je houden, zoals jij dat wilt. Ik kan het niet. Je bent onberekenbaar. Dat schrikt mij af. Mag ik even gaan zitten?'

Zylena ging op de vloer zitten.

'Wij kunnen niets voor elkaar betekenen. Onze vriendschap is uitzichtloos. Onze verwachtingen corresponderen niet. We worden alleen maar wrevelig van elkaar. Dat schiet niet op zo. Volgens mij ben ik voorzichtig genoeg met je omgegaan, maar ik heb het gevoel dat je me steeds voor het blok probeert te zetten. Dat je probeert mij te dwingen tot dingen waar ik niet achter sta.

Bijvoorbeeld een intieme relatie met jou. Die is bij voorbaat al mislukt, omdat ik het niet kan, zoals jij dat wilt. Ik heb allang voor mezelf gekozen. Niet uit egoïsme. Uit zelfbehoud. Ik houd van mezelf, ik houd van het leven. Er is zoveel moois waarvan je kunt genieten. Kijk hoe goed die palmboom het op jouw kamer doet. Dat is een goed teken. Koester die plant. Praat ermee. Ik ben geen dominee. Ik houd geen preek. Maar luister, je hebt een prachtige stem. Zing. De hele dag. Met het raam open. Met het raam dicht. Geniet van je stem. Geniet van jezelf.'

Zylena ging rechtop zitten, haar benen languit op de vloer.

'Heb je een glaasje water voor me? Of nee, doe maar niet. Ik heb geen zin hier te lang te blijven. Ook niet om Sylvana en Fauzia te ontmoeten. Ik kan geen komedie spelen. Ik ga naar huis.'

'Moet je dat water nog hebben?'

'Ja, doe maar.'

'Uit de kraan of uit de koelkast?'

'Uit de kraan.'

Wanda liep naar de wasbak in de kamer, draaide de kraan open, liet het water even lopen en vulde het glas voor Zylena.

'Asjeblieft.'

'Dankjewel.'

'Ik ben mezelf niet meer. Ik sla nog de hand aan mezelf.'

'Als je dat doet, wil je mij dan niet meesleuren? Probeer mij ook niet op te zadelen met een schuldgevoel. Ik ben ook niet volkomen gelukkig, al straal ik anders uit. Toch heb ik mijn balans gevonden.'

'Sorry.'

'Niks te sorry. Je slingert een boek naar mijn kop, je schudt me door elkaar. Als je me oppakt en uit de flat gooit, niet dat dat je zal lukken hoor, roep je me dan ook "sorry" na? Het is de hoogste tijd dat je serieus specialistische hulp gaat zoeken. Onze wegen moeten scheiden, Wanda. Daar waar ze samen komen, doet het pijn. Voor ons beiden.'

Zylena bracht het glas naar haar mond en dronk het in een keer leeg.

'Ik ga maar.'

'Waarom?'

'Waar-om? Omdat je laserstralen uitzendt om mij te verbranden. Terwijl je dat niet wilt. We hadden zusters kunnen zijn. Desnoods in pijn, dacht ik. Maar het gaat niet. Je bent alleen op je eigen ellende en vernieling gefixeerd. Ik wil niet mee verzuipen.'

'Kijk hoe je reageert. Mannentaal. Heb je geen emoties?'

'Zou ik meer vrouw zijn, wanneer ik op dezelfde manier als jij had gereageerd? Moet ik hysterisch worden zoals jij? Gillen? Zeg maar wat je wilt. Ik zeg je voor de laatste keer, dat ik mijn bewegingen niet door anderen laat dicteren. En zeker niet door jou. Klinkt het zo masculien genoeg.'

Zylena was geïrriteerd en ze sprak geaffecteerd. Wanda raakte daardoor nog meer over haar toeren en ze mepte Zylena in haar gezicht.

'Neem mijn andere wang ook maar,' zei Zylena, terwijl ze met haar ogen knipperde. Ze incasseerde nog een klap.

'Een mooie manier om een vriendschap te beëindigen,' zei Zylena.

'Je moet niet denken dat ik klaar met je ben. Ik zal iedereen vertellen hoe slecht en onecht je bent. Mensen moeten niet denken dat je die lieve sociale Zylena bent. Je bent slecht. Je bent onmenselijk. Je bent asociaal. Je hebt geen greintje gevoel voor je medemens. Je bent erger dan een man. Je hebt me gebruikt. Je moet ook niet denken dat je intelligent bent. Je bent stommer dan oude stront. Je weet niets. Ik ben veel slimmer. Wacht, je gaat zien wat ik ga doen. Ik ga je leren. Ik maak je kapot.'

'Niemand dan ikzelf kan mij breken' dacht Zylena.

Het was alsof Wanda buiten haar zinnen raakte. Zylena liet de woorden over zich heen komen. Uiterlijk bleef ze er tamelijk rustig onder, maar in werkelijkheid was het alsof ze een bord vol bittere amandelen moest fijnkauwen en doorslikken.

'Ik hoop dat je woede is bekoeld, wanneer die anderen komen.'

'Het kan me geen moer schelen. Ik zal ze zeggen hoe gemeen je bent. Ik zal ze zeggen hoe je me hebt uitgebuit. En hoe je me hebt gediscrimineerd. Je familie bestaat uit slavendrijvers. Kapitalisten. Jullie zijn slechte mensen. Gekoloniseerde apen.'

'Vertel aan een ieder wat je maar wilt. En laat een ieder zijn eigen verhaal maken. Nu begrijp ik de angst waarmee je in de wereld staat. Waarom je opa je achtervolgt. Waarom je schrikt wanneer je je tante ziet. Je bent een getraumatiseerde trut. Weet je nog hoe je schrok toen we je tante bij de toko tegenkwamen. Je hebt zeker gelogen dat zij jou het huis uit heeft gezet. Je wilde haar niet eens zien, laat staan groeten. Je liegt je hele leven bij elkaar. Je zei dat je opa je in je dromen achtervolgde, terwijl hij al jaren dood is. En met al je leugens probeer je indruk te maken op je omgeving. Je bent een hysterische flipperkast.'

Zylena liep naar de deur.

'Verdwijn. Snel. Ga uit mijn gezichtsveld.'

Zylena ging weg. Ze zat even bij te komen in de auto. Toen startte ze de motor van de wagen en reed weg. Ze was nogal confuus over de situatie, dat ze een zwarte zuster zo dichtbij had laten komen en nu zo werd afgeblaft. Ze hadden in relatief korte tijd zoveel samen beleefd. Wanda was steeds naar haar huis teruggekomen en ze dacht echt dat ze vriendinnen konden zijn. Ze hadden samen gelachen, samen gehuild. Ze hadden elkaar aangeraakt, in lichaamstaal geheime pijnen blootgegeven. Ze hadden samen gedanst, los en vast, waren in verwarring geraakt. Nu zette Zylena koers naar huis. De wind was gaan liggen, de touwen geknapt, de knopen losgeschoten. Haar schip leek slagzij te maken.

Zo ver zou het niet komen. Ze gooide een anker uit. De laserstralen die Wanda op Zylena had gericht, kaatsten terug op haar eigen schouders.

Thuisgekomen draaide de scheldpartij als slechte muziek door het hoofd van Zylena. Ze wilde rust en besloot ander werk te draaien. Ze pakte de cd die bovenop de stapel lag. Het was de vijfde van Beethoven, de noodlotssymfonie. Die vond ze te zwaar, ging haar te ver. Toen zocht ze naar de negende van Beethoven, ode aan de vrijheid.

Merengue en Calypso kwamen op de muziek af en gingen bij Zylena op schoot zitten. Ze aaide de beesten, alsof haar vingers strijkstokken waren, die de Stradivarius bespeelden.

'Wanda is weg. We hebben teveel van haar gepikt. Jullie baasje was een sufferd. Zoveel agressie mag hier niet meer naar binnen. Ik zal jullie nooit meer onnodig op zolder laten. De deur blijft vanaf nu altijd open. We moeten het met elkaar redden. Wat een dom baasje, hè. Jullie zijn de constanten in mijn leven. Dat zette ik op het spel. Morgen is het feest. Morgen krijgen jullie vis als ontbijt en 's avonds hart. Het is feest, cats. We zijn bevrijd.'

Zylena keek omhoog. Bapu stond op de trap en snorde.

'Kom erbij, oude jongen van me.'

Bapu zocht een plek op de bank bij Calypso en Merengue. Zylena stond op om de pastorale, de zesde van Beethoven, te draaien.

De telefoon ging. Zylena wilde niet opnemen. Ze dacht dat het Wanda was. Het rinkelen hield aan en ze pakte de hoorn op.

'Hoi, Zylena. Mooie muziek draai jij.'

'Ha, die Kristel. Fijn dat je belt.'

'Ja. Ik dacht, ik bel even. Is Wanda weer de oude? Het zag er niet best uit.'

'Ach. Ik weet het niet, Kristel. Die meid kan zo vreemd doen. Ik weet niet of ik zo een aanval serieus moet nemen. Ze was in de auto alweer bij haar positieven. Ze deed zo raar tegen me. Het ging te ver.'

'Je klinkt zorgelijk, Zylena.'

'Verdrietig. Niet zorgelijk. Ze heeft me uitgescholden voor alles wat lelijk is. Zij en ik zullen elkaar niet meer zien. Het is voorbij, een vreemd concert. Heb jij blije berichten?'

'Ik heb kaartjes voor het Nederlands Dans Theater. Fleur en Diana zouden er vrijdag heen gaan, maar dat gaat niet door. Heb jij zin om mee te gaan?'

'Neem je me mee uit, Kristel?'

'Als mevrouw mee wil. U moet wel zestig gulden aan Fleur betalen.'

'Lief, dat je aan me hebt gedacht. Ontspanning kan ik goed gebruiken. Kom ik naar jou toe? Kom jij hierheen?'

'Kom jij maar naar mijn huis. Dan drinken we wat.'

'Heerlijk, Kristel. Je had op geen beter moment kunnen bellen.'

'Ik zie je vrijdag, Zylena. Muts in de wind, weet je wel.'

'Goed. Dag Kristel.'

'Dag Zylena.'

Dagen achtereen draaide Wanda het telefoonnummer van Zylena en legde neer, zodra Zylena opnam. Wanda voegde de daad bij het woord. De dreigementen Zylena te zullen breken, probeerde ze in daden om te zetten. Ze spaarde tijd noch moeite om Zylena bij zoveel mogelijk kennissen in een kwaad daglicht te zetten. Zo stond ze op een ochtend in alle vroegte bij Jessye op de stoep. Alles wat tussen haar en Zylena was gebeurd, probeerde ze uit zijn verband te rukken. Haar verzinsels gingen gepaard met hevige huilbuien om op die manier geloofwaardig over te komen. Wanda paste dezelfde strategie toe waarmee ze anderen en ook Zylena, tot medelijden had bewogen en voor zich wist te winnen. Eerst belde Jessye naar Zylena.

'Meisje, hoe gaat het met je. Wat is er in jouw huis gebeurd? Wanda is hier geweest. Ze heeft gepraat en gepraat. Ik kon haar niet stoppen. Ze zat te bibberen. Ze zei dat je haar hebt mishandeld. Je hebt geprobeerd haar gek te maken. Wat is er gebeurd, Zylena? Ik ken je niet zo goed, maar toch een beetje. Heb je haar geslagen? Ik zag je niet meer, dus ik dacht dat het iets zou worden tussen jullie. Ik weet niet wat ik ervan moet denken.'

'Ben je uitgepraat, Jessye?'

'Voorlopig wel. Ik wil van jou horen wat er is gebeurd.'

'Ik weet niet of jij je de avond bij jouw thuis nog kunt herinneren. Toen Wanda zichzelf introduceerde. Meer hoef ik niet te zeggen.'

'Zylena, Wanda heeft ook gezegd dat je niemand goed genoeg vindt om met jou om te gaan. Mij vind je te lui om te werken en ik kan alleen over de markt praten.'

'Luister, Jessye. Jij hebt de tijd genomen om naar Wanda te luisteren. Je kent mij iets langer, denk ik. Doe met die kletspraat wat jij wilt. De tijd zal leren wie ik ben, en hoe Wanda werkelijk in elkaar zit. Twijfel je aan me, dan zal ik het wel merken wanneer wij elkaar ergens ontmoeten. Meer kan ik niet zeggen. Goed?'

'Je wilt niks bevestigen, no, Zylena?'

'De tijd zal antwoorden, Jessye.'

'Als ik je niet beter kende, was ik je daar komen klappen. Je kan toch niet zeggen dat ik niet wil werken.'

'Dat heb ik niet gezegd. Zou ik jou mijn koelkast en mijn vierpits gegeven hebben, als ik zo over jou dacht? Ga nadenken, Jessye. En laat mij voorlopig met rust. Begrijp je niet, dat ik in een verwerkingsproces zit. Zoveel banaliteit had ik achter niemand gezocht. Laat me asjeblieft met rust.'

'A bun, meisje. Wind je niet teveel op, maar houd er rekening mee dat meer mensen je gaan bellen.'

'Ze doen maar. Daag.'

Sylvana belde ook naar Zylena. Ze klonk opgewonden.

'Zylena, met Sylvana. Wat heb je met Wanda gedaan? Ik kan het niet geloven. Ze zegt dat je haar gebruikt hebt. Ze moest dienstmeisje voor je spelen. Ze mocht geen gebruik maken van je telefoon. Ze moest voor je koken. Ze kwam niet aan studeren toe. Ze heeft me alles verteld. Ze was je slavin. De slavernij is voorbij hoor. Waarom heb je haar dat geflikt?'

'Luister Sylvana. Zou je mij niet eerst vragen wat er is gebeurd, in plaats van allerlei onzin aan te nemen van een op hol geslagen flipperkast.'

'Wanda is buiten haar zinnen. Vind je dat gek. Zou ik ook zijn. Je hebt haar mishandeld.'

'Ik ben niet van plan mijn zelfbeheersing te verliezen. Het is heel fijn voor Wanda, dat ze als een stormwind kan bulderen en dat jij meeraast. Ik ga door weer en wind. Ik schrik niet van windkracht tien. Kun je haar namens mij een goed advies geven. Als ze ervan overtuigd is, dat ik haar heb gebruikt en mishandeld, en weet ik veel wat allemaal meer, zeg dan tegen haar dat ze naar een advocaat gaat en mij voor de rechter daagt. Dat zou ik heel dapper van haar vinden. Ik wens je sterkte met haar. En de tijd zal jou wijsheid brengen, Sylvana. Dag.'

'Hang niet op, Zylena, wacht even, wacht even. Ze wil je dus nooit meer zien en ze zegt dat ze nog wat kleine spulletjes bij je heeft liggen. Ben je morgen thuis dat ik even langskom om ze te halen?'

'Waarom komt ze zelf niet. Als ze een rein geweten heeft, hoeft ze niets te vrezen. Dan hoeft ze jouw hulp niet in te roepen. Ik wil best een confrontatie met haar aangaan.'

Sylvana ging er niet op in.

'Ben je morgen thuis, of niet. Dat vroeg ik je.'

'Ik kan mij niet à la minute vrijmaken. Ik heb een drukke baan, dat weet je toch. Ik heb verplichtingen aan mijn werkgever.'

'Zie je, het zijn die arrogante dingen van je. Ik had je morsdood geslagen als ik Wanda was. Wanneer kan ik die spullen komen halen?'

'Ik zal ze eerst moeten zoeken. En ik heb geen zeeën van tijd.'

'Mijn laatste kwartje is gevallen. En je moet niet met mij beginnen hoor. Wanneer kan ik die dingen komen halen?'

'Zondag om tien uur. Niet eerder. Niet later. Dag Sylvana.'

Zylena had de indruk dat Sylvana samen met Wanda bij de telefooncel stond. De partijdigheid van Sylvana had haar verrast. Zylena kende Sylvana als een sociale vrouw die gauw voor een ander klaarstond, maar niet snel met conclusies kwam.

Fauzia liet een hele andere stem horen.

'Eeh, Zylena, hoe gaat het met je meisje. Yu nanga a suma kisi trobi. Wanda heeft me gebeld man. Ze heeft een hoop rotzooi over je verteld. Ik heb haar gezegd dat ik jou al zolang ken, dat ze die nonsens aan een ander moet verkopen.'

'Zo, die mevrouw belt nogal wat af. Sylvana heeft me ook gebeld. Ze gelooft al die leugens van Wanda. Ze komt zelfs de achtergebleven spullen van haar bij mij ophalen. Ze neemt gewoon aan wat Wanda zegt. Ze heeft me niet eens naar mijn versie gevraagd.'

'Zo gaan die dingen. Je kunt nog meer verwachten. Sommige mensen houden van sensatie. Sylvana had beter moeten weten. Ze heeft zelf gezien hoe agressief Wanda kan zijn. Maar meisje, trek je er niets van aan. Laat die wijven. Wanda moet naar de dokter. Die meid is gestoord. Ze weet niet wat ze wil. Ze vertelde me hoe blij ze met jou was. Hoe je haar kracht gaf. Ze komt er wel achter dat ze fout bezig is. Tan, ben je daarom niet naar die bijeenkomst bij Amber thuis geweest. We hebben je gemist.'

'Wanneer was het? Ik wist van niets.'

'Wanda kwam bij me langs. Ik had de datum net van Amber doorgekregen. Ik vroeg Wanda of ze het tegen jou wilde zeggen. Ze zei nog dat jullie samen zouden komen. Ik dacht werkelijk dat het een relatie zou worden tussen jullie. Zo zie je maar.'

'Ze heeft niets over een bijeenkomst tegen me gezegd. We bespraken voornamelijk haar ellendige leven.'

'Ja. Daarom snap ik het niet. Toen ze hier was de eerste keer, zei ze dat je had gezegd dat jij je bij haar veilig voelde. Dat je met haar naar de discotheek wilde. Dat is niks voor jou. Ik vond het al zo gek.'

'Het spijt me, maar deze vrouw is ziek. Ze is getraumatiseerd en dat weet ze. En omdat ze dat weet, draagt ze een masker. Ze is vergeten dat ooit af te zetten, waardoor ze nu niet meer goed weet wie zij zelf is. Het is een gevaarlijke ontwikkeling. Ze is zo destructief bezig en wanneer ze er niet meer uit dreigt te komen, schuift ze anderen haar gedrag in de schoenen. Ik was niet meer opgewassen tegen dat sanguinisch temperament van haar. Het is beslist goed dat wij elkaar niet meer zullen zien.'

'Dat wat?'

'O, ze wordt zo snel agressief. Ze is een heethoofd. Het is beter zo. Dat ze uit mijn leven is gebannen. De godinnen zullen het bevestigen. Ik zeg niks meer, anders hoor ik straks dat ik roddel.'

'Toch moet je uitkijken. Ze heeft gezegd dat ze je kapot gaat maken. Ze gaat bij iedereen proberen je te breken. Dus als mensen je dingen komen zeggen, watch out. Jij hebt het gemaakt en dat gunnen sommige mensen je niet. Watch out hoor, ze gaan jou slachtoffer van hun gekte willen maken.'

'Luister Fauz, niemand kan mij breken. Behalve ikzelf.'

Fauzia lachte.

'Dat is de juiste instelling. Toch moet je uitkijken. Je hebt net als ik een goed leven. Weet je hoeveel vrouwen er jaloers op zijn dat andere vrouwen een goede baan hebben. Het komt door deze klote maatschappij. Eigenlijk kunnen die vrouwen het niet helpen. Als je niet werkt, heb je geen status.'

'Maar het is toch niet zo dat alleen een leuke baan je status bepaalt. Ik vind dat zo een flauwekul.'

'Omdat zij geen werk hebben, of omdat ze stoppen met studeren, zien ze alleen maar dat. Of je werkelijk gelukkig bent, interesseert ze niet. Je moet het vanuit dat soort vrouwen bekijken. De maatschappij dringt ze die mening op.'

'Ze zijn behoorlijk bijziend. Zulke mistige types hoef ik niet. Dat kortzichtige gedoe.'

'Zulke vrouwen trekken elkaar aan.'

'Mooi complimentje voor mij.'

'Je bent Wanda kwijt toch. Wees blij, meisje.'

Fauzia en Zylena lachten allebei.

'Luister no, ik ga ophangen. Watch out, hè. Die vrouw is in de war, ze simuleert. Het gevaarlijke is dat ze andere vrouwen meesleept en tegen je opzet. Ze komen er wel achter dat ze liegt. Wees voorlopig op alles voorbereid. Ik bel je nog wel, sisa. A bun?'

'Ik ben heel blij met je telefoontje.'
'Daar zijn we vriendinnen voor, toch. Je weet dat ik het druk heb, maar als ik er moet zijn, dan ben ik er. Slaap lekker straks.'
'Bedankt, hè.'
'Ori yu srefi.'

Zondagmorgen om tien uur stond Sylvana voor de deur.
'Ik kom voor de spullen van Wanda.'
'Goeiemorgen. Alles staat klaar.'
Zylena pakte een grote plastic zak.
'Meer is het niet.'
Sylvana nam de tas aan.
'Ik vind het wel jammer dat jullie zo uit elkaar gaan.'
'Laat me niet lachen. Je werkt er zelf aan mee.'
'Ze wil je niet meer zien.'
'Omdat ze weet wat voor leugens ze vertelt. Mensen die leugens vertellen, moeten zich in zoveel bochten wringen om niet door de mand te vallen, dat ze de ander liever ontwijken. Het wordt, als je liegt, te vermoeiend om een normaal gesprek te voeren. Je moet zo op je woorden passen, weet je wel. Jij valt mij trouwens ook vies tegen. Ik had je hoger ingeschat.'
'Dat is dan wederzijds.'
'Wil jij mij nooit meer bellen wanneer je problemen hebt. Zoek een ander om je uit de ellende te halen. Wanda bijvoorbeeld. Jullie voelen elkaar vast heel goed aan. Zeg tegen haar dat ze met haar briljante verstand en haar geniale bekrompenheid niet bitter moet zitten staren. Zeg haar ook dat mijn hart niet is verwoest, misschien wel de tuin waarin ik mij bevind. Ze moet haar geschiedenis gaan herschrijven, dan zullen al die luchtkastelen die ons hadden moeten afscheiden van de rest van de wereld, vanzelf verdwijnen. En zeg haar

ook dat ik er nooit in heb geloofd dat ze van mij hield. Ik was zoiets als haar laatste strohalm, na al die mislukte relaties. Ik hoop voor haar dat ze een vrouwvriendelijke, integere man ontmoet, met wie ze gelukkig wordt. En dat hij haar in godsnaam bevrucht. Dan is ze tenminste een trauma kwijt. Wil je nu vertrekken, voordat ik echt heel hatelijk word. Ik moet trouwens aan de slag.'

Zylena had een zakje in haar hand.

'Dit nog, Sylvana. Wanda mag het voorlopig niet openmaken. Ze weet ervan.'

'Wat zit erin? Is het van Wanda?'

'Het zijn oorbellen. Wanda moet ze wegstoppen. Ze weet wel waarom.'

'Zijn ze van haar?'

'Voor honderd procent.'

'Mysterieus.'

'Houd ze apart en geef haar de boodschap.'

Sylvana keek wantrouwend naar het zakje. Ze voelde eraan.

'Ga nou maar,' zei Zylena.

Zonder te groeten verdween Sylvana met de spullen van Wanda in de mist.

Weken later kwamen Zylena en Sylvana elkaar op de markt tegen. Ze ontweken elkaar, deden alsof ze elkaar niet hadden gezien. Onverwacht stonden ze even later toch bij dezelfde kraam met tropische produkten.

'Dag,' zei Zylena.

'Dag,' zei Sylvana.

Na een ogenblik van aarzeling.

'Hoe gaat het met Wanda? Zie je haar nog?' vroeg Zylena.

'Ze studeert. Het gaat beter met haar.'

'Gelukkig. Ik ben blij voor haar.'

Sylvana stopte ananassen, zuurzak en kouseband in haar

tas. Daarna nog een zak vol pepers, wat gemberknollen, droge vis en rijpe bananen. Toen ze het wisselgeld in haar portemonnee had gestopt en Zylena aan de beurt was, zei Sylvana:

'Ze zit wel op de universiteit, maar het lukt niet echt met de studie.'

'Wat kost die klaroen?' vroeg Zylena aan de marktkoopman en aan Sylvana:

'Hoe komt dat? Heeft ze heimwee naar Suriname?'

'Viervijftig,' zei de marktkoopman.

'Moet u het hebben. Hoeveel wilt u?'

'Twee bossen,' zei Zylena. 'Het slinkt zo, als je het kookt.'

Zylena wendde zich weer tot Sylvana, die antwoordde:

'Ze baalt gewoon van dit land. Ze ergert zich aan alles. Daarom is ze zo vaak ziek. Iedere keer heeft ze last van een soort van steken.'

'Dat weet ik,' zei Zylena.

'Moet u niks meer?' vroeg de koopman.

'Nee, dank u,' zei Zylena.

'Zes gulden, me schatje,' zei de koopman.

Zylena pakte haar portemonnee uit de binnenzak van haar jas en ze betaalde met honderd gulden. Sylvana stond met haar volle tassen te wachten.

'Je maakt grappen, me schatje. Zo'n klein beetje koop je, dan betaal je met honderd .'

'Ik heb het niet kleiner. Sorry.'

'Omdat jij het bent. Je bent alleen dit weekend, no?,' viste de koopman.

'Geef me mijn kleingeld hoor. De volgende week ga ik weer bij jou komen kopen,' zei Zylena.

'Dan hou dat geld. De volgende week als je komt, betaal je alles, hoor, me schatje.'

'Zo ga je geen winst maken,' lachte Zylena.

'Je gezicht ziet er eerlijk uit. Je ziet er lekker uit.

Ik heet Dinesh. Onthou me naam hoor.'

Zylena nam haar geld terug.

'Oké brada Dinesh, je ziet me de volgende week,' zei Zylena.

'Die kerels zijn allemaal even hopeloos.'

'Onverbeterlijk,' zei Sylvana.

'Je had dat geld voor hem moeten smijten,' zei Sylvana tegen Zylena.

'Je bent gek, no. Dan was ik honderd gulden kwijt voor dat kleine beetje boodschappen. Ach, die kerel grapte. Hij moet ook de hele dag in de kou staan. Zo komt hij zijn dag wel door, als hij de hele tijd staat te geilen op vrouwen.'

Zylena en Sylvana liepen in dezelfde richting over de markt.

'Dus Wanda sukkelt nog steeds met haar gezondheid. Het is vervelend, maar ze wil ook niet echt behandeld worden, geloof ik. Kun jij niet met haar praten en haar ervan overtuigen dat ze een behoorlijk onderzoek laat doen.'

Sylvana draaide haar hoofd naar Zylena.

'Ze is op straat flauwgevallen. Zomaar. Ze had college gevolgd. Ze was op weg naar huis en ze ergerde zich aan een uitspraak van een docent. Ze zei dat als ze een geweer had gehad, ze al die witte docenten zou doodschieten. Ik weet niet wat ze heeft hoor, maar er is iets niet goed met haar.'

Sylvana keek naar Zylena, alsof ze een bevestiging verwachtte.

'Ik zeg niets. Toen ze mijn huis verliet en naar jou toekwam, heb je al haar leugens en verzinsels voor waar aangenomen. Je hebt niet de moeite genomen mij te vragen hoe of wat. Ik zeg dus niets, voordat je naar haar toegaat om te zeggen dat ik zus of zo over haar heb gezegd. Ik vertrouw jou niet meer. Het spijt mij.'

Zylena keek Sylvana strak aan.

'Ja, maar ze huilde zo. Ze schokte helemaal.'
'En jij schokte mee? Wat een aardbeving moet het zijn geweest.'
Sylvana keek ernstig. Zylena lachte flauwtjes.
'Weet je wat ik denk?,' zei Sylvana, en ze hield haar tassen met boodschappen nog steviger vast. Ze keek om zich heen, alsof niemand het mocht horen.
'Ik denk dat er een vloek op haar familie rust en dat zij daar de dupe van is geworden. In Suriname zouden ze zeggen, een kunu. Als je dat hebt, ben je niet gezegend. Sommige mensen denken dat als je dat ding verwaarloost, dat je het kwijtraakt. Dat is dus niet zo. Je moet een kunu juist verzorgen, anders wordt dat ding kwaad.'
'Is het iets met hokus pokus?'
'Zo kan je het ook weer niet noemen. Het is een ziekte. Je moet leren ermee om te gaan. Ik heb haar gezegd dat ze met een deskundige moet gaan praten. Met een bonuman of een bonuvrouw. Die moet haar advies geven. Ze moet geen grappen maken. Het zou haar dood kunnen gaan betekenen.'
Sylvana keek bezorgd en ernstig.
'Ik weet niets van die dingen. Ze staan ver van me af. Het zegt mij simpelweg niets.'
'Mij ook niet,' zei Sylvana. 'Maar één ding weet ik zeker. Je moet niet grappen met deze dingen.'
'We zullen het beste voor haar hopen. Ik vond het prettig dat we even hebben gepraat. Ondanks alles.'
'Ik ook,' zei Sylvana.
'Sterkte met Wanda. Help haar zoveel je kunt. Mij is het niet gelukt. Dag.'
'Zylena, het blijft onder ons. Je weet hoe die dingen gaan. Zeg het tegen niemand, want als het weer bij Wanda komt, wordt ze gek. En dan weet ze dat ik heb gepraat.'

'No span. Take it cool. Ik zie geen mensen die Wanda kennen.'

'Je houdt je mond,' en Sylvana keek streng.

'Ik weet van niets,' zei Zylena.

Naschrift

Sommige waarheden moeten uitgeschreven worden, gewogen en naar zwaarte gefrankeerd. De adem van oorlog, bedwelmend èn beklemmend, gierde door het huis dat zolang rust had bewaard. Vrouwen in de branding van hun bestaan, vrouwen met meer dan één opdracht:
– het op te nemen tegen de historie die zwarte mensen heeft geleerd elkaar te minachten;
– de culinaire erfenis te blussen die heeft aangewend problemen rond het vuur te bespreken, alsof het luchtige hartige hapjes betreft;
– elkaar te ontmoeten, uit welke windstreek zij ook afkomstig zijn.

Dat ene punt, dat ene recept, die ene plaats waar zwarte vrouwen een claim op leggen, wordt gekruid met ingrediënten als vertrouwen, vriendschap, hartstocht, vuur en rond datzelfde vuur dat eeuwig lijkt te branden, wordt de passie geblust met haat en rolt woede als kokende olie door de hersenholtes en vernielt de menselijke psyche.

Emotioneel getatoeëerd, psychisch getorpedeerd, sociaal geamputeerd raken we als bomen die jaren geen regen hebben gehad, ontveld. En wanneer het begint te motregenen, likken we aan de druppels of vangen we ze op als diegenen die afhankelijk zijn van een infuus.

Langzaam komt onze kracht terug. Er is geen zusterwarmte die ons bij elkaar houdt. Er is, in haar hevige volheid, ons vrouwzijn, onze eigen kracht.

woordenlijst

a bun	goed? oké?
mi kon weri	ik ben er moe van/om er moe van te worden
tan zo,	wat, nou (gewoon een uitroep)
tyuri	tsjilpen/ gebaar met de mond
ptata's	Nederlanders
Engelse bol	grote, ronde koek uit een soort fijn Moskovisch gebak
hosselen	zich inspannen om iets te bereiken
w'e pina pina	we doen ons best/zetten ons beste beentje voor
baya	hoor (gewoon een uitroep)
ay, a bun ja,	het is goed
blakaman	zwarte mens
misi	juffrouw/dame
go waka yu pasi	ga je eigen weg
tori's	verhalen
hebi's	lasten/beletsels
winti	bezetenheid/geest/wind
moi uma	mooie vrouw
treef	allergie
ptata fasi	op de Nederlandse manier
fu kisi yu srefi	om jezelf te worden
bere furu dren	droom zonder betekenis
kon dringi didibri kaka	drink het duivels drankje
oso dresi	huismiddeltje

dansi	fuif
pasensi	geduld
efu yu abi pasensi fu	als je geduld hebt om
piri bita amandra,	dan bittere amandelen te pellen,
yu sa dringi wan switi orsyadu	zul je een lekkere orgeade drinken
san, yu nak' wan odo	zo, je stoeit met gezegdes
na wan pisi gowtu	het is als een stuk goud
mi gudu	mijn lief/schatje
yeye	geest
blom	bloem (Surinaams-Nederlands)
bost	kapot gaan (Surinaams-Nederlands)
mati	kameraad/vriendinnenvrouw
korenspier	droge maïskolf
bak	stik/mep/klap
mi ma no gi mi fonfon	mijn moeder heeft mij flink
fu tu sensi	wat pakken slaag gegeven
ay, mi gado	o, mijn god
sribi no e kiri mi	ik heb geen slaap
sriba's	soort visjes
dokun	zoet hapje
sribi switi	slaap lekker
kraw kraw	cassavechips
krobia's	zoetwatervisjes
brasa	omhelzing
balata/baleta	zweep
ori yu srefi	houd je goed
I grab' ing of: *I grabu ing*	begrijp je het
mi gado	mijn god

ay, baya	mijn gunst
a wer' en prodo ede	ze draagt haar mooie hoofddoek
prodo misi	uitgedoste dame
prois ede	versierde hoofddoek
a uma tya den suma ede gwedie	vrouw brengt mensen hun hoofd op hol
alanya tiki	takje van een citrusboom
I kisi yu srefi	je bent weer de oude
yeye	ziel
Jantje nanga tarra	boezemvriendinnen
I tya den, man	je bent maf, jij
moi boi fu Dada	mooie zoon van Dada
moksi aleysi	rijstgerecht
suma na dati baka adyen	wie is dat nou alweer
mi no sabi no wan enkri	ik ken geen enkele
sortu keskesi sani na disi	wat voor apekuren zijn dit
fa yu tan	hoe gaat het met je
tan, na yu	ha, ben jij het
yu dati, yu law compleet	jij bent knettergek
broko di, broko da	het gaat zijn gangetje
no span nanga mi	maak je om mij niet druk
angri e kwinsi mi	ik heb ontzettende honger
bigi yari	kroonjaar
bonuman	genezer
wasi	ritueel bad
yu nanga a suma kisi trobi	jullie hebben ruzie gekregen
sisa	zus
brada	broer
kunu	vloek

Voor de vertalingen is gebruik gemaakt van het 'Surinaams Woordenboek/Sranantongo' van Max Sordam/Hein Eersel, Uitgeverij Bosch & Keuning n.v., Baarn, 2e herziene druk 1989.